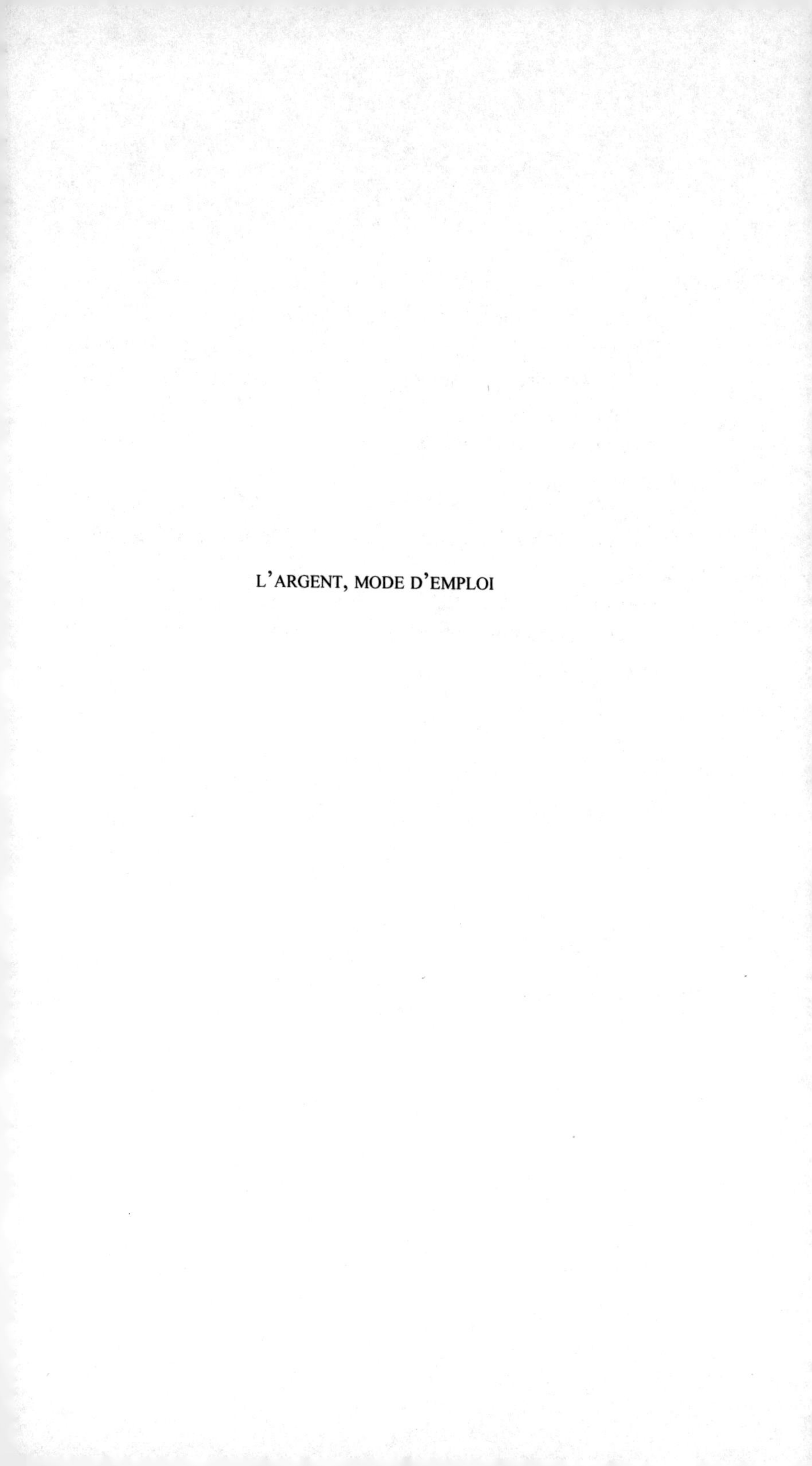

L'ARGENT, MODE D'EMPLOI

DU MÊME AUTEUR

Les Pêcheurs d'Houat, Paris, Hermann, coll. « Savoir », 1983.

La Transmission des savoirs, avec Geneviève Delbos, Paris, Éditions de la Maison des sciences de l'homme, coll. « Ethnologie de la France », 1984.

Principes des systèmes intelligents, Paris, Masson, coll. « Sciences cognitives », 1990.

Investing in a Post-Enron World, New York, McGraw-Hill, 2003.

Vers la crise du capitalisme américain ?, Paris, La Découverte, 2007.

L'Implosion, Paris, Fayard, 2008.

La Crise. Des subprimes *au séisme financier planétaire,* Paris, Fayard, 2008.

Paul Jorion

L'argent, mode d'emploi

Fayard

ISBN : 978-2-213-64404-2

Ce livre n'entend pas vous apprendre, amis lecteurs, des choses sur l'argent. Vous n'y trouverez donc ni nombres ni statistiques – à part les chiffres imaginaires de mes illustrations. Ce livre a pour but, au contraire, de vous faire réfléchir sur les choses que vous savez déjà…

« – Mais je n'ai pas lu d'autres romans, reprend Hélène en souriant. On dit qu'il y a des auteurs si intéressants, aujourd'hui ! qui vous font voir la vie telle qu'elle est et qui sont arrivés à démonter le mécanisme des âmes avec une précision d'horlogers.

– Oui ; ils sont de deux sortes : ceux qui aident à tourner la meule qui broie les hommes et leur volonté ; et ceux qui chantent la complainte des écrasés. En somme, ils écrivent l'histoire de la civilisation.

– Qu'est-ce que la civilisation ?

– C'est l'argent mis à la portée de ceux qui en possèdent, dit Canonnier.

– Et qu'est-ce que l'argent, père ?

– Demande à Randal.

– Non, Mademoiselle, ne me le demandez pas. Je ne pourrais pas vous répondre ; et d'autres ne le pourraient pas non plus. On ne sait point ce que c'est que l'argent. »

GEORGES DARIEN, *Le Voleur.*

Introduction

« Examinons ces forces qui font que les gens s'arrachent des billets portant une inscription du genre "100 marks", "ceci vaut cent marks", etc. ; qui font qu'on s'efforce de gagner de pareils billets à la sueur de son front ; qui font qu'on donne pour ces bouts de papier ses biens, avec toute leur "valeur en matière" et leur "matière en valeur" ; qui font qu'on accepte des reconnaissances de dette, des lettres de change, des hypothèques payables en pareils billets, et qu'on les garde en guise de "réserves de valeur" ; qui font qu'on passe des nuits à pleurer dans son lit en se demandant comment on se procurera ces "chiffons de papier" pour payer la traite échue ; voyons comment on peut même subir la faillite, la saisie et le déshonneur, rien que pour n'avoir pas pu tenir l'engagement de fournir à tel endroit et à telle heure des billets portant l'inscription susdite, et comment, enfin, on peut même, sans entamer sa fortune, mener grand train toute l'année quand on a placé ces billets comme capital. »

SILVIO GESELL,
L'Ordre économique naturel.

La crise

Les explications de la crise financière et économique au sein de laquelle nous nous trouvons encore plongés en ce moment sont diverses. J'ai personnellement mis en évidence dans plusieurs ouvrages[1] sa genèse à partir d'une faille inaperçue dans l'immobilier résidentiel américain et ses modes de financement, puis ses conséquences dans différents secteurs de la finance qui lui étaient liés directement ou indirectement et qui se sont écroulés par pans entiers à partir de 2007. D'autres explications sont possibles, qui envisagent, elles, l'économie d'un point de vue plus global. Se situant à divers niveaux, ces explications se renforcent, en fait, suggérant que les nuages s'amoncelaient en différents endroits du paysage économique et financier, et attendaient simplement de converger en un désastre de l'ampleur de celui duquel nous ne sommes pas aujourd'hui sortis.

Ce que nous découvrons, en réalité, c'est que le système que nous avons laissé s'installer pour gérer l'économie sur un mode spontané était contraint quant à la taille qu'il pourrait atteindre sans s'écrouler sous son propre poids. Cet écroulement est aujourd'hui en cours. Quand je dis

1. Voir Paul Jorion, *Vers la crise du capitalisme américain*, Paris, La Découverte, 2007 ; *L'Implosion*, Paris, Fayard, 2008 ; *La Crise. Des* subprimes *au séisme financier planétaire*, Paris, Fayard, 2008.

« sur un mode spontané », j'entends par là : sans grandes inventions à l'exception d'une seule – celle de l'argent.

Pour ce qui touche à l'organisation politique de nos sociétés, nous comptons sur une invention récente à l'échelle de l'histoire des hommes : celle de la démocratie, qui visait à établir la paix sociale au sein des nations et dont les étapes principales ont eu lieu en Grèce antique d'abord, en Angleterre au XVIIe siècle, aux États-Unis et en France au XVIIIe siècle ensuite. Mais, pour ce qui touche à l'économie de nos sociétés, nous comptons encore sur l'argent, cette invention beaucoup plus ancienne dont Hérodote attribue l'invention aux Lydiens à une époque qui se situerait aux environs du VIIIe siècle avant Jésus-Christ.

Depuis lors, le système monétaire a fonctionné sinon à la satisfaction générale du moins de manière satisfaisante. Cela dit, son fonctionnement a toujours été très mal compris et encore plus mal expliqué. Dans son livre intitulé *L'Argent. D'où il vient et où il va*, John Kenneth Galbraith écrit :

> « Lors d'entretiens télévisés, l'hôte, réputé pour ses questions incisives, a l'habitude de faire débuter l'entretien avec l'économiste qu'il a invité en lui posant celle-ci : "Dites-moi, après tout, l'argent, c'est quoi ?" Les réponses sont immanquablement incohérentes[1]. »

1. J. K. Galbraith, *Money : Whence It Came, Where It Went*, New York, Bantam Books, 1975, p. 6.

Pourquoi cette incohérence ? Parce que l'argent est à la fois extrêmement simple à comprendre par tout un chacun dans sa manipulation quotidienne, mais aussi un phénomène incompréhensible dès qu'il s'agit d'en expliquer les mécanismes, en raison du grand nombre de niveaux auxquels il fonctionne et des multiples interactions qu'ils impliquent. S'y ajoute le fait que les ingénieurs financiers ont délibérément mis au point des instruments de plus en plus complexes, leurs inventeurs jouissant de l'avantage d'être les premiers à les utiliser, tout en conservant toujours, sur ceux qui les rejoignent ensuite, une avance en matière de pratique et de maîtrise de leurs arcanes.

À quoi sert l'argent ?

Alors que la crise financière progressait, des sommes gigantesques se sont dissipées en fumée. On disait en mars 2009 qu'elle avait entraîné la destruction de quelque 37 000 milliards de dollars de richesse nominale. Que signifie ce chiffre astronomique ? *Cela veut dire que certains ont prêté 37 « trillions » de dollars à d'autres qui ne pourront pas les leur rendre.* Une richesse que l'on imaginait être là ne répondra pas à l'appel.

La surprise est générale, car les gens qui placent leur argent se sont faits à l'idée que celui-ci non seulement revient à ceux qui l'ont prêté, mais aussi qu'il aura *rapporté*, c'est-à-dire qu'il aura grossi entre-temps. Ce fait a acquis pour eux le statut de loi naturelle, et leur stupeur est entière quand les choses ne se passent pas comme prévu. Ils découvrent que si l'argent « rapporte » généralement, c'est parce que d'autres qu'eux – à qui cet argent fait défaut – produisent de la richesse à partir de ces sommes-là.

Les choses que nous comprenons difficilement, nous nous en soucions peu quand tout va bien. Quand tout va mal, notre curiosité s'aiguise et, comme l'argent est au centre de la crise qui secoue aujourd'hui notre vie quotidienne comme notre vie publique – même si l'on assure en haut lieu, contre toute évidence, que tout est en train de s'arranger –, le moment est sans doute bien choisi pour s'y intéresser et analyser en profondeur son fonctionnement.

À l'origine, l'argent a été conçu comme instrument de taxation par les princes. Il fallait en effet lever des armées pour protéger le royaume, il fallait aussi que le prince vive dans la magnificence pour qu'on le distingue aisément de l'homme de peu à qui il réclamait tribut ou impôt. Le temps a passé, les banques ont été bâties, l'argent est devenu fin en soi. Les princes étaient des guerriers et ils se sont appropriés pour commencer la terre et ses trésors, puis ils ont transmis par l'héritage leur fortune à leurs enfants. L'argent appelant l'argent, une nouvelle classe, les marchands, a ensuite pu se constituer elle aussi des fortunes.

Mais la redistribution inégale de l'argent au sein de la population en a fait désormais une obsession pour tous. Pour ceux, bien entendu, qui en ont trop peu afin d'assurer leur subsistance ; mais aussi pour ceux qui en ont trop : pour ceux-là aussi, en avoir moins demain qu'aujourd'hui est devenu un souci obsédant.

L'argent comme marchandise

L'argent joue dans la crise que nous traversons un rôle central : l'hypertrophie de la finance a fait que l'économie financière ou économie de l'argent a pris la place de l'économie productive ou économie classique où l'on s'échangeait des marchandises. De grandes puissances comme les États-Unis et la Grande-Bretagne se sont spécialisées dans le service financier : dans la manipulation de l'argent traité lui-même comme un bien. Durant la seconde moitié du XXe siècle, l'argent est ainsi devenu la principale marchandise faisant l'objet d'un commerce.

L'argent permet d'acquérir des biens, des marchandises, ainsi que de rémunérer des services. Mais il représente aussi du capital, c'est-à-dire que, l'argent qui manque à l'un, il devra l'obtenir d'un autre sous forme de prêt, et, en tant que tel, il est source d'intérêts, donc moyen d'obtenir plus d'argent encore pour celui qui le possédait déjà. Au sein de la finance, et dans la mesure où les prix varient, l'argent a pu également être utilisé dans des paris sur les fluctuations des prix. Ces paris, que certains gagnent parce que d'autres les perdent, permettent de bâtir des fortunes colossales et d'en perdre pour un volume équivalent. Leur montant peut être si élevé que ceux qui ont perdu leur pari échouent à rembourser leurs créanciers, provoquant alors des défauts en cascade, lesquels se répercutent tout au long de la chaîne de la dette qui a pu s'instaurer.

Le rôle joué par les instruments financiers complexes a été déterminant dans la crise, et l'on peut se poser à leur propos des questions telles que celle-ci : « Des contrats comme les *credit-default swaps*, les fameux CDS, dont on a pensé, en octobre 2008, qu'ils pourraient précipiter l'effondrement du capitalisme tout entier, sont-ils encore de l'argent ? » La réponse est *non* : ce sont des paris, et ceux qui les perdront devront trouver de l'argent pour payer les vainqueurs. Cela dit, ces contrats représentent bien entendu des sommes d'argent. Si l'on additionne toutes les sommes impliquées dans de tels paris, on aboutit à des montants faramineux, mais cela ne signifie pas que tous ceux qui devront s'acquitter de leurs dettes trouveront l'argent nécessaire au jour dit. De la même manière, si l'on additionne le prix de tout ce qui en a un, on trouve des sommes encore plus faramineuses, mais cela ne signifie pas qu'il existe de l'argent en quantités suffisamment grandes pour acheter tout ce qui a un prix.

L'argent et la société

Est-il possible d'assigner rationnellement une place « juste » à l'argent dans nos sociétés, ou bien la réponse à cette question résulte-t-elle nécessairement d'un choix que l'on appelle *idéologique*, c'est-à-dire fondé sur une représentation particulière de la société qu'il est impossible de justifier autrement que par une préférence personnelle, et donc, en fin de compte, de façon arbitraire ?

Il existe, selon moi, une place juste pour l'argent, qui est d'en revenir à ceux qui créent la richesse dont il est le reflet. Est-ce là une vue idéologique ? Si l'on prend « idéologique » non pas au sens propre que je viens de rappeler, mais selon la définition du mot dans la langue de tous les jours où il signifie « qui remet les choses radicalement en question », alors oui : la réponse est bien *idéologique*, parce que l'on s'est habitué, au fil des siècles, à l'idée que l'argent aille par priorité à ceux qui en possèdent déjà, les investisseurs ou « capitalistes », qui prêtent l'argent qu'ils ont en trop en échange d'intérêts ou de *dividendes* (qui sont l'équivalent des intérêts lorsqu'on parle d'actions cotées en Bourse) et aux dirigeants d'entreprises qui emploient des salariés qui sont, eux, les authentiques travailleurs, c'est-à-dire les authentiques créateurs de richesse.

Enfin, question étroitement liée à la précédente : peut-on définir ou redéfinir une morale de l'argent ? La réponse est délicate : il apparaît à l'examen que le comportement rationnel vis-à-vis de l'argent est soit immoral, soit, dans le meilleur des cas, a-moral. Immoral, parce que le meilleur moyen d'en gagner consiste à enfreindre les règles qui ont été conçues pour contenir l'enthousiasme qui se crée à l'occasion de son acquisition. A-moral, parce que le comportement rationnel vis-à-vis de son acquisition ignore superbement les règles morales qui président pourtant à l'organisation des sociétés humaines.

Ce que j'ai personnellement appris de l'argent

Je suis un citoyen ordinaire et, à ce titre, nous savons bien, vous et moi, ce que c'est que d'avoir de l'argent au fond de sa poche, glissé dans notre portefeuille ou encore déposé sur un compte en banque. Étant devenu ingénieur financier par la force des choses, j'en sais sans doute davantage sur l'argent que la plupart d'entre vous, pour être allé travailler dans les coulisses des plus grands établissements de crédit à la consommation aux États-Unis : chez IndyMac de 1999 à 2002, chez Wells Fargo de 2002 à 2004, chez Countrywide de 2005 à 2007.

Quelle ne fut cependant pas ma surprise de découvrir que le désaccord existe parmi les différents auteurs sitôt que l'on aborde des questions pourtant aussi simples que de savoir si les banques commerciales, celles où nous déposons l'argent dont nous n'avons pas un usage immédiat, créent ou non de l'argent, ou bien si elles prêtent ou non l'argent que nous déposons sur un compte courant ouvert auprès d'elles. La raison de tant de confusion est simple : nous disposons de plusieurs langages pour parler de l'argent, et quand il s'agit de passer de l'un de ces langages vers un autre, les problèmes de traduction peuvent rapidement devenir très épineux. Ainsi, nous parlons parfois de l'argent en termes purement économiques, je veux dire par là en termes de flux monétaires : « Il court, il court, le furet : il est passé par ici, il repassera par là… » Quand nous parlons de l'argent en tant que flux, rien ne se crée, rien ne se perd : quand je dépose de l'argent à la banque, que celle-ci le prête, qu'il lui revient, augmenté d'intérêts qui lui ont été versés, et qu'une fraction de ces intérêts m'est ristournée, à moi, il ne faut pas qu'un seul centime se soit perdu : s'applique ici ce que j'appellerai tout au long de cet ouvrage un « principe de conservation des quantités ».

Ce langage économique aurait dû, en bonne logique, suffire à la tâche quand il s'agit de parler d'argent, à ceci près qu'on s'est aperçu au fil du temps qu'il n'était pas suffisamment strict dans ses termes pour interdire que des sommes en soient aisément dérobées au passage par ceux que l'argent tente – à savoir par tout un chacun. On a inventé alors ce qui s'appelle la « comptabilité en partie double », nouveau langage qui présente la particularité que tout s'y équilibre toujours – que le passif y est par définition égal à l'actif –, mais qui enfreint à tout bout de champ le « principe de conservation des quantités » et qui, du coup, peut faire croire à celui qui ne maîtrise pas parfaitement ses subtilités que des sommes apparaissent, comme sorties du chapeau d'un magicien, pour disparaître ensuite. Malgré les défauts de la langue comptable pour ce qui est de sa compréhension intuitive, elle présente l'avantage infiniment précieux qu'il y est beaucoup plus difficile de faire disparaître des sommes (de véritables « flux monétaires ») sans que rien n'y paraisse, et c'est pourquoi la comptabilité en partie double a été adoptée avec enthousiasme par ceux qui voyaient leurs bénéfices fondre comme neige au soleil au contact de certains de leurs employés industrieux, sans doute, mais aussi indélicats.

Répétons-le cependant : si le « principe de conservation des quantités » n'avait pas toujours été d'application stricte pour tout ce qui touche de près ou de loin à l'argent, le capitalisme serait mort au berceau et les Bourses ne seraient jamais nées, car leur accès aurait été rendu impossible par les cohortes de plaignants encombrant les rues ou massés devant les portes du tribunal de commerce.

Mais ce n'est pas tout : on parle encore de l'argent dans un troisième langage, celui du droit. Le droit s'y intéresse sous l'angle de la propriété privée : il parle de titres et de possession, et se demande si possession vaut titre ; il traite de l'engagement des personnes qui ont et qui transfèrent de l'argent ; il détermine si une reconnaissance de dette est de l'argent ou non, et, si oui, pourquoi. Chacun d'entre nous considère que, s'il dépose une somme sur un compte en banque, il en demeure le propriétaire, et le droit lui explique que non : que cet argent, il l'a donné à la banque, et qu'il ne lui appartient plus, et que la seule chose qu'il lui reste de son bel et bon argent, c'est une créance, c'est-à-dire une reconnaissance de dette de la banque envers lui. Paradoxalement, bien des choses qui demeurent obscures quand on pense à l'argent en termes économiques de flux monétaires ou en termes d'écritures comptables s'éclairent bien davantage quand on les examine d'un point de vue juridique. En fait, cela ne devrait pas surprendre : si l'on évoque l'argent au tribunal, c'est que l'on a affaire à deux parties qui réclament le même comme étant en fait le leur, et pour tirer au clair ces choses-là, il a fallu inventer le langage le plus lumineux qui soit, où ne subsiste pas la moindre ambiguïté.

Voilà : il fallait dire ces choses avant d'entrer en matière. Nous pouvons maintenant nous tourner sans plus tarder vers le contenu de nos poches, de nos portefeuilles ou de nos porte-monnaie.

I

Argent et dette

L'argent dans ma poche

L'argent que je possède, ce sont les pièces que j'ai dans ma poche et les billets glissés dans mon portefeuille. Il y a aussi quelques pièces sur ma table de nuit.

Ce matin, je suis allé acheter le journal : j'ai tendu des pièces au marchand et, en retour, il m'a tendu le journal. J'ai aussi de l'argent sur un compte courant à la banque : je suis allé à la banque, j'ai sorti des billets de mon portefeuille et j'ai remis 100 € au guichetier. En échange, il m'a tendu un récépissé, qui est une reconnaissance de dette : la banque reconnaît avoir reçu cet argent, et qu'elle me le doit ; elle le tient à ma disposition et je peux venir le réclamer quand je le veux. Je fais également déposer sur mon compte courant le salaire mensuel que me verse mon employeur. Je lui ai indiqué le numéro de mon compte en banque et il y verse directement mon salaire : je ne reçois de lui ni billets ni pièces. Je peux aller réclamer l'argent qui est sur mon compte à un guichet de la banque, ou le retirer à un distributeur de billets.

Je peux échanger mon argent contre des marchandises ou des services. Quand j'achète une marchandise, je remets de l'argent au vendeur en quantité qui correspond au prix qu'il en réclame. Je perds l'argent que j'ai dépensé ainsi, mais j'ai acquis la marchandise que j'ai échangée contre mon argent et dont je suis désormais propriétaire : je peux l'utiliser selon mon goût, je peux même la revendre, c'est-à-dire procéder à l'opération inverse : l'échanger pour de l'argent. Un service, en revanche, n'est pas une marchandise : quand je l'achète, il ne m'en reste que l'aboutissement. Si j'ai payé le coiffeur, il ne me reste que mes cheveux courts.

L'argent est l'un des éléments de la richesse, ou patrimoine ; l'autre est constitué des biens que l'on possède ; certains ont été acquis contre de l'argent : une maison, une voiture ; certains résultent d'une rente : d'un droit que l'on possède – par exemple, celui de réclamer cinq euros à tous ceux qui vont emprunter un pont ou un bac.

La richesse dont on dispose, on peut l'avoir acquise soi-même ou on peut l'avoir reçue, par exemple de ses parents, sous forme de donation ou d'héritage. Si l'argent et la richesse sont répartis très inégalement au sein d'une population, c'est que la capacité dont dispose chacun d'en gagner varie en fonction de son talent et des circonstances, et parce que chacun hérite ou non en fonction de la capacité de gagner de l'argent dont ont fait preuve ses ascendants au fil des générations. Les disparités peuvent être telles que la collectivité doit intervenir pour en empêcher certaines conséquences, par exemple le fait que certaines personnes en soient à ce point privées qu'elles meurent de faim, ou, à l'opposé, que l'argent soit bloqué par ceux qui en disposent le plus, faute pour eux de savoir encore qu'en faire.

L'argent fait partie de notre univers quotidien. Très peu nombreux sont ceux qui n'en comprennent pas le fonctionnement au niveau de leur implication personnelle. Cependant, le fonctionnement de l'argent à son niveau global, au sein des sociétés, est très mal compris : des théories divergentes visent à en rendre compte, mais toutes font appel à des hypothèses simplificatrices qui distordent la réalité de manière trompeuse. En conséquence, même des documents officiels, par exemple ceux émanant des banques centrales, peuvent, dans certains cas, décrire le fonctionnement de celles-ci en des termes que leur pratique infirme dans la réalité. La peur des paniques bancaires conduit également les banques, comme nous le verrons, à présenter des semi-vérités plutôt que les faits, dans une tentative paternaliste et condescendante de rassurer le public. Le présent livre explique l'argent dans le détail qu'autorisent quelques centaines de pages. Il n'entend pas réformer le royaume où règne l'argent, à savoir la finance, mais le fait même de progresser dans notre compréhension de la façon dont fonctionne l'argent propose une telle réforme comme sa conséquence évidente.

Argent et reconnaissance de dette

J'ai trop d'argent dans ma poche pour mes besoins immédiats et je dépose 100 € à la banque. Le récépissé que je reçois au moment de mon dépôt est une reconnaissance de dette de la banque : elle ne reconnaît pas que cet argent, tout en étant en sa possession, demeure le mien – il a en fait cessé de l'être, mais elle me reconnaît un droit sur une somme équivalente. Si de l'argent a été directement transféré à la banque par mon employeur, les relevés qu'elle me communique constituent eux aussi une reconnaissance de dette de sa part.

Cette reconnaissance de dette de 100 € est-elle la même chose que les 100 € qui seraient dans mon portefeuille ? Non, pas exactement : pour accéder aux 100 € glissés dans mon portefeuille, il suffit de l'ouvrir, alors que pour accéder aux 100 € que j'« ai » à la banque, je dois m'y rendre, ou bien tirer l'argent à partir d'un distributeur de billets, ou bien signer un chèque d'un montant de 100 € à l'intention d'une tierce personne qui pourra alors accéder personnellement aux 100 € figurant sur mon compte. Mon accès aux 100 € qui se trouvent sur mon compte courant à la banque dépend aussi du fait que celle-ci les ait réellement conservés à ma disposition et ne les ait pas dépensés ou transférés à un tiers.

Voici donc un nouvel usage pour mon argent : je peux l'échanger, comme on l'a vu, pour des choses, des biens ou des services, comme quand j'achète mon journal, mais je peux aussi, ainsi qu'on vient de le voir, l'échanger contre une reconnaissance de dette, comme je le fais lorsque je le dépose à la banque sur mon compte courant. Au lieu d'aller acheter le journal ce matin, j'aurais pu me rendre chez le boucher pour lui payer les côtelettes d'agneau qu'il a accepté de me vendre hier bien que j'aie laissé mon portefeuille à la maison. Le réglant ce matin, j'aurais remboursé la dette que je m'étais créée hier.

Le compte en banque et le remboursement de la dette chez le boucher soulignent qu'en sus de la vente-achat l'argent peut servir à deux opérations symétriques : acquitter une créance, et éliminer de cette manière une dette préexistante, ou donner de l'argent à quelqu'un à qui l'on n'en doit pas et créer cette fois une créance de lui envers vous. Ces deux nouveaux usages de l'argent viennent s'ajouter à celui, déjà connu, du journal qu'on achète : le simple échange d'argent contre une marchandise ou un service. Différence importante, aussi, sur laquelle il me faudra revenir : créer une créance d'intention délibérée sans une contrepartie, comme lors du dépôt d'une somme à la banque, peut engendrer, du fait même, droit à rémunération : la banque – si tel est le contrat entre nous, autrement dit si l'argent n'a pas été déposé sur un dépôt à vue, mais sur un compte épargne – me devra des intérêts proportionnels au temps où je l'aurai laissé.

Dans la plupart des pays, les sommes déposées sur un compte courant sont couvertes jusqu'à un certain montant par une assurance contractée par la banque où le dépôt a été effectué, le plus souvent par le truchement d'une agence gouvernementale. L'assurance porte par exemple sur toutes les sommes inférieures à 70 000 €. Il existe donc une différence significative, pour le déposant que je suis, entre la reconnaissance de dette d'une banque pour une somme inférieure ou supérieure à 70 000 € : seuls les premiers 70 000 € déposés sur mon compte sont strictement équivalents à 70 000 € contenus dans mon portefeuille – ou plutôt glissés sous mon matelas, pour un montant aussi élevé ! – ; toute somme qui dépasse ce montant dépend de la capacité de la banque où réside mon compte de me restituer mon argent à la demande, c'est-à-dire dépend de sa *solvabi-*

lité, autrement dit encore du fait qu'elle possède cet argent ou puisse elle-même l'emprunter, ou de la *liquidité* de ses avoirs si elle ne dispose pas de l'argent que je lui réclame sous forme d'argent liquide – la capacité qu'elle a de transformer aisément et rapidement des biens en sa possession en argent liquide en les revendant pour me restituer la somme qu'elle me doit.

Si je me trouvais éloigné de ma banque – disons dans le désert – et qu'il me faille faire un paiement de 120 000 € à l'aide d'un chèque, la personne à l'intention de laquelle je rédige ce chèque pourrait très bien me tenir le raisonnement suivant : « Les premiers 70 000 € que vous me devez, vous pouvez me les régler à l'aide d'un chèque de 70 000 €, soit ils sont effectivement sur votre compte, soit ils n'y sont pas, votre banque étant insolvable. Cependant, l'assurance qu'elle a contractée me garantit qu'ils sont disponibles. Les 50 000 € restants, en revanche, ne sont pas garantis et reposent directement sur la solvabilité de votre banque. Je ne suis donc pas certain de les recevoir et je considère comme équitable que, pour me protéger, je vous facture 5 000 € couvrant le risque que je prends en acceptant un chèque plutôt que de l'argent liquide, à savoir des billets et des pièces. Je vous prierai dès lors de me libeller un chèque pour un montant de 125 000 €. »

Bien entendu, les 50 000 € représentant le montant par lequel la somme due dépasse des 70 000 € qui, eux, sont entièrement garantis, soit il les recevra de ma banque, soit il ne les recevra pas. S'il les reçoit, c'est que ma banque était solvable : il aura perçu l'ensemble des 120 000 €, les 70 000 € garantis comme les 50 000 € qui ne l'étaient pas, et m'aura pénalisé injustement de 5 000 €. S'il ne les reçoit pas, il en sera de sa poche de 50 000 € et n'aura perçu que 70 000 € pour les 120 000 € que je lui dois. Les 5 000 € de « prime de risque » qu'il aura exigée ne représenteront qu'un dixième (10 %) de la somme pour laquelle il s'est assuré : 50 000 €. Mais son calcul aura été d'ordre *statistique* : il aura estimé qu'une banque sur dix se révélera insolvable dans un contexte identique, et que, bon an, mal an, sur dix transactions de ce genre, il s'y retrouvera.

De mon point de vue, les choses seront cependant différentes : j'aurai pu constater que tout l'argent que j'ai à la banque n'a pas la même valeur : 70 000 € valent 70 000 €, alors que toute somme sur mon compte courant dépassant ces 70 000 € vaut « objectivement » moins que la somme que j'y ai déposée. J'aurai fait là une constatation cruciale pour la suite : que la richesse dont je dispose en tant qu'*argent*, c'est-à-dire sous la forme de pièces et de billets, vaut bien la somme des nombres inscrits sur ces pièces et ces billets (indépendamment de la question du pouvoir d'achat effectif de cette somme), mais que la richesse dont je dispose sous forme de *reconnaissance de dette* peut valoir moins que le montant mentionné sur celle-ci. Dit autrement, si *argent* et *reconnaissance de dette* sont tous deux « calibrés » – j'entends par là que tous deux mentionnent une quantité précise fixée à l'aide d'un nombre –, l'*argent* vaut toujours son *calibre*, alors qu'une reconnaissance de dette vaut généralement moins que son *calibre*.

Je tire de mon aventure dans le désert la conclusion que par rapport à l'*argent*, qui est un *vecteur calibré de richesse*, une *reconnaissance de dette* est une *trace calibrée de richesse*. Par « vecteur », j'entends dire que l'argent porte la richesse avec lui : il est en soi de la richesse, alors que par « trace » je rappelle que la reconnaissance de dette représente la richesse, mais sans l'être en soi : elle la représente par l'intermédiaire d'une promesse. C'est l'existence, pour la reconnaissance de dette, du truchement d'une promesse qui établit une différence entre elle et l'argent : mon rapport à l'argent que je possède sur moi est inconditionnel, et c'est pour cela que je le qualifie d'*immédiat*, alors que celui que j'entretiens avec les reconnaissances de dette dont je bénéficie est conditionnel, et c'est pourquoi je le qualifie de *médiat*. Cette médiation introduit un risque dit, dans le jargon financier, de « contrepartie » : le *risque de non-retour* de mon argent, qui caractérise la reconnaissance de dette.

Cela dit, il existe des reconnaissances de dette de différents types. Ainsi, dans le cadre de la fameuse affaire

Madoff que j'évoquerai plus longuement par la suite – pour examiner en particulier en quoi la « cavalerie », la « machine de Ponzi », à quoi s'assimilait le fonds d'investissement que dirigeait Bernard Madoff, escroc qui a défrayé la chronique en décembre 2008, diffère du fonctionnement ordinaire de la finance –, on peut évoquer le pauvre monsieur qui rapportait ses tribulations à un reporter du *Wall Street Journal* : « Madoff, se plaignait-il, m'a fait perdre 1,2 million de dollars : les 800 000 que je lui ai donnés, et les 400 000 qu'il disait m'avoir fait gagner ! » La première reconnaissance de dette correspondait à de l'argent que ce monsieur avait confié à l'escroc, la seconde, à de l'argent que celui-ci prétendait à tort lui avoir fait gagner : une dette qu'il affirmait avoir contractée envers lui.

Je rappelle ce qu'est un marché : c'est un endroit où l'on achète et l'on vend, et, à l'issue de la transaction, le vendeur connaît nécessairement l'identité de l'acheteur, et inversement ; cette connaissance est essentielle s'il devait y avoir un recours en raison d'un vice constaté sur la marchandise. Un marché *primaire* est un marché où une marchandise est vendue et achetée pour la première fois : le pêcheur qui vend ses captures le fait sur un marché primaire. Sur un marché *secondaire,* on revend des marchandises : le marché où un mareyeur livre à un restaurateur ou à une grande surface est un marché secondaire. Sur un marché secondaire, l'identité de l'acheteur et celle du vendeur initial sont indifférentes : le recours de l'acheteur visera son vendeur, quitte pour celui-ci à se retourner à son tour vers celui à qui il a lui-même acheté.

Une reconnaissance de dette est différente à cet égard d'une transaction du type achat-vente, du fait que la personnalité de celui qui reconnaît la dette ne sera à aucun moment indifférente entre le moment où elle a été créée et celui où elle est réglée. Sur le *marché secondaire* des reconnaissances de dette, la personnalité des acheteurs et vendeurs successifs sera indifférente, mais il existera toujours, entre le dernier acheteur (le détenteur actuel) et l'auteur de la reconnaissance de dette, une relation privilégiée : c'est vers lui que le possesseur se tournera, quel que soit le nombre de reventes intervenues, et c'est le risque de contrepartie – de non-remboursement – qu'il constitue, lui, qui restera constant, quelle que soit l'identité du bénéficiaire actuel de la reconnaissance de dette, le dernier au sein d'une chaîne qui peut être devenue très longue entre-temps.

S'il existe un risque quelconque de contrepartie, le prix d'une reconnaissance de dette (ou « instrument de crédit ») sur un marché secondaire sera moindre que celui qu'indique sa calibration : on dira, encore une fois en jargon financier, que ce prix est *escompté*. Les *agences de notation*, dont il a été beaucoup question durant la crise, en raison du caractère apparemment peu fiable de leurs notations mesurant le risque de crédit (le risque de non-remboursement), définissent *de facto* le taux d'escompte pour les établissements qui délivrent des reconnaissances de dette, en leur assignant une notation qui estime le risque de crédit qu'ils constituent pour toute contrepartie, à savoir le risque qu'ils échouent à rembourser l'argent emprunté. La notation constitue en soi une mesure du risque, et le taux d'escompte qui s'applique est calculé de manière à constituer une prime couvrant très exactement ce risque. Comme l'a révélé une actualité récente, les agences peuvent se tromper, parfois même lourdement.

La différence que j'établis entre ce que j'appelle l'« argent », les billets et les pièces avec lesquels nous avons un rapport immédiat, parce que nous pouvons les utiliser directement pour régler un achat, nous acquitter d'une dette ou créer une dette vis-à-vis de nous en le prêtant, et une reconnaissance de dette qui exige, elle, un certain nombre d'étapes avant de pouvoir se retransformer en argent, et fait intervenir un risque de « non-retour », est essentielle, même si elle a tendance à devenir quasi invisible quand tout va bien dans l'économie.

Sur la question de savoir s'il faudrait assimiler ou non l'*argent*, le « numéraire », et les reconnaissances de dette, comme autant de variétés de la « monnaie », Joseph Schumpeter note très justement, dans le deuxième volume de son *Histoire de l'analyse économique*, publiée en 1954 et traduite en français en 1983 :

> « En premier lieu, la loi ne met pas sur le même plan les différents types de moyens de paiement. Elle stipule que la monnaie à cours légal ne peut pas être refusée, ce qu'elle ne fait pas pour une lettre de change acceptée et endossée. Pour un esprit à tournure juridique, les deux choses ne peuvent être en aucune façon "considérées comme identiques", puisque l'instrument de crédit est, dans sa forme, une créance payable en monnaie. Ensuite, dans le même ordre d'idées, la "monnaie" et les "titres de crédit" (là, il faut encore faire une distinction entre les différentes formes de "titres de crédit") ne peuvent dans la pratique être utilisés indifféremment en toutes circonstances. Ils ne peuvent pas se substituer parfaitement les uns aux autres : la monnaie à cours légal est un moyen universel de paiement, les billets de banque [*sic* : il s'agit probablement d'une erreur de traduction, le contexte suggère qu'il s'agit de "monnaie bancaire"] et les dépôts sont acceptés un peu moins largement ; la lettre de change acceptée et endossée peut seulement circuler dans un cercle relativement restreint d'hommes d'affaires. Et, sur le plan historique, dans la plupart des cas, seule la monnaie à cours légal est reconnue comme étant l'ultime monnaie de réserve du système bancaire[1]. »

---

1. J. A. Schumpeter, *Histoire de l'analyse économique*, Paris, Gallimard, 1983, tome II, p. 454-455.

Le climat général au XVIIIe siècle était à distinguer soigneusement ces différents moyens de paiement, comme le note Schumpeter à plusieurs reprises dans le même ouvrage. Le fait de les assimiler tous sous le nom unique de « monnaie » est, selon lui, une innovation dans la pensée économique datant du début du XIXe siècle, proposée pour la première fois par l'économiste, banquier, député anglais, membre influent du mouvement évangéliste Henry Thornton (1760-1815). Schumpeter se montre très favorable pour sa part à cette innovation à laquelle il attribue une nature révolutionnaire. Il la caractérise ainsi : « Et c'est pourquoi Thornton a accompli une œuvre analytique remarquable en envisageant la possibilité de considérer les différents moyens de paiement, à un certain niveau d'abstraction, comme étant semblables dans leur essence[1]. »

Tant que les choses vont bien, considérer que l'argent et la reconnaissance de dette, c'est chou vert et vert chou, n'est pas une mauvaise approximation : tout ça, après tout, n'est-ce pas « de la *monnaie* » ? Quand les choses vont mal, par contre, comme c'est le cas en pleine crise, la différence entre les deux devient manifeste : l'argent vaudra toujours son montant nominal, celui qui est inscrit sur lui – même si son pouvoir d'achat effectif peut, lui, varier –, alors que la recon-

1. *Ibid.*, p. 455.

naissance de dette vaudra une somme susceptible de varier entre ce montant nominal et zéro.

Vendre et prêter

Distinguer avec toute la clarté requise la notion de reconnaissance de dette de celle d'argent oblige à introduire trois notions familières : celles de propriété, de possession et d'usage.

Mon argent, j'en ai la propriété, la possession et l'usage : j'en suis le propriétaire d'un point de vue légal, je le possède : il est dans ma poche ou glissé dans mon portefeuille (ou encore sur ma table de chevet), et, le possédant, j'en ai l'usage. Les sommes qui sont miennes par le biais d'une reconnaissance de dette, par exemple celle de la banque où je dispose d'un compte courant, j'y ai droit sans en être le propriétaire, mais je ne les possède certainement pas : c'est la banque qui les possède, et comme elle possède l'argent qui se trouve sur mon compte, elle en a l'usage ; elle dispose en particulier du droit de le prêter, même s'il me revient par le biais d'une reconnaissance de dette. Le droit dont la banque dispose de prêter l'argent que j'ai mis en dépôt auprès d'elle pour la durée qu'elle détermine, combiné à l'obligation qui lui est faite de me le rendre sitôt que je lui en fais la demande, l'oblige à disposer d'une source d'argent alternative au cas où « mon » argent aurait été prêté au moment où je le réclame, et c'est en vue de constituer les provisions nécessaires qu'ont été prévues les réserves obligatoires « fractionnaires », dont j'aurai l'occasion de parler longuement. Bien entendu, la banque traite cette question à un « niveau statistique », considérant les montants déposés sur les comptes courants comme une masse, et les réserves fractionnaires comme une autre masse.

Dans le cas de l'argent que j'ai sur moi, je demeure propriétaire des sommes impliquées. Dans la vente, la propriété d'un objet est au contraire transférée : je perds la propriété de l'objet que j'ai vendu, et donc, automatiquement, sa possession et son usage, et j'acquiers en échange l'argent qui représentait la valeur de cet objet telle que son prix l'exprime. Dans le prêt, je conserve la propriété de l'objet prêté, mais j'en perds et la possession et l'usage, et je peux ou non exiger d'être rémunéré pour cette perte et pour le risque que je cours que l'objet prêté ne soit pas retourné, en réclamant un loyer.

Bien qu'il n'en soit pas ainsi d'un point de vue juridique, la mise en dépôt d'une somme d'argent sur un compte courant est *de facto* un prêt, en l'occurrence un prêt d'argent. Quand il s'agit d'argent, le loyer est appelé intérêts, ou encore et très logiquement : « loyer de l'argent ». Dans le cas du compte courant, il n'y a pas rémunération du prêt ; nous verrons plus loin que nous acceptons cette contrainte du fait que nous attendons du compte courant qu'il nous offre la capacité de pratiquer certaines opérations spécifiques comme l'émission de chèques et les virements. Dans le cas très proche du compte courant qu'est le compte épargne, il y a au contraire rémunération. La mise en gage constitue également un prêt.

Je distinguerai d'abord différents types de *transactions* dont certaines sont des combinaisons d'autres. Mon vocabulaire sera ici un peu plus technique mais, rassurez-vous, il n'en sera ainsi que pour deux ou trois pages. *Une transaction est une transition au moment* T_i *entre deux états*. Ainsi, dans le don, le don lui-même est la transition entre un état où un agent X possède un objet *a* et un autre agent Y ne le possède pas, et un nouvel état où la situation est inverse : X a été dépossédé de *a* que Y possède désormais. J'appelle les objets tel *a*, des *marchandises*, même si, dans un cas comme celui du don, il n'y a pas à proprement parler de rapport « marchand » entre les deux parties. Au lieu de « marchandise », on pourrait parler de « bien », mais on verra que le mot marchandise est plus parlant dans bien des cas ; il a au surplus la vertu de mettre en évidence ce qu'il y a de commun entre de nombreuses situations à première vue disparates, projetant sur les cas examinés un éclairage surprenant et contribuant à nous en révéler la nature.

Le troc peut être envisagé comme un double don simultané, donc comme une transaction double. Avant que n'ait lieu la transaction, X possède un objet *a*, tandis que Y possède un objet *b*. Une fois la transaction effectuée, X se retrouve en possession de *b*, et Y en possession de *a*. Le don est *altruiste*, le troc ne l'est généralement pas : on suppose que les deux parties y trouvent leur profit, et l'on postule du coup que les « valeurs » de *a* et de *b* sont à peu de chose près égales. Cette égalité n'est cependant pas nécessaire : un troc peut cacher un don ; on constate cela dans des situations de la vie quotidienne : X donne quelque chose à Y qui proteste : « Non, non ! – C'est bon, dit l'autre. Donne-moi en échange ton paquet de cigarettes ! », et le don se trouve alors transformé – du moins en surface – en troc. De plus, et selon la loi générale qui préside à la formation des prix, les termes d'un troc peuvent être très déséquilibrés du simple fait d'un rapport de forces très inégal entre les deux parties impliquées.

L'*argent*, comme on l'a vu, est une marchandise d'un type tout à fait particulier : la seule n'ayant pas d'autre fonction que d'être échangée. Si l'une des marchandises impliquées dans un troc est de l'argent, on parlera d'achat-vente : l'une des deux marchandises, le *a* ou le *b* de notre équation, est de l'argent. Si *a* ET *b* sont constitués d'argent, l'échange n'a de sens que si les deux quantités d'argent sont exprimées dans des devises différentes. Le troc ou l'achat-vente, dans ce cas, n'est autre qu'une opération de change.

Un prêt est une double transaction, tout comme le troc : au temps T_i une marchandise passe de X à Y, tandis qu'au temps T_{i+n}, elle repasse de Y à X.

Une *reconnaissance de dette* est la trace d'un prêt, c'est le document qui rappelle l'existence d'un prêt et atteste que celui-ci n'est pas clos, que son deuxième moment, celui qui y met fin, n'a pas encore eu lieu. Une reconnaissance de dette mentionne une transaction passée (au temps T_i) et une transaction à venir (au temps T_{i+n}) : la restitution. Si une reconnaissance de dette met en jeu de l'argent, elle mentionnera le plus souvent une transaction supplémentaire : en sus de celle passée qui inaugura le prêt et en sus de la restitution, le versement d'un « cadeau » – les intérêts – dont le montant est proportionnel à l'intervalle de temps $T_{i+n} - T_i$.

Je parlerai beaucoup plus longuement des intérêts dans le troisième chapitre ; nous verrons ce qu'il en est de la nature précise du « cadeau » qu'ils constituent. J'utilise, en attendant, cette expression à titre tout à fait provisoire, en raison de sa compréhension intuitive immédiate. Sa justification réside dans le fait que jusque dans les sociétés africaines où j'ai eu l'occasion de vivre l'emprunteur aura à cœur de faire un cadeau en monnaie, pour remercier le prêteur, bien qu'il n'existe pas d'intérêts prescrits.

Parvenus à ce stade de notre analyse, la combinatoire des transactions possibles suffit déjà à nous donner le tournis. Un nouveau niveau de complexité sera néanmoins atteint avec la *lettre de change*, dont l'invention remonte au Moyen Âge et est attribuée aux Templiers.

La lettre de change est un « effet de commerce » réservé à ceux qui possèdent officiellement le statut de commerçants, elle correspond à *la transformation d'une reconnaissance de dette* (trace de transactions passées et à venir, comme nous venons de le voir) *en marchandise*. Sauf stipulation contraire, une reconnaissance de dette est nominative, alors que l'argent ne l'est bien entendu pas. Il faut dès lors l'« anonymiser », si l'on veut qu'elle puisse circuler. La lettre de change autorise précisément ceci : elle permet à la reconnaissance de dette d'être transférée grâce à l'*endossement* : alors que le « Y » reconnaissant la dette qu'il encourt reste fixé, le « X » à qui la dette est due devient, lui, « flottant » : au bénéficiaire initial « X » (endosseur), un nouveau bénéficiaire quelconque, « Z » (endossataire), pourra être substitué par l'*endossement* de la lettre de change, par simple signature de l'endosseur qui transmet la lettre – ici, « X ».

La *titrisation*, c'est-à-dire l'émission de *titres*, opération financière sur laquelle je reviendrai plus longuement, représente une généralisation de la lettre de change. Alors que les deux transactions que sont la restitution et le versement d'intérêts seront toujours à la charge de « Y », le transfert du titre permet de substituer, au « X » qui a inauguré l'opération, un « Z » quelconque.

Faisons ici quelques observations qui se révèleront utiles pour la suite : on aura compris que, si l'on appelle « monnaie » l'ensemble des différents types de transactions que j'ai mentionnés plus haut, la confusion sera totale.

Les opérations à partir d'un compte à vue : le chèque et le virement

Dans le compte épargne, je dépose une somme à la banque et celle-ci me gratifiera d'intérêts aussi longtemps que mon argent restera là. La banque s'intéresse à mon argent en dépit du fait qu'il lui faudra s'acquitter d'intérêts pour en avoir l'usage. La raison en est qu'elle prêtera mon argent à son tour et que le taux qu'elle exigera sera plus élevé que celui qu'elle me verse à moi. Son bénéfice réside ici dans la différence entre ces deux taux. Quoi qu'il en soit, sa motivation à elle, pour s'intéresser à mon compte épargne, et ma raison à moi, pour ouvrir un compte épargne auprès d'elle, sont identiques : l'opération vise à obtenir le versement d'intérêts. Sur ce que sont en réalité ces intérêts, j'aurai à revenir plus longuement.

La raison pour laquelle un particulier dépose son argent sur un compte courant et la raison pour laquelle les banques sont à la recherche de clients déposant leurs fonds sur des comptes courants procèdent d'une logique très différente : la motivation de la banque est la même que dans le cas du compte épargne, à savoir prêter les sommes et se voir rémunérer en intérêts, alors que mon motif à moi, qui ne recevrai pas d'intérêts, est d'une tout autre nature : je ne mets pas d'argent sur un compte courant pour qu'il reste là, je le fais pour que la banque effectue à partir de cet argent certains types d'opérations qu'il me serait beaucoup plus malaisé d'opérer sans passer par elle : émettre des chèques et effectuer des virements.

Les deux notions d'« argent » et de « reconnaissance de dette » dont nous disposons déjà suffisent pour décrire et comprendre l'émission de chèques et le virement. Mon compte courant m'assure une reconnaissance de dette de la banque à mon égard à hauteur du dépôt effectué sur mon compte. Le chèque me permet de transférer à un tiers une partie ou la totalité de la reconnaissance de dette de la banque à mon égard ; François Grua écrit dans le même sens : « Un chèque est de par la loi un mode de transfert de créance[1]. » Je dis bien « une partie ou la totalité », puisque si je tente

1. F. Grua, dans *Recueil Dalloz*, Paris, Dalloz, 1998.

de transférer une dette d'un montant supérieur à celui de la dette que la banque a envers moi, mon chèque sera dit, selon l'expression consacrée, « en bois ». Dans ce cas de figure, la banque me pénalisera pour avoir enfreint le contrat existant entre nous.

Le chèque n'est donc pas de l'argent : c'est une reconnaissance de dette, et je ne me serai pas acquitté de ma dette envers celui à qui j'ai délivré un chèque avant qu'il n'ait été lui-même payé par ma banque. Si la banque refuse d'honorer mon chèque, celui à qui je l'ai libellé a le droit de se retourner contre moi, considérant que mon paiement n'a pas véritablement eu lieu.

Dans le virement, je donne ordre à ma banque de prendre une partie de l'argent qui se trouve sur mon compte et de le transférer sur celui d'une tierce personne. La banque débitera mon compte du montant viré, autrement dit elle réduira le montant de la dette qu'elle me reconnaît du montant de ce virement, et déposera cette somme sur le compte de cette personne, que celui-ci existe auprès d'elle ou auprès d'une autre banque. Le compte de cette personne sera crédité, ce qui signifie que le montant de la reconnaissance de dette de sa banque envers lui sera majoré de la somme virée. Cette somme représentant de l'argent déposé sur son compte, il pourra la retirer sous cette forme au guichet de sa banque. S'il opère ce retrait, l'aboutissement du virement équivaudra à une opération beaucoup plus immédiate qui aurait consisté, pour moi, à remettre en mains propres à mon créancier une somme d'argent du montant qu'il réclame. Grua écrit : « Le virement est un mode de transfert d'espèces, non d'une créance. » Dans le virement, l'opération aura eu lieu par le truchement de deux reconnaissances de dette : celle de ma banque pour l'argent qui se trouve sur mon compte courant, celle de la banque du destinataire du virement pour l'argent qui se trouve sur le sien.

En résumé, donc, avec le chèque je transfère une partie de la reconnaissance de dette de la banque à mon égard à un tiers, à charge pour celui-ci de la faire valoir ; avec le virement, je réduis le montant de la reconnaissance de dette de la banque envers moi en faveur d'un tiers.

Reconnaissance de dette et monnaie

Je vais reprendre au philosophe des sciences Wolfgang Stegmüller la distinction qu'il a introduite entre « concept théorique » et « notion pré-systématique »[1]. Un « concept théorique » a un sens fixé une fois pour toutes ; une

1. Voir Wolfgang Stegmüller, *The Structure and Dynamics of Theories*, trad. de l'allemand par W. Wohlhueter, New York, Springer Verlag, 1976.

« notion pré-systématique » a un sens encore lâche : « Tout le monde la comprend », mais, en réalité, tout le monde la comprend différemment.

Eusèbe touche sa paie de 1 000 €. Il en met 900 à la banque Tirelire et 100 dans sa poche. La banque Tirelire doit conserver des réserves fractionnaires de 10 % sur l'argent qu'Eusèbe a déposé sur son compte (je reviendrai longuement sur ce que sont ces « réserves fractionnaires », qu'on en accepte simplement ici le principe), mais il reste 810 € [900 € – (900 € x 10 %)] qu'elle peut prêter, et elle les prête effectivement à Casimir.

Dans un billet invité de mon blog, Boris Ascrizzi a proposé une très bonne illustration en termes de ballons représentant de l'argent ainsi que de petits billets qu'on laisse à leur place quand on les emprunte et qui prennent alors la parole au nom des ballons, disant : « Je reviens dans dix minutes » ; ce sont en réalité des reconnaissances de dette. Si j'appelle ballons et billets simultanément du nom de « monnaie », j'utilise le mot *monnaie* en tant que « notion pré-systématique », parce que le sens du mot n'est pas fixé : il s'applique à deux choses différentes.

Je vais introduire ici plusieurs termes dont j'entends bien qu'ils soient, eux, tous des « concepts théoriques », de telle manière qu'ils ne puissent servir que dans une seule acception au sein des raisonnements : *argent*, *fortune ressentie* et *reconnaissance de dette*.

Eusèbe touche sa paie qui est de l'*argent*. Il dépose 900 € de cet *argent* à la banque et laisse 100 € de cet *argent* au fond de sa poche. La banque Tirelire donne à Eusèbe, en échange de son *argent*, une *reconnaissance de dette* de 900 €, conserve comme réserve 90 € de cet *argent* et donne à Casimir 810 € de cet *argent*.

Casimir donne en échange à la banque Tirelire une *reconnaissance de dette* de 810 €. Il y avait 1 000 € en *argent* au moment où Eusèbe a reçu sa paie. Au bout de l'opération, 100 € de cet *argent* sont dans la poche d'Eusèbe, 90 € dans la poche de la banque, et 810 € dans la poche de Casimir. Rien ne s'est perdu, rien ne s'est créé de cet *argent* : le total est toujours de 1 000 €. L'*argent* respecte ce qu'on pourrait appeler un « principe de conservation des quantités ». J'y reviendrai plus longuement.

La *fortune ressentie* est un nouveau concept : elle additionne l'argent qu'on a et l'argent qu'on vous doit, et ignore l'argent que l'on doit soi-même ; elle additionne donc l'argent et les reconnaissances de dette dont on dispose, et ignore celles que l'on a consenties à autrui. Cette addition est justifiée sur le plan juridique : l'argent qu'on vous doit ouvre pour vous un droit de créance, ce qu'on appelle en termes juridiques un « meuble incorporel », vous êtes légalement propriétaire de ce droit ; à l'inverse le détenteur de pièces et de billets est lui propriétaire de « meubles corporels ». La *reconnaissance de dette* témoigne de cette propriété et en confirme le montant. La *fortune ressentie* d'Eusèbe est de 1 000 € (100 € dans sa poche, 900 € sur son compte à la banque, c'est-à-dire que sa banque lui doit) ; la *fortune ressentie* de la banque est de 900 € (90 € dans son coffre et 810 € dans la poche de Casimir – que celui-ci lui doit) et la *fortune ressentie* de Casimir est de 810 € (dans sa poche). Le total des *fortunes ressenties* est de 1 000 € + 900 € + 810 € = 2 710 €. La somme des fortunes ressenties est 2,71 fois plus élevée que la somme d'*argent*.

Dans mon raisonnement, « argent », « reconnaissance de dette » et « fortune ressentie » sont des *concepts théoriques* : le sens de ces mots est sans ambiguïté. Les problèmes conceptuels n'apparaissent que si j'introduis maintenant la « notion pré-systématique » de *monnaie* et si j'appelle « monnaie » ce que j'appelais « argent » dans mon vocabulaire, si j'appelle « monnaie scripturale » ce que j'appelais « reconnaissance de dette », et si j'appelle encore une fois « monnaie » ce que j'appelle « fortune ressentie ». Dans ce cas, au bout de l'opération, le montant de ma « monnaie » a été multiplié par 2,71 pour une raison qui, si elle n'est pas nécessairement scandaleuse, n'en est pas moins totalement mystérieuse.

On aura noté que c'est précisément pour éviter les considérations relatives à la « valeur » (on y reviendra plus loin) que je parle de « calibrage » : un billet qui dit « 100 € » est calibré à 100 €, le fait que les 100 € qui permettent d'acheter 50 litres d'essence aujourd'hui ne permettront plus que d'en acheter 40 litres demain n'y change rien et relève d'un autre type de considérations.

De mon point de vue, une reconnaissance de dette n'est pas de la monnaie, le terme tendant à suggérer qu'il y aurait une identité de nature entre la marchandise privilégiée dans la fonction d'échange, qu'est l'argent, et une « trace de transactions » contenant l'annonce de deux transactions à venir, qu'est une reconnaissance de dette. Les deux phénomènes sont à mon sens non comparables, une reconnaissance de dette étant un *objet* d'une tout autre nature que les pièces et billets constituant l'argent « liquide » que l'on assimile spontanément à la « monnaie ». Bien sûr, une reconnaissance de dette a un prix (reflétant son « degré de liquidité » – l'aisance avec laquelle on peut la monétiser, la transformer en monnaie – et son risque de crédit) et peut être traitée comme une marchandise au même titre que l'argent (qui est, comme on l'a vu, la marchandise spécialisée dans la fonction d'échange), mais chacun s'accordera à dire que toute chose à laquelle est associé un prix n'est pas pour autant une monnaie, sans quoi presque tout, dans ce bas monde, serait de la monnaie.

Personne certainement ne prétendra que toute chose ayant un prix peut être considérée comme une monnaie. Pourtant, toute chose ayant un prix possède à un degré ou à un autre cette fameuse qualité de *liquidité* que je viens d'évoquer : sa transformation en argent par la vente est en principe possible, le seul aspect qui fasse question étant la difficulté qu'il y a à réaliser cette opération de « monétisation », et on pourrait très bien imaginer un agrégat monétaire que l'on appellerait par exemple « M_{14} » et dont la définition serait précisément : « somme du prix de toutes les choses ayant un prix ». Mais quel serait l'intérêt d'un tel agrégat, puisqu'il est évident qu'une telle masse monétaire ne pourrait jamais être mobilisable, couvrant par définition tout ?

Où se situe alors la limite de ce qui constitue une *monnaie* aux yeux de celui qui considère qu'une reconnaissance de dette représente bien « de la » monnaie ? Il me semble que ce qui justifie pour lui l'extension de la notion de monnaie de l'« argent » – sa manifestation sans conteste la plus typique – à la reconnaissance de dette, c'est que :

1) le contrat que constitue une reconnaissance de dette peut être traité comme une marchandise dont le prix est à peu de chose près le montant mentionné comme la somme due par l'emprunteur ;

2) le contrat que constitue une reconnaissance de dette ne porte pas sur une marchandise quelconque, mais sur la marchandise privilégiée qu'est l'argent.

Le rapport entre l'argent – dont chacun reconnaîtra qu'il constitue bien la monnaie sous sa forme la moins contestable – et la reconnaissance de dette est alors le suivant :

1) l'argent est une marchandise dont la seule fonction est d'être un moyen d'échange (ses autres « fonctions » généralement admises, d'être une réserve de valeur et un instrument de compte, ne sont pas à proprement parler des *fonctions* : l'argent est réserve de valeur à tout autre moment que celui, instantané, où il sert dans l'échange, le fait qu'il soit réserve de valeur est donc une simple conséquence du fait qu'il ne se déplace pas de manière continue, mais discrète : par à-coups. Quant au fait qu'il soit unité de compte, c'est parce qu'il est *calibré* : parce que chaque pièce et chaque billet a pour prix le nombre d'unités monétaires mentionné sur lui ; sur tout ceci je reviendrai) ;

2) une reconnaissance de dette est une marchandise *portant* sur de l'argent, à savoir constituée de deux transactions en argent à venir, l'une consistant dans le remboursement de la somme initialement empruntée, la seconde dans le « cadeau » que constituent les intérêts (je me suis déjà expliqué sur cet usage du mot « cadeau »).

Entrons un peu plus dans le détail. On a vu qu'une reconnaissance de dette peut être transférable par *endossement* : il suffit pour cela que l'identité du bénéficiaire soit définie comme indifférente au contrat. On détermine que X a contracté une dette envers Y, mais que cet Y peut être remplacé par un tiers quelconque. Le « marché primaire » d'une reconnaissance de dette est celui où prêteurs et emprunteurs se rencontrent, à savoir le marché du crédit. Mais la cessibilité d'une reconnaissance de dette fait d'elle une marchandise pareille à toutes les autres, dont le commerce s'effectue sur un « marché secondaire » où l'identité du nouvel acheteur est indifférente. Le prix d'une reconnaissance de dette sur son marché secondaire dépend de trois facteurs : de la somme à rembourser, du taux d'intérêt convenu à l'origine et d'une prime de risque reflétant le fait que la dette ne sera pas nécessairement honorée.

Une reconnaissance de dette a donc un prix, et ce prix a un *rapport direct* avec le montant dû par l'emprunteur, mais le fait qu'un contrat *porte* sur une somme d'argent ne fait pas automatiquement de ce contrat une monnaie : la seule monnaie impliquée est celle utilisée dans l'achat de ce contrat.

X a promis à Y de lui payer 100 € le 1er août, la reconnaissance de dette est cessible et je l'achète, moi, à Y pour la somme réduite de 97 €. C'est une *marchandise* (et non une *monnaie*) qui a été payée 97 €. Le 1er août, je me présente à la porte de X. Soit il est là et me verse les 100 € prévus par le contrat, me laissant un bénéfice de 3 € ; soit il a disparu sans laisser d'adresse, créant pour moi une perte sèche de 97 €. Les 3 € constituaient ma prime de risque : le calcul statistique que j'avais fait sur un très grand nombre de transactions du même type, évaluant mon risque sur le grand nombre (j'ai expliqué cela au tout début dans l'exemple d'un voyageur dans le désert, quand j'ai présenté initialement le principe de la reconnaissance de dette).

La monnaie, dans cet exemple, ce sont les 100 € reçus par X de Y, les 97 € reçus par Y de moi et, au bout du compte, soit les 100 € que je reçois de X, me laissant un bénéfice de 3 €, ou avec lesquels X s'est enfui, débouchant pour moi sur une perte de 97 €. Aucune autre monnaie n'a été créée durant tout ce processus : des transactions ont eu lieu autour d'un contrat portant sur une somme d'argent, c'est tout. La seule confusion qui puisse se faire jour résulte du fait que, dans une reconnaissance de dette, l'argent intervient à deux niveaux : premièrement, comme somme due, spécifiée à l'intérieur du contrat, et qui sera dégagée lors du remboursement, et comme versement d'intérêts pour un montant spécifié ; deuxièmement, comme prix du contrat sur un *marché secondaire* où l'on vend et achète des reconnaissances de dette. Le contrat se dénoue le 1er août et c'est donc ce jour-là – et ce jour-là seulement – qu'il y a rencontre, « communication » entre le prix de contrat tel qu'il a circulé en tant que *marchandise* et les sommes versées dans les deux transactions à venir qu'il stipulait, à savoir le remboursement de la somme empruntée et les intérêts convenus.

C'est cette présence de l'argent à deux niveaux dans le *commerce* des reconnaissances de dette qui fait qu'on peut être tenté d'assimiler argent et reconnaissance de dette sous le même label de *monnaie*. Mais qu'il y ait là une simple confusion se comprend fort bien si l'on établit un parallèle avec un autre marché, par exemple – et pour que le parallèle ait un impact visuel – celui des *futures* du lard de porc. Il existe à Chicago, sur le CME (Chicago Mercantile Exchange), un marché à terme du lard congelé où chaque contrat porte sur vingt tonnes du produit. Le contrat a un prix qui reflète le prix postulé du lard de porc. Mais ni les contrats à terme, portant sur une certaine quantité de lard, ni le lard lui-même ne constituent une monnaie. Une reconnaissance de dette est une marchandise du même type qu'un contrat à terme sur vingt tonnes de lard au CME ; le fait qu'elle porte sur de l'*argent* plutôt que sur du lard ne change rien à sa nature fondamentale, qui est d'être un contrat ayant un prix du fait que la marchandise sur laquelle il porte a elle-même un prix.

Risque de contrepartie et risque de dilution

Parler de l'argent comme le font certains de « créance sur l'État », c'est faire une analogie à partir de la notion de « dette », et ce n'est pas une analogie innocente : elle vise précisément à répandre l'idée que « même l'argent est une reconnaissance de dette ». Mais cette analogie ne tient pas : elle repose sur une confusion entre *risque de contrepartie* et *dilution*. La « créance de l'État », c'est la dette publique, les emprunts d'État essentiellement, et ce n'est pas la monnaie. Mais une « créance sur l'État », qu'est-ce que cela veut dire ? Est-ce de l'argent que l'État me doit ? Certainement pas. Ou que je lui dois ? Pas davantage : c'est *mon argent*.

J'ai dit que le *risque de crédit* ou *risque de contrepartie* de tout émetteur de dette est évalué par les agences de notation. Ceci vaut en particulier pour les États : eux aussi reçoivent une notation qui reflète le risque de crédit qu'ils constituent dans le remboursement de la dette publique. Eux aussi doivent adapter les taux d'intérêt qu'ils consentent sur les obligations qu'ils émettent au risque perçu de leur incapacité à les rembourser. Il y a ici un rapport avec la monnaie, mais ce n'est pas celui d'un risque de dévaluation de la devise, tout au contraire : les taux élevés des obligations d'État font que la devise est recherchée.

L'inclination des États à faire tourner la planche à billets crée un risque, mais ce n'est pas un risque de crédit, c'est un *risque de dilution*. La devise perd de sa valeur exactement de la même manière que les actions d'une société quand elle émet de nouveaux titres : la valeur de ceux déjà en circulation est dépréciée par leur dilution dans une masse plus vaste, alors que la valeur de la société, elle, n'a pas changé. Faire tourner la planche à billets diminue au contraire le risque de crédit de l'État, puisque le remboursement de sa dette lui revient meilleur marché.

Bien sûr, un État qui va mal peut voir croître simultanément le risque de crédit qu'il représente et sa tentation de faire tourner la planche à billets. Mais, comme je l'ai fait remarquer au passage, d'une part, son risque de crédit croissant peut aider sa devise, par le truchement de taux d'intérêt plus élevés, et, d'autre part, faire tourner la planche à billets peut l'aider à réduire le risque de crédit qu'il constitue. Considérer l'argent comme une « créance sur l'État » est donc fondé sur une analogie erronée : celle qui confond un *risque de crédit* lié à la solvabilité d'un État et la *dilution* du pouvoir d'achat de la devise liée à l'émission de davantage d'argent. Et, comme je l'ai signalé, cette confusion n'est pas innocente : elle vise à faire croire qu'il n'existe que de la *monnaie* ; qu'il n'existe pas de différence entre la relation immédiate à l'*argent* et la relation *médiatisée* à la *reconnaissance de dette.*

Dire que l'argent et la reconnaissance de dette, « c'est toujours de la monnaie », c'est, comme je l'ai indiqué, approximativement vrai quand les choses vont bien. Quand elles vont mal, ce n'est que de la propagande.

En guise de conclusion

Une petite remarque pour clore ce chapitre. Je suis, de formation, anthropologue et sociologue. En sus, je suis devenu ingénieur financier en apprenant la finance sur le tas dans divers établissements financiers sur une période de dix-huit années. Cela pour rappeler que je ne suis pas économiste de formation. La différence dans la manière dont je parle ici d'un sujet comme l'argent, ou dont j'ai traité de la crise actuelle dans trois de mes ouvrages précédents, certains l'attribuent à cette différence de formation. Il y a de cela assurément, mais il y a aussi autre chose, et tout particulièrement, de manière plus essentielle encore, une différence entre la façon dont il est d'usage, chez les économistes, de parler de l'argent et de la reconnaissance de dette comme de deux variétés de la *monnaie*, et la façon dont je conçois personnellement la question. Pour moi, vous l'aurez compris, si la reconnaissance de dette dispose d'une capacité à se transformer en argent, il s'agit avec l'argent et avec la reconnaissance de dette de deux entités entièrement distinctes, et parler d'elles indifféremment comme de deux formes de la *monnaie* me semble une grave erreur, dont les conséquences sont innombrables quand il s'agit de comprendre comment l'argent fonctionne au sein des sociétés humaines.

II

La monnaie

« Chaque auteur qui remontait jusqu'aux principes énumérait et développait, à l'instar des docteurs scolastiques, les qualités particulières inhérentes aux métaux précieux et qui expliquent pourquoi ils sont universellement acceptables comme monnaie (divisibilité, mobilité, etc.). Un peu moins banale était l'énumération des quatre fonctions de la monnaie qui devaient acquérir une telle prééminence dans les manuels du XIX*e siècle : "étalon de la valeur (d'échange)" et "intermédiaire des échanges", d'origine aristotélicienne, furent complétées par la "réserve de valeur", élément fortement souligné par les auteurs spécifiquement mercantilistes, et par l'"étalon des paiements différés" ; cependant, je ne saurais citer aucun exemple où ces quatre fonctions apparaissent clairement côte à côte. »*

JOSEPH A. SCHUMPETER,
Histoire de l'analyse économique.

Les économistes et la monnaie

Les économistes se sont intéressés à la monnaie, mais ont éviscéré la question en la vidant de sens grâce à des hypothèses simplificatrices – sans lesquelles ils considéraient que les problèmes annexes étaient tout simplement insolubles. Ainsi la dimension « temps » peut, selon eux, être ignorée, ou – ce qui revient au même –, l'avenir est parfaitement connaissable, de manière soit déterministe, soit statistique, et il n'y a donc pas, « au plan théorique », de différence entre une opération à terme et au comptant, pas plus qu'entre du numéraire, de l'argent liquide et une reconnaissance de dette ; rien ne distingue, non plus du coup, propriété et possession.

Je m'arrête là, parce que la liste est longue, mais vous m'avez compris : tous les facteurs essentiels à une compréhension du mécanisme de la monnaie ont été soigneusement mis entre parenthèses par les économistes… pour rendre solubles les problèmes auxquels ils sont confrontés !

Les anthropologues et la monnaie

Dans une version largement répandue de l'histoire de la monnaie, on découvre de gentils orfèvres qui décident de prêter davantage qu'on ne leur a laissé en dépôt, après avoir constaté que tous les déposants ne viennent pas réclamer tout leur crédit le même jour, et comptant sur le fait qu'il en sera de même à l'avenir. Chez les anthropologues, on découvre une réalité beaucoup plus dure : la dot – la compensation versée d'une famille à une autre pour avoir pu se débarrasser d'une fille ou, à l'inverse, pour avoir eu le privilège d'acquérir une femme –, ou bien la rançon à verser pour le roi capturé durant la bataille, ou bien encore le tribut versé pour le sang qui a préalablement été versé. Mais, surtout, et comme mécanisme qui nous donnera le système monétaire moderne : l'impôt.

Voici : l'État dépense pour la sécurité publique. Il paie ses dépenses avec des jetons. Pour rentrer dans ses fonds, il réclame l'impôt : il faut que les jetons lui reviennent pour qu'il puisse les distribuer à nouveau. Aucune importance pour lui que ces jetons représentent en eux-mêmes une richesse ou non, du moment qu'ils sont en nombre limité, mais il est essentiel que l'on ne puisse les falsifier, d'où l'importance cruciale de la faculté de les peser et d'en vérifier la composition : les métaux joueront ici un rôle privilégié.

Les banques commerciales apparaissent alors comme l'infrastructure qui facilitera au citoyen ordinaire l'accès aux jetons qui lui permettront de payer l'impôt. « Je dois payer l'impôt aujourd'hui, dira-t-il, mais ma moisson ne sera là que demain ! » La banque lui dispensera les jetons nécessaires en échange d'une promesse portant sur la moisson encore à venir. Pour lui avoir évité la prison, elle lui réclame une compensation minime : les intérêts.

Les ambiguités du mot « monnaie »

L'anglais confond dans *money* ce que le français distingue comme « monnaie » et « argent ». Je tirerai parti de cette distinction, d'autant plus que de nombreuses discussions embrouillées dans le débat sur la monnaie ont été importées telles quelles de l'anglais. L'anglais parle aussi de *currency*, mais *currency* c'est la devise, distinction que fait également le français.

L'argent constitue une richesse en soi, même si c'est moins évident intuitivement depuis qu'il a cessé d'être convertible en or. Pourtant, ce découplage n'a rien changé dans les faits, car l'argent continue de pouvoir être échangé contre des biens : même les biens les plus précieux peuvent être échangés contre de l'argent qui n'est cependant rien de plus que des nombres écrits sur des bouts de papier ou inscrits dans la mémoire d'un ordinateur. L'argent peut être aussi un *substitut* à la richesse lorsqu'une richesse authentique, qui continue cependant de m'appartenir, a été mise en gage par moi – offerte en « collatéral », selon l'expression consacrée. Cette richesse peut être quoi que ce soit, pour autant que quelqu'un est prêt à la prendre en gage : il peut s'agir d'une maison, d'un champ, etc., ou d'un quelconque objet qu'un prêteur sur gage est disposé à accepter. L'argent est enfin un *transformé* de la richesse, par exemple lorsque la moisson est *réalisée* à l'occasion de sa vente ; la moisson est ici un *surplus* résultant de la combinaison d'avances qui ont été faites au fermier (en nature ou sous la forme d'un capital, c'est-à-dire d'argent), du soleil et de la sueur des hommes : une richesse extérieure à la richesse qui existait déjà dans le monde a été créée *ex natura* et transformée *in fine* en argent. Lorsque le grain aura été entièrement consommé, cette richesse aura disparu (mais que sera-t-il advenu de l'argent qu'il avait un jour représentée ?).

Richesse en soi, substitut de richesse et transformé de richesse, comment cela s'accorde-t-il avec les définitions traditionnelles de l'argent ?

De l'argent on dit en général dans les livres, comme la citation de Schumpeter mise en exergue le rappelle, qu'il a trois fonctions, celles 1) d'être une unité de compte, 2) d'être un intermédiaire des échanges et 3) de constituer une réserve de valeur.

1) L'argent est unité de compte pour la richesse. Ceci signifie que toute richesse peut s'évaluer en une quantité d'argent.

2) L'argent est un intermédiaire des échanges signifie qu'il constitue une richesse échangeable sous une forme « générique ». Autrement dit, tout ce qui est susceptible de s'acheter ou de se vendre peut l'être à l'aide d'argent.

3) L'argent est une réserve de valeur. Autrement dit, l'argent est une richesse en soi. Et, à ce titre, tout le monde en veut.

Donc, en mettant ensemble tous ces éléments : *l'argent est une richesse générique quantifiable*.

Et c'est là qu'on s'arrête toujours… alors qu'on ne devrait pas, parce que, comme nous venons de le voir :

1) L'argent est aussi *le substitut d'une richesse non monétaire existante* : crédit sur un gage (maison, champ, future moisson).

2) Ainsi que *le moyen de transformer une richesse non monétaire neuve en « richesse générique quantifiable »* (la nouvelle moisson).

Cela ouvre la porte à deux questions qu'il faudrait résoudre à leur tour : 1) qu'est-ce qui constitue une *richesse* ? et 2) qu'est-ce qui fait que nous considérons comme légitime – depuis plusieurs siècles au moins –

d'additionner richesse existante, substitut de richesse et transformé de richesse ?

Il existe à ce propos chez Aristote une distinction entre le monde en acte et le monde en puissance. Le monde en acte est le monde sensible, celui de notre expérience quotidienne, que les philosophes appellent aussi l'« existence empirique », tandis que le monde en puissance fait office chez lui d'une « réalité objective » se cachant derrière ce monde sensible comme l'univers de tous les possibles, aux formes aussi nombreuses que celles susceptibles de se concrétiser en un cas singulier, mais dont une seule à la fois se réalise dans le monde en acte. Ainsi le chat a de multiples pelages dans le monde de l'en-puissance, en nombre aussi grand que ceux susceptibles de se rencontrer un jour dans le monde de l'en-acte de notre vie quotidienne, alors qu'au sein de celui-ci chaque chat individuel n'en a bien sûr qu'un.

Cette distinction entre l'en-acte et l'en-puissance s'applique très bien aux fonctions 2 et 3 de l'argent : être un moyen d'échange ou une réserve de valeur. Dans l'échange économique, l'argent est en acte : il y est utilisé dans la fonction pour laquelle il a été conçu, il y joue un rôle dynamique et est en mouvement constant, s'échangeant à chaque fois qu'il circule, soit comme rémunération de l'achat ou de l'emprunt d'un bien, soit comme rémunération d'un service. Au contraire, lorsqu'il est thésaurisé, l'argent n'est qu'en puissance : il est alors statique, au repos, dans l'attente d'être échangé un jour contre un bien ou un service qui sera sans aucun doute précis à ce moment-là, mais qui, n'ayant pas encore été précisé, s'identifie toujours, en attendant, à l'ensemble de tous les choix possibles. Je reviendrai plus loin sur sa « fonction » d'unité de compte.

Pourquoi l'argent fonctionne-t-il ?

L'argent permet d'acheter des biens et d'effacer des dettes, mais qu'est-ce qui fait que j'accepterai votre billet de 50 € si vous me devez cette somme et que je considérerai alors l'affaire comme réglée ?

D'abord le fait que les montants sont les mêmes ; c'est l'une des choses que l'argent autorise : que les prix s'expriment en argent et que tous les billets de 50 € valent la même chose, à savoir 50 €. Tout comme ceux qui valent 20 € entre eux, etc.

La réponse traditionnelle était que, pour chacun de ces billets de 50 €, je pouvais me rendre à la banque et obtenir en échange une même quantité d'or. La même quantité d'or tous les jours de la semaine si la monnaie dans laquelle le billet était libellé était directement ancrée à l'or, comme cela a été le cas du dollar aux États-Unis jusqu'en 1971 ; ou la même quantité d'or durant la même journée, mais pas nécessairement d'un jour à l'autre, si le cours de ma monnaie n'était pas ancré à l'or et évoluait d'un jour à l'autre par rapport au dollar.

Historiquement, l'argent a pris des formes multiples, et plus particulièrement celle des métaux précieux, or et argent, qui ont constitué l'étalon, le point d'ancrage idéal de la valeur : résistants à l'usure, poinçonnables à souhait, et dont l'aloi est relativement aisé à vérifier. L'impossibilité de maintenir l'ancrage pour des raisons conjoncturelles locales a conduit au décrochage de certaines devises, dont les cours dès lors ont flotté. Le dernier fil connectant les devises à l'or est défini à Bretton Woods en 1944 : l'once d'or vaudrait 35 dollars américains et c'est par rapport à cette donne que les autres devises se définiraient. Je reviendrai sur Bretton Woods à propos du dollar comme monnaie de référence.

En 1971, le président Nixon a décrété unilatéralement, sans concertation préalable avec ses partenaires internationaux, de décrocher le dollar de sa parité à l'or. Depuis, le cours de l'or exprimé en dollars varie, et le ciel n'en est pas tombé pour autant sur nos têtes. Le fil étant coupé, le taux de change des devises les unes par rapport aux autres évoluerait désormais selon sa propre dynamique.

La preuve est ainsi faite que la monnaie peut fonctionner sans être soutenue par aucune réalité plus tangible que le fait que chacun y recourt parce que tout le monde autour de lui en fait autant. Le monde ne va pas bien pour autant, et certains établissent une relation très étroite entre le désancrage des monnaies par rapport à l'or et les vicissitudes de l'époque présente. Le fait demeure que le système monétaire y a survécu et que j'accepterai toujours votre billet de 50 € comme moyen d'effacer la dette de 50 € que vous avez envers moi.

Pourquoi ? Parce que tout le monde le fait. Or ce n'est pas cela que l'on dit d'habitude : on invoque la confiance. Le mot « confiance » est cependant utilisé sans prudence ni retenue dès qu'il est question d'argent. On vous affirme que, si vous acceptez un billet de banque de la part de quelqu'un, c'est parce que vous « faites confiance », et on ajoute : « Billets et pièces sont appelés “monnaie fiduciaire”, du latin *fiducia*, parce que le système est fondé sur la confiance. » L'étymologie est correcte, mais « confiance en qui ou en quoi » ? Confiance dans celui qui vous tend le billet, ou bien confiance dans le système monétaire en général ?

La réponse est celle que j'ai donnée : si j'accepte un billet de 50 € en paiement d'une dette de 50 €, c'est parce que tout le monde le fait. De la même manière que j'accepterai un billet de 50 € en règlement d'une dette de 50 € que quelqu'un a envers moi, je pourrai utiliser ce même billet pour régler une dette de 50 € que j'ai contractée envers quelqu'un d'autre. Et c'est là la raison pour laquelle tout le monde le fait : parce que cela répond à l'attente, cela marche comme espéré. En d'autres termes, la monnaie remplit la fonction qui lui est reconnue de moyen universel de paiement et d'extinction de la dette.

Quelles sont les circonstances qui feraient que le système cesse de fonctionner ? Il n'est pas nécessaire, comme on l'imaginait autrefois, que le billet de 50 € cesse d'être convertible en or : ce n'est plus le cas depuis belle lurette, et le système n'en a pas été affecté pour autant de manière significative, du moins pour ce qui touche à son fonctionnement au jour le jour. Ce qui ferait que le système cesse de fonctionner, ce serait que certains cessent de jouer le jeu : qu'ils exigent qu'une dette de 50 € leur soit réglée autrement qu'à l'aide d'un billet de 50 € ou de toute autre combinaison de billets et de pièces dont le montant total reconstituerait la somme de 50 €. Mais que pourraient bien exiger ceux qui auraient décidé de cesser de jouer le jeu ? De l'or, comme autrefois ? La pensée effleure sans doute occasionnellement l'esprit de quelques excentriques, mais ils sont trop peu nombreux pour que cela suffise à remettre véritablement le système en question.

La réponse à la question : « Pourquoi tout le monde accepte-t-il de l'argent en paiement d'un bien ou en règlement d'une dette ? » est donc banale : parce qu'il n'y a pas le choix ; l'argent est le moyen qui a été inventé pour régler le prix de tous les biens et pour régler toutes les dettes, c'est à cela qu'il sert et il ne lui existe à l'heure actuelle aucun concurrent. Les choses seraient bien entendu très différentes si plusieurs monnaies (je ne dis pas devises) étaient en concurrence les unes avec les autres.

La monnaie comme marchandise privilégiée

Allons cependant plus loin que ce simple « parce que tout le monde le fait », et ce parce que nous aimerions bien comprendre aussi comment ce système a pu se mettre en place. Abordons la question à la manière d'Aristote dans son *Éthique à Nicomaque*.

Certains savent comment fabriquer des souliers et en font davantage qu'ils n'en ont l'usage. Les paires de chaussures qu'ils conservent pour eux seront utilisées selon leur usage commun qui est qu'on les porte aux pieds ; celles en surplus auront pour vocation d'être des marchandises, autrement dit auront été fabriquées en vue d'être échangées. On peut imaginer un monde ancien où le savetier commande au maçon qu'il lui bâtisse une maison et, en échange du service rendu, lui promet, à lui et à sa famille, un certain nombre de paires de souliers. Combien de paires ? En fonction du statut respectif des savetiers et des maçons, affirme Aristote, autrement dit en fonction du rapport de forces tel qu'il est socialement défini dans ce contexte particulier de temps et de lieu entre savetiers et maçons[1].

Pour chaque bien qu'il ne produit pas lui-même, le savetier doit conclure un marché du même type, échangeant des chaussures contre le produit du travail de chacun des artisans avec lequel il lui faut initier des échanges : le maçon, le boucher, le maraîcher, et ainsi de suite. Marchandise contre marchandise, le mode qui préside à l'échange est bien entendu celui du troc.

Mais le troc comme moyen d'échange présente des limitations : par exemple, les paires de souliers ne se fractionnent pas, tous les maçons n'ont pas un besoin constant de nouvelles chaussures, etc. La liste serait longue. Et c'est pour ces raisons et certainement bien d'autres que l'on a vu émerger dans l'histoire des hommes le principe d'une marchandise qui serait précisément spécialisée dans l'activité du troc.

On a donc inventé la monnaie. Mais, comme c'est le cas pour bien des institutions humaines, le fait de l'avoir inventée ne signifie pas que les hommes aient pleinement compris comment leur invention fonctionnait sous

---

1. *Cf.* Paul Jorion, « Le prix comme proportion chez Aristote », *La Revue du MAUSS*, n. s., 15-16, 1992, p. 100-110.

tous ses aspects : nos inventions dépassent en effet souvent par leur complexité – et ce en raison du nombre d'interactions qu'elles impliquent – les capacités de notre entendement. Les exemples foisonnent : la Bourse, le système démocratique représentatif, etc. Avec la monnaie, et pour annoncer d'emblée la couleur, on ne s'est pas aperçu, durant de nombreux siècles, qu'elle pouvait fonctionner au titre de richesse authentique tout en n'étant rien de plus qu'un signe conventionnel de la richesse : on a cru que, pour jouer ce rôle, elle devait être richesse en soi, ce qui n'était nullement le cas.

Pour que le signe puisse remplacer la chose elle-même, des éléments d'un tout autre ordre étaient nécessaires – quasiment impossibles à deviner *a priori* : il fallait qu'un certain nombre de garanties soient présentes, que seul un État était à même d'offrir, comme l'existence d'une police lâchée aux trousses de ceux qui tenteraient de saboter le système en répandant de la monnaie contrefaite.

Développons ces points systématiquement – mais, d'abord, un parallèle. Nous sommes encore impressionnés aujourd'hui par la stature massive des ouvrages d'art construits par les Romains. J'avais quatre ans quand j'ai découvert le pont du Gard, et le souvenir de cette vision n'a pas cessé de m'émerveiller. Comme les conceptions des Romains en matière de résistance des matériaux étaient imparfaites, et qu'ils n'avaient pas maîtrisé entièrement les conditions minimales à respecter dans la construction des arches, les bâtisseurs prenaient souvent des précautions excessives, débouchant sur l'architecture massive aux volumes inutilement généreux que l'on continue d'admirer.

C'est à quelque chose du même ordre que l'on a assisté avec la monnaie : on avait sans doute compris intuitivement depuis longtemps que la monnaie est, selon les termes que j'ai retenus, *richesse générique quantifiable*, et que tout support calibré défini de cette manière par un pouvoir souverain déterminé à en limiter le volume et à en punir la contrefaçon pourrait faire l'affaire, mais, à l'instar des Romains, on a voulu prendre des précautions supplémentaires : faire en sorte que, si jamais la foi dans le fonctionnement de la monnaie vacillait, on puisse se tourner en désespoir de cause vers son support et le prendre à la lettre, c'est-à-dire le considérer comme un gage effectif de la valeur que la monnaie affirme être la sienne. Autrement dit, que si le pouvoir de l'État, garant de la quantité de la monnaie en circulation, devait échouer à assurer ce contrôle, on puisse, par défaut, l'ignorer et se tourner vers la monnaie elle-même pour la fondre et la revendre au prix du métal qu'elle est aussi.

Du fait, donc, que l'on n'avait pas parfaitement compris la manière dont la monnaie fonctionne, mais aussi du fait que le pouvoir des États, garants nécessaires d'un système monétaire, n'avait pas alors acquis la solidité du roc qu'on lui connaît – ou qu'on lui espère –

aujourd'hui, une fois la monnaie inventée on a recouru pour elle à la solution de facilité fondée sur le principe que « deux précautions valent mieux qu'une » : on a choisi pour support une ou des marchandises que chacun accepterait volontiers en raison du fait qu'elles pourraient constituer – en soi – le gage de ce qu'elles prétendaient être par ailleurs : une *richesse générique quantifiable.*

Répondaient à ce critère celles dont la valeur est élevée même sous un faible volume, qui peut être fractionnée et qui se dégrade peu alors même qu'elle passe rapidement de main en main. L'or et l'argent en particulier remplissaient tous deux ces conditions et se prêtaient donc particulièrement bien à cet usage.

La monnaie s'est mise à circuler à la satisfaction générale – paradoxalement, comme je viens de le dire, en dépit du fait qu'aucun de ceux qui l'utilisaient n'ait eu une compréhension approfondie du mécanisme de son fonctionnement : il suffisait, pour que le système marche globalement, que chacun en saisisse le principe général ; la plupart y trouvant leur bénéfice, on ne s'est pas inquiété davantage. Ainsi la croyance s'est établie fermement que, comme dans le cas de monnaies adossées à l'or ou à l'argent, il fallait que la marchandise leur servant de support détienne une valeur en soi. Or cette condition, je l'ai signalé, n'était nullement nécessaire : l'utilité de la marchandise servant de monnaie ne réside pas dans le fait qu'on la porte aux pieds, comme des chaussures, ou qu'elle constitue un abri, comme une maison ; son utilité, c'est précisément que chacun l'accepte comme l'instrument du troc, et ce quelle que soit la marchandise contre laquelle on l'échange, autrement dit comme l'*instrument générique du troc.*

Il n'est donc pas nécessaire, comme je l'ai dit, que la marchandise que chacun accepte de troquer contre toutes les autres ait une valeur intrinsèque parce que sa valeur ne dérive pas de ce qu'elle est en soi, c'est-à-dire indépendamment de son usage en tant que monnaie, mais précisément parce que chacun l'accepte en tant que monnaie, c'est-à-dire comme une marchandise ayant acquis un statut générique, susceptible de pouvoir être troquée contre toute autre dans le cadre établi par une instance politique présidant à sa rareté contrôlée.

Mais, comme dans le cas des monuments romains trop massifs, le principe du « deux précautions valent mieux qu'une » fait qu'on exige qu'une pièce qui affirme « je vaux cent francs » ne se contente pas de le dire, mais qu'en plus ce soit « vrai » au sens où l'or fondu et vendu comme tel vaille effectivement cent francs. On a voulu, comme je l'ai annoncé avant de m'expliquer davantage, que le signe coïncide avec la chose même dont il est le signe, à savoir la richesse, en étant non seulement signe de la richesse, mais également de la richesse en soi : *non seulement cent francs en or, mais aussi de l'or pour cent francs.*

Le seul danger – et il était de taille – résidait dans les représentations : dans le fait que cette capacité dont disposait le signe de fonctionner aussi bien que la chose elle-même soit remise en question par ses utilisateurs. Lorsque John Law, au début du XVIIIe siècle, a émis en France sa monnaie de papier garantie par la Compagnie du Mississippi, c'est-à-dire par les richesses que la vallée du Mississippi était censée produire, le lien entre les billets et la richesse représentée était déjà devenu singulièrement ténu, mais pas assez pour que – le doute s'installant quand on a vu que les capitaux obtenus servaient aux dépenses de l'État français plutôt qu'à l'investissement qui aurait permis l'exploitation des richesses du Mississippi – la monnaie elle-même s'effondre rapidement.

La seule manière de *consommer* la monnaie consiste à l'*échanger*, ce qui lui procure une spécificité et une pérennité que ne présente aucune des autres marchandises, aucun des services que la monnaie permet d'acquérir et qui le plus souvent disparaissent à l'occasion de leur consommation, ou tout au moins changent de forme d'une manière à ce point radicale qu'ils en deviennent méconnaissables. Ainsi les aliments sont transformés en énergie au sein de notre corps ; un service comme la coupe de cheveux par le coiffeur doit être, lui, constamment renouvelé puisque leur pousse naturelle fait que rien n'en reste au bout d'un moment. Quand on choisit pour monnaie une marchandise ayant un autre usage spécifique que celui de circuler sous cette forme, comme c'est le cas pour l'or, pour le tabac ou les cubes de thé, sa fonction de monnaie ne subsiste bien entendu que tant que l'on ignore cet usage spécifique pour continuer de la faire circuler : on s'abstient ainsi de fondre l'or des pièces pour en faire des bijoux, de fumer le tabac ou de faire infuser le thé pour en faire une boisson. C'est ce qui explique pourquoi l'essence de la monnaie est tout particulièrement saillante dans celles dont le support est vil, comme dans le cas du papier dont la valeur intrinsèque est quasiment nulle et dont tous les autres usages possibles, tels que servir de moyen de chauffage, sont rapidement écartés du fait de leur peu d'intérêt, comparé à son utilisation comme monnaie.

Bien sûr, on peut aussi s'abstenir de consommer la monnaie dans l'échange pour, selon l'expression consacrée, la conserver « sous son matelas », de la même manière que des conserves stockées dans le garde-manger. Une telle thésaurisation entraîne, comme on le verra, ses propres difficultés : la monnaie est faite pour être consommée, et son mode de consommation propre est l'échange ; si tel n'est pas le cas, le système monétaire se grippe.

La condition que doit remplir une marchandise pour servir de monnaie sur le long terme, c'est-à-dire comme un instrument généralisé du troc, n'est donc pas du tout, comme on l'a très longtemps cru – et comme certains le croient encore aujourd'hui – que son support ait une valeur en soi, mais qu'il possède une qualité bien particulière, qui ne lui est pas propre mais extérieure, *extrinsèque* plutôt qu'*intrinsèque* : que le prix, c'est-à-dire la quantité qui est réclamée de lui pour telle ou telle marchandise, demeure relativement stable. Et cette propriété peut être respectée quel que soit le support de la monnaie : métaux précieux, papier, simples traces électroniques, comme aujourd'hui dans le cas de la monnaie bancaire. La seule condition à respecter, c'est que la masse monétaire reste suffisamment stable.

Une telle stabilité de la masse monétaire peut s'obtenir parce qu'un contrôle est exercé sur son volume par une instance qui en a le pouvoir, mais ce n'est pas le seul moyen : cette stabilité, les marchandises utilisées traditionnellement pour servir de monnaie en disposaient automatiquement, et c'est ce qui explique pourquoi cette condition passait inaperçue. L'or, par exemple, est rare et sa masse globale n'augmente que très progressivement au fur et à mesure qu'il est découvert. (Au contraire, la période où l'or était ramené en grandes quantités des Amériques a été une période d'inflation et d'instabilité de la monnaie : John Galbraith rapporte qu'au cours du XVIe siècle, les prix ont été multipliés par cinq en Andalousie, et par deux et demi en

Angleterre[1]). De même pour les cauris, les coquillages africains utilisés comme monnaie, dont la masse n'augmente que très lentement, et pour d'autres objets utilisés comme monnaie en divers endroits de la planète. On comprend aussi pourquoi l'or convenait bien à une époque où la richesse du monde croissait à vitesse relativement faible : l'accroissement de la richesse globale progressait alors plus ou moins en parallèle avec la découverte de l'or. Mais quand la richesse s'est soudain mise à progresser à plus vive allure, comme ce fut le cas dans la seconde moitié du XXe siècle, l'accroissement de la masse d'or n'est plus parvenu à suivre ce train d'enfer, et les tensions se sont manifestées au sein du système fondé sur la parité du dollar avec l'or. Quand Nixon a mis fin à l'ancrage du dollar à l'or en 1971, il ne faisait qu'entériner l'aboutissement ultime de ce processus, même si le dollar lui-même se dévalorisait à la même époque, la richesse du monde augmentait bien plus vite que la masse d'or disponible.

Mais, lorsqu'un contrôle de la masse monétaire en tant que telle est exercé, toute marchandise peut être décrétée conventionnellement monnaie, quel que soit le caractère vil de son support, comme c'est le cas en particulier du papier. Il suffit qu'une autorité s'assure que la masse monétaire ne fait ni plus ni moins que refléter

1. Voir J. K. Galbraith, *op. cit.*, p. 14.

la richesse susceptible d'être échangée, et que l'efficacité de ce contrôle soit établie aux yeux des utilisateurs potentiels de la monnaie. Cela implique en particulier que les faux-monnayeurs soient pris et punis. Or, qui dispose seul de l'organisation administrative suffisante pour s'assurer que la masse monétaire est modulée selon les besoins, en étant émise davantage quand la richesse s'accroît, et une certaine quantité de son volume étant retirée dès que la richesse se réduit ? Qui dispose de la police qui permet d'arrêter les faux-monnayeurs, et l'organisation judiciaire qui permet de les punir ? Qui, sinon l'État ?

Les États disposent de différents moyens pour moduler la masse monétaire par le truchement de leur banque centrale. Ils peuvent l'augmenter en achetant de l'or, des titres ou des devises, en prenant des titres en pension, en abaissant le niveau des réserves obligatoires des établissements financiers. Ils peuvent au contraire en réduire le volume en revendant ces produits, en restreignant le volume de ceux qui sont pris en pension, ou en relevant le niveau des réserves obligatoires.

III

Les intérêts

« – Enfin, monsieur, continuait la comtesse, je suis décidée à une chose qui m'a répugnée jusqu'ici... Oui, l'idée de faire travailler de l'argent, de le placer à intérêts, ne m'est jamais entrée dans la tête : des façons anciennes d'entendre la vie, des scrupules qui deviennent un peu sots, je le sais ; mais, que voulez-vous ? On ne va point aisément contre les croyances qu'on a sucées avec le lait, et je m'imaginais que la terre seule, la grande propriété devait nourrir des gens tels que nous... Malheureusement, la grande propriété...

Elle rougit faiblement, car elle en arrivait à l'aveu de cette ruine qu'elle dissimulait avec tant de soin.

– La grande propriété n'existe plus guère... Nous autres avons été très éprouvés... Il ne nous reste plus qu'une ferme.

Saccard, alors, pour lui éviter toute gêne, renchérit, s'enflamma :

– Mais, madame, personne ne vit plus de la terre... L'ancienne fortune domaniale est une forme caduque de la richesse, qui a cessé d'avoir sa raison d'être. Elle était la stagnation même de l'argent, dont nous avons décuplé la valeur en le jetant dans la circulation, et par le papier-monnaie, et par les titres de toutes sortes, commerciaux et financiers. C'est ainsi que le monde va être renouvelé, car rien n'était possible sans l'argent, l'argent liquide qui coule, qui pénètre partout, ni les applications de la science, ni la paix finale, universelle... Oh ! la fortune domaniale ! elle est allée rejoindre les pataches[1]*. On meurt avec un million de terres, on vit avec le quart de ce capital placé dans de bonnes affaires, à quinze, vingt et même trente pour cent.*

Doucement, avec sa tristesse infinie, la comtesse hocha la tête :

– Je ne vous entends guère, et, je vous l'ai dit, je suis restée d'une époque où ces choses effrayaient, comme des choses mauvaises et défendues... Seulement, je ne suis pas seule, je dois surtout songer à ma fille. Depuis quelques années, j'ai réussi à mettre de côté, oh ! une petite somme... »

ÉMILE ZOLA, *L'Argent*.

Nous avons vu qu'un compte courant n'est en général pas rémunéré, mais qu'il l'est parfois. Si votre banque rémunère votre compte à vue, c'est qu'elle a fait une évaluation statistique du temps que vous le laisserez

1. Patache : diligence à bon marché (*Le Robert*).

là en moyenne, disons un mois, et qu'elle peut rémunérer votre compte comme s'il s'agissait en réalité d'un certificat de dépôt à un mois.

Si je fais débuter mon enquête sur les intérêts par cet exemple, c'est que ce cas se ramène à un autre, beaucoup plus général celui-ci. La raison pour laquelle la banque vous verse des intérêts sur l'argent déposé chez elle est qu'elle en reçoit de son côté quand elle prête cette somme à un tiers. Elle se contente donc de partager avec vous les intérêts qu'elle touche elle-même en prêtant l'argent que vous lui avez procuré quand vous l'avez déposé sur un compte auprès d'elle.

Je vais aborder le mécanisme de la génération d'intérêts à partir des cas les plus généraux que j'examinerai par le biais de trois illustrations : un prêt bancaire obtenu en vue d'acquérir un réfrigérateur, un deuxième en vue d'acheter une maison, enfin un troisième pour pouvoir cultiver mon champ l'année prochaine.

Le crédit à la consommation

La banque me prête de l'argent pour acheter un réfrigérateur. Il ne me faudrait épargner que trois mois pour réunir la somme nécessaire. J'estime néanmoins avoir besoin du frigo dès maintenant. Je vais donc devoir m'acquitter d'intérêts. L'inconvénient du coût supplémentaire me semble justifié par l'avantage de pouvoir utiliser l'appareil ménager dans l'immédiat. Pourquoi la banque exige-t-elle de moi un intérêt ? D'abord, parce que le taux d'intérêt comprend une *prime de risque de crédit* : la banque s'assure contre le fait que certains emprunteurs ne rembourseront pas les sommes empruntées, elle me fait aussi payer les *frais de gestion* que mon prêt implique pour elle, elle s'accorde en outre un profit : la *marge bancaire* ; enfin, et à moins qu'elle ne me prête de l'argent constitué de dépôts sur des comptes courants, il s'agit d'argent qu'elle aura elle-même emprunté et sur lequel elle acquitte elle aussi des intérêts : son *coût de financement* – ce qui nous ramène accessoirement à la question de savoir pourquoi elle en verse. Comme l'a dit un jour un commentateur sur mon blog : les intérêts sont une commission étalée dans le temps.

Où vais-je, moi, l'emprunteur, trouver l'argent qui me permettra d'acquitter des intérêts sur l'achat d'un réfrigérateur ? Sur mes revenus : sur le salaire que je touche en tant qu'individu participant à la production de biens ou de services dans l'économie du pays. Il se pourrait que mon emploi consiste à produire ou à commercialiser des réfrigérateurs, et l'on pourrait affirmer dans un cas comme celui-là que ce sont les réfrigérateurs eux-mêmes qui m'ont permis de m'en acheter un. Mais la chose serait bien évidemment fortuite et, dans la plupart des cas, c'est en travaillant à la production de biens autres que des réfrigérateurs, ou en étant rémunéré pour une prestation de services, que j'accumule l'argent qui me permettra d'en acquérir un.

Gardons cette question en réserve et notons simplement que le réfrigérateur lui-même ne m'aura pas aidé à trouver l'argent nécessaire à son remboursement, ou d'une manière très indirecte, disons en m'évitant de consommer des aliments avariés et en m'aidant, du coup, à rester en vie. Cette dernière remarque peut sembler empruntée à *Alice au pays des merveilles*, on verra plus tard pourquoi elle est en réalité essentielle.

Que se passe-t-il si j'échoue à rembourser le prêt ? La banque me fera des misères, mais finira, en désespoir de cause, par mettre aux pertes et profits l'argent que je lui dois : elle bouchera le trou à l'aide de la prime de risque comprise dans le taux d'intérêt dont s'acquittent tous ceux qui paient, eux, consciencieusement leurs traites. Le réfrigérateur étant l'objet même qu'il s'agirait de payer, on pourrait imaginer que le vendeur s'efforce alors de le saisir. Il n'en fera cependant rien, car la saisie lui reviendrait trop cher par rapport à l'objet lui-même qui, en sus, ayant cessé d'être neuf, aura déjà subi une forte dépréciation.

Le crédit au logement

Deuxième cas : il s'agit cette fois d'un prêt contracté pour acheter une maison. À première vue ce cas paraît être semblable à celui du réfrigérateur, à ceci près que l'objet est beaucoup plus volumineux et coûteux. Réglons tout de suite la question déjà posée à propos du cas précédent : la maison m'a-t-elle aidé à trouver l'argent nécessaire à son remboursement ? La question paraît cette fois moins saugrenue que dans le cas d'un frigo, et on commence à deviner pourquoi je l'ai posée : la maison m'a offert un toit durant les trente années pendant lesquelles j'ai remboursé petit à petit son achat. Elle m'a permis de dormir à l'abri et de me retrouver suffisamment frais, le matin, pour partir au boulot d'un bon pied et gagner un salaire dans la journée. Différence importante avec le cas du frigo : la maison elle-même aura été mise en gage, elle servira de « collatéral » au prêt, et si je faillis à le rembourser, la banque n'hésitera pas à la saisir et la revendra ensuite pour tenter de récupérer le montant de sa mise. Si la revente devait produire davantage que la somme que je lui dois, la banque devrait bien sûr me reverser cette différence.

C'est cette possibilité de saisir le bien pour se rembourser qui permet à la banque de se désintéresser éventuellement, dans le cas d'un logement, de mon salaire comme source probable des revenus qui me permettront de rembourser mon emprunt : il suffit que la valeur de l'habitation, déduction faite des frais impliqués par la saisie et la revente, couvre le montant emprunté.

On s'est moqué de Nicolas Sarkozy pour avoir proposé en 2006, lors de sa campagne électorale présidentielle, une formule de prêt hypothécaire qui aurait permis d'introduire en France l'équivalent du prêt *subprime*. Il s'agissait en effet du genre de désastre dont il vaudrait mieux, pour la France, qu'elle n'ait jamais à faire les frais ! En mettant l'accent sur le fait que le logement lui-même constitue la garantie du prêt dans le cas d'un prêt hypothécaire, le président français mettait cependant en évidence qu'un prêt contracté en vue d'acheter une maison n'est pas – du point de vue du prêteur – l'équivalent d'un prêt à la consommation tel que l'achat d'un réfrigérateur, mais que l'existence du « collatéral » permet éventuellement de prêter des sommes importantes à des consommateurs dont les moyens financiers sont en réalité modestes.

Ce que M. Sarkozy avait cependant perdu de vue, c'est le mécanisme qui devait précisément conduire au désastre des *subprimes* : dans un renversement de la conjoncture, les emprunteurs se révèlent incapables de payer leurs traites, leur logement est effectivement saisi, mais la quantité énorme de saisies ayant alors lieu simultanément déprime le marché de l'immobilier résidentiel au point que le prix de revente du logement par la banque ne suffit plus à couvrir le montant du prêt restant à rembourser.

Le remboursement d'un crédit à la consommation

Bien que l'achat à tempérament d'une maison constitue un prêt à la consommation d'un type très particulier en raison de l'importance des sommes mobilisées, il n'échappe pas au cadre général qui s'applique à eux : où le bien acquis grâce à l'emprunt ne contribue pas directement au remboursement de la somme empruntée. Nous allons bientôt voir qu'il en va tout autrement dans le cas du prêt à la production où la somme empruntée joue le rôle d'une *avance* dans la création de nouvelles richesses qui seront elles-mêmes directement utilisées lors du versement des intérêts dus.

Du coup, dans le cas de ces crédits à la consommation, il n'existe pour le prêteur que des approches insatisfaisantes du risque de non-remboursement : soit s'assurer que l'emprunteur dispose de revenus suffisants pour faire face à ses échéances, soit s'assurer que le « collatéral » couvrira au moins la somme encore due si la saisie constitue en l'occurrence une stratégie valable, soit enfin fixer la prime de risque comprise dans le taux d'intérêt réclamé à un niveau tel qu'elle couvrira le risque encouru dans tous les cas de figure.

Aucune de ces trois formules n'offre cependant une garantie absolue contre les aléas de la conjoncture économique : les revenus sont exposés au risque de divorce, de maladie de longue durée, de chômage ou de décès ; le « collatéral », comme nous venons de le voir, perd de sa valeur dans un contexte économique déprimé ; quant au calcul d'une prime de risque comprise dans le taux d'intérêt réclamé, il exige, pour pouvoir être établi sur une base valide, des données historiques couvrant toutes les éventualités, et les prévisions qui lui sont implicites se révèleront désastreuses lorsque les circonstances sont exceptionnellement mauvaises, comme c'est le cas au moment où j'écris, des données historiques aussi médiocres n'ayant jamais été récoltées auparavant et n'étant pas, du coup, reflétées dans la prime de risque résultant du calcul.

À partir du milieu des années 1990, les établissements de prêt américains ont cru trouver dans la « cote Fico », qui attribue à chaque consommateur une notation censée refléter sa capacité personnelle à rembourser l'emprunt qu'il contracte, la formule miracle qui permettrait de jauger chacun au degré exact de risque de non-remboursement qu'il représente pour celui qui lui accorde un crédit, moyen censé éviter de pénaliser les bons payeurs en leur faisant partager le coût du risque créé par les mauvais. Mais, là aussi, l'instrument de mesure n'était nullement immunisé contre les variations dues au contexte économique global : la dépression qui débuta en 2007 affecta les emplois, et la notation de la cote Fico cessa rapidement de mesurer de manière adéquate le risque de non-remboursement d'un emprunt. La réaction des établissements de crédit immobilier résidentiel américains fut rapide mais futile : alors que la frontière traditionnelle séparant les emprunteurs de bonne qualité, qualifiés comme on sait de « prime », de ceux de mauvaise qualité, qualifiés, eux, de « subprime », avait été fixée par eux sur une base purement empirique au niveau 620 (l'échelle Fico s'étend de 350 à 900 points), ils réagirent aux défauts de paiement qui se multipliaient rapidement, dès les premiers mois de la crise, par un « recalibrage » de l'échelle consistant à soustraire 40 points à chacun. Ce palliatif improvisé ignorait entièrement le fait que, dans son évaluation du risque de non-remboursement, l'échelle Fico est logarithmique et non linéaire, et qu'une perte de 40 points ne représente donc pas un même accroissement du risque selon que l'on se situe en haut ou au bas de l'échelle. En conséquence, la limite entre les deux catégories *prime* et *subprime* fut redéfinie arbitrairement comme étant désormais de 660, dans une vaine tentative d'intégrer les modifications du contexte économique intervenues entre-temps. La brutalité de la crise priverait bientôt de signification ces ajustements dérisoires. La preuve de la fragilité des systèmes économiques complexes qui sont les nôtres depuis la révolution industrielle était faite, une fois de plus, rappelant qu'ils ne fonctionnent de manière relativement satisfaisante que dans des conditions d'équilibre partiel de plus en plus en difficiles à réunir, et donc de plus en plus fortuites.

Le crédit à la production

Troisième cas de figure après les exemples de crédits contractés pour l'achat d'un réfrigérateur ou d'un logement : la moisson. Cette fois, j'emprunte pour pouvoir cultiver mon champ. Le « collatéral » – la garantie de l'emprunt – n'est plus ici une maison, mais une moisson, or celle-ci n'existe pas dans le présent, mais est encore à venir. Même question que dans les deux cas précédents : la moisson m'aidera-t-elle à trouver l'argent nécessaire au remboursement des frais qu'elle aura nécessités ? La réponse ici est : « Parfaitement », et c'est elle qui justifie, comme je l'ai déjà annoncé, que j'aie posé la question, lors des deux illustrations précédentes, celle du réfrigérateur et du logement : c'est cette moisson qui est en réalité hypothéquée, elle sert, si l'on veut, de « collatéral », mais elle fait en réalité bien mieux encore : elle constitue la richesse nouvelle qui sera partagée entre moi, le laboureur-semeur-moissonneur, et celui qui a consenti les *avances* que constitue le prêt, lequel représente très précisément le capital qui aura fructifié. C'est en réalité, comme on va le voir, à partir de cas comme celui-ci, de crédit à la production, que le principe du prêt à intérêts a été mis au point.

Pour comprendre pleinement son mécanisme, il faut repartir d'abord de la vieille notion de *métayage* (en anglais *sharecropping*). Au départ, un rapport de forces : j'ai deux acteurs, l'un qui dispose de ressources qu'il peut avancer (de la terre, des outils, etc.), l'autre qui ne dispose que de sa force de travail. Ils concluent un contrat : le propriétaire met ses ressources à la disposition du métayer et, un an plus tard, celui-ci lui retourne une part de ce qu'il a pu produire – disons : une part sur 10 de sa récolte. Ce système de métayage est traditionnel dans la petite pêche, il est pratiqué dans le monde entier et on l'appelle alors « système à la part » (en anglais *share system*).

À la fin de l'année, le propriétaire récupère sa terre, son matériel – je simplifie ici : je ne parlerai pas de dépréciation, d'amortissement, etc. –, plus sa part sur 10, tandis que le métayer conserve 9 parts, moins les semences dont il aura besoin l'année suivante. Au début de l'année, on avait donc terre + outils, et à la fin on a terre + outils + récolte (qui se redistribue en 1 part pour le propriétaire et 9 parts pour le métayer). Il y a *surplus*, et le surplus c'est la récolte.

D'où vient la moisson ? L'économétricien Cantillon et le physiocrate Quesnay le savaient déjà au XVIIIe siècle, et Georges Bataille a repris l'idée au XXe dans *La Part maudite* (1949) : de l'action combinée des avances du propriétaire, du travail du métayer, et de la terre, de la pluie et du soleil. Bataille appelait cela « ébullition du monde ». La moisson peut ainsi se résumer à l'aide de l'équation simplifiée : avances + travail + soleil[1].

1. Pour ceux qui aimeraient situer mon raisonnement au sein de l'histoire de la pensée économique, je combine la réflexion de Quesnay sur les avances et sur la terre comme seule créatrice de richesses avec celle de Marx pour qui c'est le travail qui constitue la seule source de richesses. Je vois la combinaison de ces trois facteurs – avances, terre (sous l'égide du soleil, sans qui les autres ne seraient rien) et travail – comme indispensable à la création d'un surplus (de richesses) dont les intérêts sont la part qui va au « capitaliste », fournisseur des avances, alors que le profit (surplus moins intérêts) va au travailleur.

Schumpeter écrit à propos de Quesnay et de Marx :

« L'agent naturel rare, opérant, par hypothèse, uniquement dans l'agriculture, produit, au-delà des autres facteurs utilisés, une plus-value à laquelle la fabrication n'ajoute rien, parce que la concurrence ramène ce qu'elle ajoute à la valeur des matières employées, au niveau de la valeur des produits agricoles consommés par les fabricants et leurs ouvriers. Si nous étions fermement

Ce qu'on appelle généralement *croissance*, c'est ce que j'appelle ici « surplus » : ce qu'on a obtenu à l'arrivée, déduction faite des avances qui avaient été consenties, soit travail + soleil. Le propriétaire reçoit sa part, disons (travail + soleil) / 10.

Dans un deuxième temps, le propriétaire dit au métayer : « Écoutez, je n'ai pas la place chez moi pour engranger tout ce foin. Allez vendre tout ça au marché, et vous me donnerez 10 % de ce que ça vous aura rapporté. » Le métayer vend sa récolte et revient avec un paquet de billets dans sa poche : il a transformé sa récolte en *argent* ; les billets dans sa poche représentent toujours, tout comme la moisson qu'il a vendue, travail + soleil.

Dans un troisième temps, le propriétaire dit cette fois au métayer : « Écoutez, je n'ai pas le temps de m'occuper de vérifier ce que vous gagnez à la fin de l'année. Je reçois de vous parfois un peu plus, parfois un peu

---

résolus à pousser à l'extrême cette argumentation, c'est jusqu'à l'intérêt que nous pourrions expliquer comme un dérivé du *produit net* [en fr.]. Cela renforcerait encore l'analogie avec Marx » (J. A. Schumpeter, *op. cit.*, p. 335-336).

Ce que je fais, c'est donc précisément ceci : je complète les *avances* et la terre de Quesnay par le travail de Marx et, comme le dit Schumpeter : « Je pousse à l'extrême cette argumentation pour expliquer les intérêts comme fraction du *produit net* ou surplus. »

moins, en fonction de votre récolte. J'aimerais mieux qu'on regarde ce que vous m'avez versé, disons au cours des cinq dernières années, qu'on en calcule la moyenne et que vous me versiez désormais cette somme comme un fixe. » Le système a désormais changé de nature : on est passé d'une logique de *métayage* à une logique de *location*, et, dans ce cas de figure, du point de vue de la récolte, le propriétaire recevra parfois (travail + soleil) / 11, parfois (travail + soleil) / 9, etc.

Dans le cas de la location, le loyer étant cette fois un fixe, il est alors plus simple d'utiliser comme étalon la valeur des *avances* plutôt que celle du *surplus*. On dira dans ce cas que le loyer est, disons : avances / 20. Soit, traduit en termes de taux d'*intérêt* : 5 % par an. Inversement, si l'on voulait, selon la récolte, exprimer l'ancienne « part » par rapport aux avances, la part serait parfois de 6 %, parfois de 4 %, etc. Ce qui n'aurait pas changé, ce serait le fait que ces 6 % ou ces 4 % soient toujours ponctionnés de même manière sur travail + soleil.

Quatrième temps : il fait intervenir cette fois l'*intermédiation*. Le propriétaire demande maintenant à un intermédiaire de collecter le loyer du métayer. Celui-ci verse les intérêts à cet intermédiaire que j'appellerai, pour plus de commodité, « banquier ». La source des versements demeure toujours travail + soleil. Le banquier se rémunère à l'occasion de la transaction : le métayer lui verse 5,5 % et il reverse, disons, 4,5 % au propriétaire, conservant 1 % pour lui (c'est la *marge bancaire*, déjà évoquée).

On aura compris du rapprochement de nos trois illustrations que c'est effectivement le cas où les fonds prêtés constituent des *avances* – le dernier des trois cas examinés – qui définit le cadre le plus général au sein duquel les autres peuvent être interprétés.

Le crédit à la consommation constitue un dévoiement du crédit à la production qui l'a précédé historiquement, et se pose la question de savoir si la logique qui règle ce dernier aurait jamais dû s'appliquer au premier. Ma réponse est « non », comme on l'aura deviné, et je rejoins ici les vues qui ont été celles du premier christianisme et de l'islam, et que l'on trouve, comme on le verra, déjà exprimées sous une forme embryonnaire chez Aristote.

La distinction entre crédit à la production et crédit à la consommation est cependant essentielle : ce dernier n'aurait jamais dû être ; il a été engendré par l'histoire de nos sociétés dont la richesse a été confisquée dès l'origine par les guerriers, puis par ceux qui ont pris leur place lorsqu'il s'est avéré que l'argent accumulé conférait des pouvoirs aussi grands que ceux qui, au début, découlaient uniquement du recours à la force : celui de subordonner le temps des autres au sien propre. Le fait que l'on parlait autrefois, pour les intérêts réclamés dans le crédit à la consommation, d'« usure » plutôt que d'intérêts se fondait sur cette observation qu'une logique réglant la production avait été transposée abusivement du lieu où elle avait sa place vers un autre, la consommation, où elle pallie simplement la distribution hétérogène de l'argent au sein des populations.

L'argent qui rapporte

Lorsque l'on calcule la *valeur actualisée* d'un flux monétaire futur, on a pris l'habitude – c'est une règle de comptabilité élémentaire – de l'escompter, c'est-à-dire que l'on calcule quelle est la somme qui, placée aujourd'hui au taux qu'offre le marché pour une telle échéance, aurait la valeur du flux monétaire à venir au jour dit. Pour prendre un exemple extrêmement simple, et en supposant que le taux d'intérêt à un an, tel qu'il est déterminé par le marché, est de 3 %, un paiement de 103 € qui doit m'être fait dans un an vaut aujourd'hui 100 €. Pourquoi ? Parce que 100 € placés aujourd'hui au taux du marché me seront retournés dans un an comme 103 € : les 100 € du principal prêté auxquels se seront ajoutés les 3 € d'intérêts. Calculer une *valeur actualisée* à partir d'une valeur future s'appelle l'*escompter*, et le taux que l'on applique dans le calcul est appelé, lui, *taux d'escompte*.

Pourquoi l'application d'un tel calcul paraît-elle aujourd'hui aussi peu problématique, ou, dit autrement, pourquoi va-t-il de soi qu'un capital se voie attribuer la capacité de fructifier de lui-même ? Parce que c'est ce que l'on observe : un capital placé produit des intérêts. Et l'on vient de voir pourquoi : qu'il s'agisse d'un crédit à la consommation ou d'un crédit à la production, parce qu'il n'était pas disponible là où il était nécessaire.

Ces trois cas – emprunt en vue de s'acheter un réfrigérateur, emprunt en vue de s'acheter une maison, emprunt en vue de cultiver son champ – ont permis de mettre en évidence la raison pour laquelle des sommes sont prêtées par les uns et empruntées par les autres, et donnant lieu à versements d'intérêts : le fait que les capitaux nécessaires à l'achat d'un bien de consommation ou à la mise en place d'un processus de production ne se trouvaient pas, au départ, entre les mains de ceux qui en avaient besoin, mais en la possession de ceux qui disposaient de ces sommes en excès. Ce qui a nécessité ces avances et le versement d'intérêts coïncidant avec le remboursement de ces avances, c'est le fait que les sommes nécessaires ne se trouvaient pas au bon endroit : c'est la nécessité du déplacement de ces sommes d'un endroit à un autre, avant que la production ou la consommation envisagées puissent avoir lieu, qui a conduit à générer les intérêts. Plus les capitaux se trouvent absents de l'endroit où ils peuvent être utilisés à bon escient, plus l'on constatera que des intérêts auront été générés. Un corollaire immédiat en est que plus le capital est concentré, moins il est probable qu'il se trouvera à l'endroit optimal pour sa fructification.

Résumons les trois illustrations que nous avons envisagées :

1) Dans le cas des crédits à la production, le montant du prêt joue le rôle d'avances et permet de créer un surplus ; les intérêts sont la part du surplus qui revient au prêteur, l'autre part du surplus allant au producteur en tant que profit ; dans ce cadre des prêts à la production, le versement d'intérêts apparaît donc – abstraction faite du fait que le capital aurait aussi pu se trouver là où il était nécessaire – entièrement justifié ;

2) dans le cas des prêts à la consommation, le montant du prêt sert à acheter un objet ; or il n'existe qu'une relation très lointaine entre l'objet acheté et les intérêts qu'il faudra verser, et l'emprunteur devra donc ponctionner son salaire ; dans ce cadre des prêts à la consommation, le versement d'intérêts est problématique, et lorsque le prêt se contente de suppléer un salaire insuffisant, les intérêts à verser sont manifestement iniques.

Si le capital a pu donner l'impression à son détenteur qu'il fructifiait de lui-même (et cette implication est inscrite dans notre comptabilité de la *valeur actualisée*), c'est qu'aux yeux de celui ou de celle qui l'emprunte les intérêts apparaissent comme une ponction légitime, justifiée par le fait qu'il ou elle n'aurait rien pu faire sans l'avance qui lui a été consentie. Il n'en demeure pas moins que les intérêts sont des commissions à régler en raison du fait que les fonds ne se trouvent pas au bon endroit – le capital, je l'ai dit en introduction, est l'argent quand il nous manque. Du fait que le capital ne se trouve pas là où il devrait être pour pouvoir intervenir comme moyen de production ou comme bouche-trou de revenus insuffisants, celui qui l'amène au bon endroit fait payer sa participation en invoquant le fait qu'il en est, après tout, le propriétaire.

Il y a à cela plusieurs conséquences. D'abord, la spoliation de celui ou de celle qui produit la richesse en apportant sa force de travail, mais qui en est privé d'une part plus ou moins énorme, ayant dû se procurer ailleurs les avances nécessaires. Il y a aussi que plus l'allocation des fonds est hétérogène au départ, autrement dit plus il y a concentration des capitaux, plus il y aura d'intérêts à verser soit pour la production, soit pour la consommation, et plus aussi le prix final des choses aura gonflé, car il contiendra une part toujours plus grande d'intérêts.

L'intérêt selon Keynes

L'explication la plus courante des intérêts est qu'ils constituent ce qu'on appelle une « prime d'usage alternatif », c'est-à-dire une prime revenant légitimement à celui qui se sépare de son argent, en compensation du fait qu'il s'en est séparé. Or la logique des *avances* révèle les intérêts comme une part du surplus créé grâce à elles et, qu'il s'agisse du crédit à la consommation ou du crédit à la production, nous avons vu que le prêteur tire un profit du fait de prêter de l'argent. Il s'agit là d'un motif économique suffisant à expliquer l'opération sans qu'il soit nécessaire d'invoquer des facteurs psychologiques comme adjuvants, ni surtout comme explication principale.

Dans sa *Théorie générale de l'emploi, de l'intérêt et de la monnaie* (1936), John Maynard Keynes a proposé, lui, une interprétation de l'intérêt en termes de *préférence pour la liquidité*. Les intérêts constitueraient une compensation pour la préférence qu'a quiconque possèdant de l'argent liquide de le conserver sous cette même forme, plutôt que de le transformer en reconnaissance de dette. Je rappelle qu'une reconnaissance de dette vaut moins que l'argent d'un même montant ; nous avons vu en effet que la relation entre l'argent sonnant et trébuchant que l'on peut avoir dans sa poche ou dans son portefeuille est immédiate, alors qu'une reconnaissance de dette, elle, ne l'est pas, en raison de ce qu'on appelle *risque de contrepartie* : le risque que l'emprunteur fasse défaut et que le remboursement de la dette n'ait jamais lieu, risque qui oblige à défalquer du montant d'une reconnaissance de dette celui d'une prime le compensant. Dans cette perspective, les intérêts s'assimilent à la prime de risque accompagnant une reconnaissance de dette – soumise automatiquement à un risque de contrepartie (= risque de non-remboursement) –, risque absent dans le cas de l'argent qui est, lui, à proprement parler « liquide », puisqu'il peut être extrait sans aucun préalable de la poche ou du portefeuille de son détenteur. Le fait qu'une reconnaissance de dette vaille moins que de l'argent du même montant explique donc suffisamment pourquoi l'argent est préféré à la reconnaissance de dette.

L'explication des intérêts par la *préférence pour la liquidité*, mettant l'accent sur le risque de contrepartie, sur le risque de non-remboursement, trouve manifestement sa source dans le cas du crédit à la consommation plutôt que dans celui du crédit à la production. On se souvient que j'ai reconnu, dans le cas du premier, et dans mon illustration d'un prêt en vue d'acheter un réfrigérateur, quatre éléments constitutifs du taux d'intérêt réclamé : 1) la *prime de risque de crédit*, 2) les *frais de gestion* de la banque, 3) le *coût de financement* : le taux d'intérêt dont la banque elle-même doit s'acquitter au cas où elle a dû préalablement emprunter l'argent qu'elle reprête, enfin 4) la *marge bancaire*, c'est-à-dire le profit de la banque.

L'explication par Keynes des intérêts par la *préférence pour la liquidité* est cependant insuffisante, car elle ignore ce que j'ai présenté comme le mécanisme rendant compte des intérêts dans le cas du crédit à la production, à savoir qu'il a son fondement dans le partage du surplus entre le *producteur* qui a fourni le travail et le *capitaliste* qui a fourni les avances. Assimiler purement et simplement les intérêts à une prime de risque, comme le fait Keynes, revient à ne traiter que d'une seule dimension de la question – celle qui domine dans le crédit à la consommation –, alors que le principe de partage du surplus, central dans le crédit à la production, est, lui, entièrement ignoré. À l'inverse, se contenter d'affirmer que les intérêts résultent d'un partage du surplus est également insuffisant, puisque l'on se contente de mentionner le « pourquoi » sans déterminer le « comment ».

Or le « comment » des intérêts présente deux aspects : le niveau auquel va s'établir, d'une part, l'élément *prime de risque* du taux réclamé, et celui auquel va s'établir, d'autre part, l'élément *profit* (la *marge bancaire*, dans le cas d'une banque).

Le risque de contrepartie, c'est-à-dire, pour le prêteur, le risque de non-remboursement par l'emprunteur, dépend certainement des qualités propres de ce dernier, mais celles-ci doivent être relativisées dans le contexte particulier que constitue la situation de sa « classe », autrement dit son groupe socio-économique au sein de l'édifice social global. Pourquoi ? Parce que, comme j'ai eu l'occasion de le montrer ailleurs[1], le degré de concurrence régnant au sein du groupe de ses pairs détermine la rareté relative de ses compétences personnelles et, du coup, sa précarité comme producteur ou prestataire de services, donnée qui définit le risque objectif qu'il représente pour quiconque, appartenant à un autre groupe, traite avec lui.

Quant à la marge de profit que le prêteur intègre au taux d'intérêt qu'il réclame, elle est entièrement déterminée par le rapport de forces entre prêteur et emprunteur, et reflète celui qui règne entre les groupes socio-économiques auxquels ils appartiennent respectivement.

Une théorie complète du mécanisme présidant aux intérêts combinera donc les éléments qui ont été observés dans les deux cas du crédit à la production et du crédit à la consommation. À la suite de Quesnay et de Marx, elle affirmera que les intérêts, quand leur logique est celle du crédit à la production, résultent du partage du surplus entre capitalistes-prêteurs et producteurs-emprunteurs, et elle ajoutera, à la suite de Keynes, que dans le cas du crédit à la consommation ses termes sont

1. P. Jorion, « Statut, rareté et risque », *Recherches sociologiques*, vol. XXVI, 3, 1995, p. 61-76.

déterminés par le risque de contrepartie que fait courir le producteur-emprunteur au capitaliste-prêteur, dans l'engagement qui les lie, du fait que ce sont essentiellement ses revenus – indépendants de l'objet de consommation lui-même – qui détermineront sa capacité à rembourser l'emprunt.

Comme je viens de le rappeler, le *risque de contrepartie* reflète le statut intrinsèque de la classe à laquelle appartient l'emprunteur, tandis que la marge de profit que le prêteur peut intégrer au taux d'intérêt qu'il réclame reflète, lui, le statut réciproque des deux parties au contrat, exprimant le rapport de forces entre les groupes auxquels l'un et l'autre appartiennent au sein de l'édifice social. On aura reconnu là, au passage, la structure au sein de laquelle Aristote situe son explication de la formation des prix comme résultante du rapport de forces entre les classes dont le vendeur et l'acheteur sont membres[1], explication que j'ai eu l'occasion de rappeler dans la deuxième partie du présent livre. Le partage du surplus entre *intérêts* (dont le bénéfice du prêteur est l'une des composantes) qui reviennent au capitaliste et *profit* proprement dit, revenant au producteur, s'assimile donc à la formation d'un prix entre eux selon le mécanisme postulé par Aristote.

---

1. P. Jorion, « Le prix comme proportion chez Aristote », *op. cit.*

IV

L'homme et l'argent

> *« L'argent, l'argent roi, l'argent Dieu, au-dessus du sang, au-dessus des larmes, adoré plus haut que les vains scrupules humains, dans l'infini de sa puissance ! »*
>
> ÉMILE ZOLA, *L'Argent.*

Les formes de la relation de l'homme à l'argent

Aristote avait noté que l'homme n'est pas seulement un être économique entretenant avec le monde un rapport immédiat, direct, mais aussi un être politique dont le rapport au monde est « médiatisé » par d'autres hommes, passe en somme par le truchement d'autres hommes pour réaliser ses buts. La relation de l'homme à l'argent reflète cette distinction en revêtant des formes multiples, certaines d'ordre « économique », c'est-à-dire directes, d'autres indirectes, passant pour s'exercer par d'autres hommes, autrement dit d'ordre « politique ».

C'est par rapport à l'argent sous sa forme statique, en tant qu'il est dans ma poche sous forme de pièces, ou dans mon portefeuille sous forme de billets, qu'existe ma relation la plus directe, la plus immédiate à l'argent, et c'est pour cela que j'ai choisi de faire débuter mon livre sur l'*argent, mode d'emploi* de cette manière : en pensant à celui que j'ai sur moi. L'argent qui se trouve dans ma poche ou dans mon portefeuille existe dans sa pleine capacité d'être moyen d'échange : comme représentation concentrée, potentielle, de tout ce qu'il peut être une fois qu'il aura été échangé.

La forme la plus directe de la relation de l'homme à l'argent est celle qui s'exprime comme moyen d'assurer sa propre subsistance, et il existe de ce point de vue une différence essentielle entre celui qui peut s'offrir le luxe de laisser l'argent dormir au fond de sa poche ou dans son portefeuille, et celui qui en a toujours un usage immédiat. Si ce dernier a du mal à assurer sa subsistance, s'il n'a pas assez d'argent, autrement dit s'il est pauvre, cette relation prime et élimine toutes les autres : tous les autres rapports à l'argent constituent pour lui un horizon inaccessible. Pour l'homme ou la femme pauvre, l'argent n'intervient donc que dans sa fonction originelle de moyen de l'échange économique, et celui qu'il ou elle reçoit n'est jamais conservé longtemps ; cet argent n'a certainement pas l'occasion d'être thésaurisé, c'est-à-dire d'être envisagé dans sa fonction de réserve de valeur. Par conséquent, c'est sa distribution inégale entre ceux qui en ont trop et ceux qui n'en ont pas assez qui fait apparaître une fonction seconde de l'argent : celle de *réserve de valeur*. S'il était distribué également et n'existait que dans la quantité exactement nécessaire, seule sa fonction de moyen d'échange aurait l'occasion de se manifester.

L'homme qui a non seulement assez d'argent, mais plus qu'assez, développe en effet vis-à-vis de lui cette seconde relation qui porte sur l'argent non comme moyen immédiat de l'échange, mais comme son moyen différé : en tant que réserve de valeur. Cette relation est directe, comme dans le cas où l'argent est moyen d'assurer la subsistance, mais elle n'est pas de l'ordre de l'obsession liée à son manque, que l'on rencontre dans la pauvreté. Lorsque l'argent est réserve de valeur, la relation que l'on entretient envers lui est à proprement parler « fétichisée » : l'argent y est révéré comme le fétiche d'une divinité, comme l'objet capable de le représenter en puissance dans toutes ses manifestations, tous les pouvoirs dont il dispose, sans pour autant les exercer tous en même temps. Dans cette relation immédiate, l'argent est adoré en soi, comme on voit faire Harpagon dans *L'Avare* de Molière, serrant sa cassette sur son cœur, ou comme Onc' Picsou, l'oncle de Donald Duck inventé par le dessinateur Carl Barks pour les studios Disney, se baignant dans son trésor de pièces et de billets, y creusant des tunnels à l'instar d'une taupe dont il émerge, triomphant, au bout d'un moment. Dans cette satire sociale à l'intention des enfants, on devine chez l'artiste l'influence de son illustre quasi-homonyme. Le Mammon de l'Ancien Testament vers lequel les Hébreux s'étaient tournés et qu'ils adoraient en l'absence de Moïse, était un tel fétiche.

Notons ici que la relation prend une signification supplémentaire quand cette fortune est constituée seulement d'or, le métal inoxydable et imputrescible s'assimilant alors, comme de nombreuses civilisations en ont témoigné, à un symbole direct de l'immortalité.

La forme première de la relation à l'argent est, comme je l'ai dit, celle de sa fonction *en acte* : celle de l'échange, pour laquelle il a été sans nul doute possible inventé. Dans cette relation, l'échange a lieu argent contre marchandise. Elle n'est pas immédiate, mais médiate, puisqu'en plus de moi elle implique l'intervention d'autrui : elle est *politique* au sens d'Aristote, puisqu'elle ne peut s'exercer sans passer par d'autres hommes : par le vendeur si je suis l'acheteur et, inversement, par l'acheteur si je suis le vendeur, par le locataire si je loue, et par celui à qui je loue si le locataire c'est moi.

Il existe encore une troisième forme de rapport sinon « à l'argent », du moins « par l'argent », et celle-ci nous ramène pour la seconde fois à l'argent tel qu'il existe *en puissance*, par sa simple possession en sa qualité de réserve de valeur. En effet, je peux jouir comme Onc' Picsou de ma relation directe à l'argent en m'y baignant, mais je peux également en jouir en me représentant les autres m'imaginant m'y baignant.

Dans la relation « fétichisée », on a affaire à un rapport à deux termes, entre un individu et l'argent qu'il possède, alors que, dans la relation que j'envisage maintenant, on a affaire à une relation à trois termes, d'un sujet à un ou plusieurs autres, et où l'argent joue le rôle d'un élément intermédiaire entre lui et ces autres. Dans la relation à deux termes et au cas où il s'agit d'un individu à qui l'argent ne manque pas, on a affaire à quelqu'un qui se représente une ou plusieurs autres personnes pensant à lui comme à l'heureux propriétaire de cette fortune.

Nous obtenons, nous, possesseurs d'argent, une jouissance qui est comme l'envers de l'envie qu'éprouve un autre pour notre fortune. La jouissance résulte ici du fait d'être l'objet des pensées d'un autre, et le moyen qui permet cette captation, c'est l'argent. En fait, nous avons réussi à capter les pensées d'autrui, nous les avons forcées à se concentrer sur nous : l'autre est à proprement parler « captivé », voire capturé par nous, en raison de cet argent que nous possédons, et pas lui, et qui fait qu'il nous envie. L'argent a acquis un pouvoir équivalent à celui d'une drogue, non pas sur moi, possesseur de cet argent, mais sur celui qui est conscient du fait que je le possède, et lui pas.

Les lecteurs familiers de l'œuvre des philosophes G. W. F. Hegel, Alexandre Kojève, du psychanalyste Jacques Lacan, de l'un des trois ou des trois à la fois, auront reconnu ce « désir du désir », l'un des aspects de la *dialectique du maître et de l'esclave* comme on a pris l'habitude d'appeler en français ce dont Hegel parlait lui comme de la relation du *Herr* et du *Knecht* : du maître et de son serviteur[1]. Il s'agit du désir de reconnaissance : non pas mon désir de l'autre, dans le cadre d'une relation *duelle*, à deux termes, ni de son désir envers moi, là aussi une relation *duelle*, mais de mon désir de son désir, portant sur moi ou sur mes appartenances, une relation *ternaire*, cette fois, à trois termes, dont je suis à la fois le premier et le troisième. La femme ne désire pas son amant, elle n'est pas amoureuse *de* lui, mais elle désire le désir de son amant pour

1. G. W. F. Hegel, *La Phénoménologie de l'esprit*, trad. Jean Hyppolite, 2 volumes, Paris, Aubier, 1941, p. 225-227 ; A. Kojève, *Introduction à la lecture de Hegel*, Paris, Gallimard, 1947, p. 6-7.

elle : c'est du fait d'être objet d'amour pour lui qu'elle est amoureuse[1]. De la même manière, non seulement j'aime mon or, mais j'aime encore davantage penser à tous ces malheureux qui ne peuvent s'empêcher de penser à moi et à mon or.

L'argent selon Aristote

Sur toute question, il est bon de se demander ce qu'en pensait Aristote. On est rarement déçu. D'abord, parce que le philosophe grec avait, sur toutes, une opinion. Ensuite, parce que celles-ci ayant rarement été retenues, du coup elles nous paraissent souvent encore originales, voire même extraordinairement neuves.

J'ai ainsi eu l'occasion autrefois de réattirer l'attention sur l'explication qu'Aristote offre de la formation des prix, explication en termes de rapport de forces entre le vendeur et l'acheteur, et qui semblerait *a priori* « marxiste » au lecteur moderne, sauf que Karl Marx lui-même n'est jamais allé aussi loin quand il évoque la détermination des prix et, dans un passage embarrassant pour la mémoire du philosophe-économiste, après avoir résumé de façon erronée l'explication de celui qu'on appelle encore « le Stagirite », déclare – ce qui, du

1. J. Lacan, *Écrits*, Paris, Le Seuil, 1966, p. 268 et 343.

coup, se conçoit bien – n'y rien comprendre, et passe à autre chose. Il écrit dans la première section du *Capital*, consacrée à la marchandise, à propos de la théorie du prix exposée dans l'*Éthique à Nicomaque* : « Aristote nous dit lui-même où son analyse vient échouer – contre l'insuffisance de son concept de valeur[1] » ; or, comme j'ai eu l'occasion de le noter autrefois[2], Aristote ignore entièrement la notion de valeur pour faire reposer sa démonstration uniquement sur le prix.

Sur l'argent, Aristote commence par dire que sa destination naturelle, dans les circonstances ordinaires, est d'être un moyen d'échange. Pour expliquer ce qu'il entend par *destination naturelle*, il prend l'exemple d'une paire de chaussures dont l'usage évident est d'être portée aux pieds, et il ajoute que certains fabriqueront des souliers pour un autre usage que celui de les porter : celui d'en disposer. On constate du coup qu'ils ont deux usages : les utiliser ou bien les échanger contre un autre objet dans le troc ou contre de l'argent dans la vente, l'usage naturel étant de les porter.

En revanche, quand il s'agit de l'argent, son usage naturel est de l'échanger. Autrement dit, et à l'inverse des chaussures pour lesquelles l'usage naturel est de les garder

1. K. Marx, *Le Capital*, dans *Œuvres I*, Paris, Gallimard, « La Pléiade », 1965, p. 590.

2. P. Jorion, « Le prix comme proportion chez Aristote », *op. cit.*

pour soi, dans le cas de l'argent, l'utiliser comme il convient c'est s'en défaire : l'échanger contre autre chose. D'où l'on comprend aussi que, pour l'argent, le garder pour soi est un usage qui n'est pas naturel. Ce qui n'empêche, ajoute-t-il, que ce soit précisément ce qu'en font certains : ils sont à la recherche de l'argent pour l'argent, ce qu'il appelle l'« art de faire fortune ». En langage moderne, on pourrait traduire cela en disant qu'il existe pour l'argent deux usages : l'utiliser comme un moyen, ce qui est effectivement sa destination naturelle, et l'utiliser comme une fin, ce qui n'est pas sa destination naturelle. Et il attribue ces deux usages à deux catégories de citoyens, respectivement les chefs de famille, pour qui l'argent est un moyen dans la gestion de leur ménage, et les marchands, pour qui il est une fin dans leur activité de négoce.

Ayant ainsi distingué ces deux usages de l'argent et les ayant attribués à deux catégories sociales, Aristote note que celui qui utilise l'argent uniquement pour l'échanger, c'est-à-dire celui qui recherche le bien-être de sa famille, n'en aura jamais besoin que d'une quantité limitée, alors que celui qui le recherche pour soi, dans l'art de faire fortune, n'en a pas un besoin limité mais potentiellement infini : « La forme d'obtention d'argent associée à la gestion d'une famille possède une limite ; l'acquisition illimitée de la fortune n'est pas son affaire[1] ».

1. Aristote, *Politique*, IX.

Jusqu'ici, le philosophe s'en est tenu à ce que l'on pourrait considérer comme une simple description. Il va plus loin en introduisant un jugement moral.

Du fait que ce sont les mêmes pièces de monnaie qui servent à la fois à assurer le bien-être d'une famille en étant échangées et viser le but du marchand en étant accumulées, il existe, dit-il, dans l'esprit de certains chefs de famille, une erreur de jugement qui leur fait confondre les deux usages, et leur fait croire que le bien-être des leurs consiste à s'assigner le but du marchand, c'est-à-dire faire fortune. Cette confusion, il la condamne : il souligne que l'homme vertueux comprend que le désir illimité que l'on peut ressentir pour les choses ne reflète pas des besoins réels, et qu'une quantité limitée d'argent peut en réalité y satisfaire : « Certains sont conduits à penser que gagner une fortune est l'objectif du chef de famille, et que ce qui donne sens à leur vie est d'augmenter leur fortune de manière illimitée, ou en tout cas de ne pas la perdre. La source de cette manière de voir est qu'ils se préoccupent uniquement de vivre et non pas de vivre bien, et comme ils constatent que leurs désirs sont illimités, ils veulent aussi que les moyens dont ils disposent pour les satisfaire soient eux aussi illimités[1] ».

1. *Ibid.*

Aristote termine sur la question de l'argent en notant que les intérêts que certains collectent en prêtant celui qu'ils possèdent résultent d'un usage non naturel : c'est utiliser ce qui a pour destination naturelle d'être un moyen d'échange d'une manière quc l'on pourrait traduire – bien qu'Aristote n'utilise pas ce terme – d'« incestueuse », à savoir en faisant produire de l'argent par de l'argent. Ce qui, à ses yeux, constitue un véritable *détournement* de l'usage pour lequel l'argent a été inventé.

En fait, lorsque l'on fait référence à la conception de l'argent chez Aristote, c'est en général pour suggérer que le philosophe condamne la collecte d'intérêts ; or, comme on vient de le voir, sa conception va en réalité beaucoup plus loin : elle condamne la recherche de l'argent pour l'argent et considère que l'art de faire fortune constitue un dévoiement, je dirais « prévisible », chez le marchand, mais une confusion condamnable quand il est le fait d'un simple chef de famille.

Le pouvoir de l'argent

Que dire du pouvoir de l'argent, de son pouvoir sur les hommes et les choses ? Commençons par donner la parole à un auteur ancien :

> « Chaque homme est riche ou pauvre selon le degré dans lequel il peut se permettre de profiter des nécessités, des

conforts et des amusements de la vie humaine. Mais, une fois que la division du travail s'est complètement opérée, il n'est qu'une très petite partie de ceux-ci auxquels il peut accéder par son propre travail. Il doit obtenir la majeure partie de ceux-ci du travail d'autres hommes, et il sera riche ou pauvre selon la quantité de ce travail qu'il peut commander ou qu'il peut se permettre d'acheter. C'est pourquoi, pour la personne qui la possède, la valeur de toute marchandise qu'il n'entend pas utiliser ou consommer lui-même, mais échanger pour d'autres marchandises, est égale à la quantité de travail qu'elle l'autorise à acheter ou à commander. [...] Ce que chaque chose vaut réellement pour l'homme qui l'a acquise, et qui veut s'en défaire ou l'échanger pour quelque chose d'autre, ce sont la peine et l'embarras qu'il peut s'épargner et qu'il peut imposer à d'autres. [...] "La richesse, a dit M. Hobbes, est pouvoir." Mais la personne qui soit acquiert, soit hérite d'une grande fortune, n'acquiert pas nécessairement ou n'hérite pas nécessairement d'un pouvoir politique, qu'il soit civil ou militaire. Sa fortune lui fournira peut-être les moyens de les acquérir tous deux, mais la simple possession de la fortune ne lui procurera nécessairement ni l'un ni l'autre. Le pouvoir que cette possession lui procure immédiatement et directement, c'est le pouvoir d'acheter ; un certain commandement sur toute la force de travail, sur tous les produits du travail qui se trouvent alors sur le marché. Sa fortune est élevée ou médiocre dans la proportion même de l'étendue de ce pouvoir ; ou de la quantité soit du travail d'autres hommes, soit – ce qui est la même chose – du produit du travail d'autres hommes qu'elle lui permet d'acheter ou

> de commander. La valeur d'échange de chaque chose doit toujours être exactement égale à l'étendue de ce pouvoir qu'elle procure à son propriétaire[1]. »

Cela a donc été écrit par Adam Smith, philosophe écossais du XVIIIe siècle et l'un des plus fameux représentants de l'*économie politique* dont on se souvient essentiellement qu'il a évoqué une « main invisible » assurant que le bien commun s'obtient alors que chacun ne fait pourtant rien d'autre que poursuivre strictement pour soi, égoïstement, son intérêt individuel. C'est du moins ce que l'on en a retenu aujourd'hui parce que, dans son esprit à lui, celui de ce que l'on appellerait aujourd'hui un « homme de gauche », il s'agissait plutôt de dire que « le bien commun s'obtient *en dépit du fait* que chacun recherche pour soi, égoïstement, son intérêt individuel ». Ami du petit peuple, ami de la Révolution française en Angleterre où la chose n'était pas bien vue – c'est le moins qu'on puisse dire –, Adam Smith a été porté aux nues au cours des années récentes par les partisans de l'ultralibéralisme qui voient en lui un héros. Il en aurait été fort surpris et – c'est certain aussi – immensément chagriné.

1. A. Smith, *An Inquiry into the Nature and Causes of the Wealth of Nations*, Oxford, Oxford University Press, 1976, vol. I, p. 47-48. Nous traduisons.

Smith, dans le passage cité, attire l'attention sur les deux sens du mot « commander » et sur le fait que l'argent permet en fait de combiner les deux : l'argent permet de « commander » au sens de passer des commandes, et de « commander » au sens de donner des ordres. Autrement dit, il existe un pouvoir – déjà évoqué avant lui par Thomas Hobbes, observe-t-il – attaché à l'argent, et c'est celui, pour chacun, de s'arroger le travail des autres, c'est-à-dire de mettre leur force de travail et leur temps à son propre service : « La peine et l'embarras qu'il peut s'épargner et qu'il peut imposer à d'autres », écrit Adam Smith.

Car c'est là la vraie richesse qui se cache derrière l'argent : le temps, lequel est bien la seule chose qui soit authentiquement rare pour des êtres mortels, car chacun ne dispose du temps que pour une durée imprévisible, et c'est de ce point de vue et de ce seul point de vue qu'il existe une véritable égalité entre les hommes. L'argent offre à celui qui le possède la possibilité d'améliorer la qualité du temps dont il dispose en accédant au temps des autres et en le subordonnant ainsi au sien propre.

Les philosophes ont parlé de l'*aliénation* – le fait de ne pas s'appartenir véritablement –, et c'est dans cette optique que l'on peut en avoir une compréhension intuitive immédiate, en la redéfinissant à partir de la notion de *commandement* chez Adam Smith : *l'aliénation d'une personne est la mesure du commandement qu'elle subit de la part d'autres personnes, autrement dit, c'est la mesure dans laquelle l'emploi de son temps est subordonné à l'emploi du temps de ces autres personnes.*

La richesse confère un pouvoir qui est celui du commandement exercé sur d'autres : grâce à la richesse, on accède au *temps des autres*, et l'on étend d'autant plus la qualité du sien propre. Celui qui peut imposer à autrui qu'il lui donne de son temps, celui-là le domine dans les relations sociales. La richesse est le moyen qui permet d'obtenir cela.

Mais, pour celui qui le possède, le pouvoir de l'argent va encore bien au-delà de celui que je viens d'évoquer : l'argent dispose d'un pouvoir *sui generis* que la sagesse populaire exprime très bien quand elle dit que l'« argent appelle l'argent » ou qu'« on ne prête qu'aux riches », et qui est celui de son *inaliénabilité* : celui qui l'a, sauf à le perdre aux cartes, ne peut s'en débarrasser – il lui revient.

Celui qui prête son argent le voit non seulement revenir dans les circonstances normales de la vie ordinaire, mais il lui revient augmenté par ce pouvoir de commandement qu'évoque Smith : augmenté des intérêts qui lui ont échu et qui résultent du travail de celui qui aura utilisé cet argent prêté comme une *avance*, un *capital* pour combiner son travail, son temps et – le plus souvent – l'action du soleil. Comme si l'argent disposait d'un

« droit de suite » : celui d'aller rechercher ce qu'il permet de produire quand il est prêté. Le pouvoir de commandement qui lui est inhérent permet à l'inaliénabilité de l'argent de « contaminer » tout ce qui a pu être commandé grâce à lui.

Le partage du surplus

> *« Tout d'abord, la méthode du tableau [de Quesnay] permet une extraordinaire simplification. La vie économique d'une société non socialiste consiste effectivement en millions de relations ou de flux entre les entreprises et des ménages particuliers. Nous pouvons établir à leur sujet certains théorèmes, mais il nous est impossible de les observer dans leur totalité. Cependant, si nous remplaçons ces relations par des relations entre des classes, ou par des flux d'agrégats sociaux (ou autres), le nombre insaisissable de variables que présente le problème économique se réduit d'un seul coup à un petit nombre que l'on peut traiter et suivre facilement. »*
>
> JOSEPH A. SCHUMPETER,
> *Histoire de l'analyse économique.*

Au cœur de la manière dont l'argent circule au sein de nos sociétés modernes opère une division tripartite des fonctions économiques. Georges Dumézil a popularisé dans ses travaux la division tripartite traditionnelle des sociétés de type indo-européen, auquel la nôtre appartient, en trois groupes exerçant trois fonctions distinctes : prêtres, guerriers et paysans. La division tripartite dont il est question ici est différente, puisqu'il s'agit des capitalistes ou investisseurs, des dirigeants d'entreprise et des salariés, le mot « capitalistes » renvoyant au fait que les investisseurs sont ceux qui procurent aux deux autres groupes le *capital*, autrement dit les avances dont ils ont besoin pour exercer les activités qui leur procureront les moyens d'assurer leur survie.

Signalons tout de suite que cette subdivision ne concernait au départ que trois groupes que l'on pouvait alors distinguer comme ceux des propriétaires, des producteurs et des clercs (laïcs et religieux), qui dérivaient eux-mêmes à un stade antérieur de la simple distinction entre nobles, roturiers et clergé, ou encore seigneurs, paysans et prêtres (les trois « états » de l'Ancien Régime), les producteurs se séparant ultérieurement, lorsque de vastes entreprises manufacturières ou industrielles ont fait leur apparition, en gestionnaires et superviseurs de la production que sont les dirigeants d'entreprises, d'une part, et, d'autre part, producteurs effectifs que sont les salariés.

Les propriétaires avaient pour fortune leurs domaines et la richesse que ceux-ci recelaient, soit par leur surface en terres arables, sources et rivières, soit dans leurs profondeurs par leurs richesses minières. Les paysans n'avaient pour seule fortune, eux, que leur force de travail, situation dans laquelle se sont retrouvés les travailleurs en usine au temps de la révolution industrielle, et raison pour laquelle Karl Marx leur appliquait le terme que les Romains réservaient aux plus pauvres d'entre eux, les « prolétaires », ceux dont, au sens littéral, la seule utilité aux yeux de l'État est le fait qu'ils aient des enfants (*proles*). Ceux dont la seule richesse, chez Marx, est de pouvoir louer leur force de travail.

L'origine de cette organisation tripartite peut être retracée et découle en fait de la division tripartite originelle dont parlait Dumézil : le fait que les guerriers s'étaient arrogé et partagé la propriété du sol, les paysans étant réduits, eux, à simplement l'occuper à titre précaire, c'est-à-dire en fonction du bon vouloir du propriétaire. Le principe de l'héritage, qui fait que la propriété est transmise de génération en génération au sein des mêmes familles, assurait la perpétuation du système. Plus tard, l'argent a permis la transmission de la propriété par d'autres moyens que l'héritage. Or, on l'a vu, l'argent procure le pouvoir, ce qui fait en sorte que l'argent attire toujours davantage l'argent et qu'en conséquence la propriété se concentre de plus en plus au fil du temps en des mains de moins en moins nombreuses. Les guerriers s'étaient partagé la terre à l'époque où la violence seule faisait loi, et nous subissons encore aujourd'hui les conséquences de cette évolution historique. L'argent a bien sûr pris le relais de la violence, mais il n'en demeure pas moins que c'est en se coulant exactement dans le même moule historique.

Quand nous nous sommes intéressés à la manière dont les intérêts sont générés, nous avons vu qu'ils apparaissent dans le partage du surplus créé par l'activité humaine entre l'investisseur, à qui revient une part, que l'on appelle justement les intérêts, et le producteur, à qui revient l'autre part, que l'on appelle le profit. Dans un cas aussi simple, le producteur travaille seul et la situation envisagée est, par exemple, celle du *métayage* où l'on trouve un propriétaire dans le rôle du capitaliste et un métayer, un fermier, dans le rôle du producteur. Envisageons maintenant un cas à plus grande échelle où le rôle du producteur se dédouble en un entrepreneur qui dirige les opérations, d'une part, et, d'autre part, un certain nombre de travailleurs employés par lui, jouant le rôle de producteurs effectifs. Dans le cas du métayage, ces travailleurs seront des journaliers payés, comme leur nom l'indique, à la journée.

Dans ce cas de figure, c'est l'entrepreneur, en tant que dirigeant de l'entreprise et superviseur des opérations, qui traitera directement avec le capitaliste qui avance les fonds nécessaires. Il traitera avec celui-ci en tant que représentant de l'entreprise dans sa totalité, mais c'est lui qui décidera, pour ce qui concerne la part du surplus qui lui revient – le profit –, comment la répartir entre lui et ses employés.

On a donc affaire, dans la redistribution du surplus, à un processus à deux étages : le premier, où ce surplus se partage entre capitaliste et dirigeant d'entreprise en tant que, respectivement, part des intérêts et part du profit ; le second, où le profit du dirigeant d'entreprise est partagé par lui en rémunération de ses employés et partie restante du profit qui lui revient, disons, en tant que bénéfice pour utiliser ici un autre mot que profit.

V

Le fonctionnement des banques commerciales

Les banques commerciales prêtent-elles les dépôts ?

Les théories les plus fantaisistes circulent sur le fonctionnement des banques commerciales. La faute incombe essentiellement à celles-ci, et la raison en est une fragilité dans le mécanisme du système bancaire qui fait qu'elles préfèrent laisser dans l'ombre son fonctionnement précis, se contentant de semi-vérités à son sujet plutôt que de le présenter de manière véridique. La fragilité en question résulte du fait que le système se trouve sous la menace permanente de la panique bancaire – destructrice potentielle du système financier dans son entièreté. Ce que craignent le plus ceux dont la fonction serait d'expliquer le système bancaire est précisément qu'une description exacte de son fonctionnement ne conduise le public à en tirer la conclusion que l'attitude la plus rationnelle, pour lui, serait de se précipiter à la banque et d'en retirer l'argent qu'il y a déposé. La plupart de ceux qui auraient lu l'explication aboutiraient à la même conclusion, ce qui conduirait inéluctablement à une panique bancaire, destructrice du système.

L'aspect spécifique à propos duquel les banques commerciales évitent d'expliquer leur mécanisme exact est celui des dépôts des clients et de leur utilisation par la banque. Elles en offrent à la place une autre explication, incomplète celle-ci, tout en demi-vérité, laissant certains aspects dans un flou artistique afin de ne pas être prises en défaut d'en avoir offert une explication franchement fausse. C'est cette explication lacunaire qui sert de fondement aux explications fantaisistes, celles-ci comblant les « trous » à l'aide de suppositions diverses, voire de « thèses du complot ». Sous leur forme la plus courante, elles apparaissent alors comme le « scandale des banques commerciales qui créent de l'argent *ex nihilo* ». Il n'y a en réalité aucun scandale de ce genre pour l'unique et simple raison que les banques commerciales ne créent pas d'argent *ex nihilo*.

Les autorités se satisfont de cette situation – pourtant loin d'être idéale – du fait que le principal danger, celui de la panique bancaire, est ainsi évité, une information fausse – même d'inspiration « conspirationniste » – répandue dans le public constituant à leurs yeux un moindre mal. S'il s'agit d'un état de fait dont il est facile de s'accommoder en temps ordinaire, lorsque le système entre en crise – comme c'est le cas actuellement – le « scandale des banques commerciales qui créent de l'argent *ex nihilo* » devient au contraire une thèse politiquement exploitable contre le fonctionnement du système bancaire, ce dont certains ne se privent pas.

Dans leur pratique quotidienne, les banques commerciales prêtent à certains de leurs clients l'argent que d'autres déposent sur leurs comptes courants. Les sommes figurant sur ces comptes n'en restent pas moins disponibles aux déposants. Cette double utilisation est possible du fait que les banques s'organisent à partir de la constatation faite par elles que les sommes déposées sur un compte courant y restent en général un certain temps, dont elles peuvent tenir compte, et que tous les déposants ne réclameront pas simultanément l'ensemble des sommes qu'ils ont déposées. S'ils le faisaient, on assisterait précisément à une de ces paniques bancaires qu'il s'agit à tout prix d'éviter.

Pour empêcher que ce risque de panique – qui les priverait de l'accès aux sommes qu'ils ont déposées – retienne les consommateurs de déposer les fonds dont ils n'ont pas un besoin immédiat sur un compte courant dans une banque commerciale, celles-ci soit laissent entendre – sans l'affirmer formellement, pour ne pas être prises en flagrant délit de mensonge – que l'argent déposé par les uns n'est pas prêté aux autres, soit, à l'aide d'une explication plus sophistiquée, laissent entendre que les sommes déposées sont en quelque sorte « clonées », et que seul ce clone est prêté alors que le dépôt original, lui, demeure intact, prêt à être restitué sans coup férir à celui à qui il est dû.

Notons que l'hypothèse qu'une bonne compréhension du mécanisme des dépôts et des crédits conduirait à des paniques bancaires n'est pas nécessairement stupide ; monsieur Tout-le-Monde ne fait pas automatiquement confiance à un système qui ne fonctionne que sur une base statistique et préfère adopter une attitude plus égocentrique : « Pourquoi serais-je le dernier à me laisser berner ? » s'inquiète-t-il. Une réaction identique de la part de chacun déboucherait, sur le plan collectif, à une défection massive, conduisant à la destruction d'un système qui compte précisément, pour sa survie, sur une foi partagée.

Cela dit, les représentations du système financier les plus largement diffusées au sein du public le découragent d'en comprendre le mécanisme global. Le principe sous-jacent à la théorie économique contemporaine, l'*individualisme méthodologique*, en offre un bon exemple. Il nie en effet qu'il existe une dimension collective aux phénomènes humains et affirme qu'un processus collectif n'est jamais davantage que la somme des comportements individuels. Pris à la lettre, l'*individualisme méthodologique* implique en particulier qu'il est impossible qu'un système puisse fonctionner à un niveau global s'il est inopérant au niveau individuel. C'est pourtant précisément le cas du fonctionnement des banques commerciales. Imaginons en effet une banque qui n'aurait que deux clients : l'un qui dépose une somme sur un compte à vue, un autre à qui elle prête cet argent pour une durée fixe – disons pour trois mois. Le système capote aussitôt que le premier client veut retirer son argent avant que la période de trois mois ne soit écoulée. Or le même système fonctionne parfaitement sur une base statistique si le nombre de clients est élevé.

Notons encore que les tenants de la théorie économique dominante, partisans de l'*individualisme méthodologique*, souscrivent en général aussi au postulat de la « main invisible », attribué à Adam Smith, qui suppose que bien que les individus se contentent de poursuivre leur intérêt égoïste, le bien général n'en découle pas moins. Or, si la « main invisible » était effectivement observée, l'*individualisme méthodologique* serait bien entendu invalidé.

Les banques commerciales pourraient se cantonner dans un rôle de coffre-fort : les comptes courants ou comptes à vue constitueraient un endroit où l'argent des déposants serait parqué et resterait à disposition jusqu'à ce qu'ils viennent le rechercher. Ce n'est cependant pas de cette manière que les choses se passent : les banques commerciales prêtent l'argent déposé par leurs clients et leur rôle ne se limite pas à jouer celui de coffre-fort : elles jouent aussi un rôle actif d'intermédiation, transférant non seulement l'épargne mais aussi tous les fonds disponibles de ceux qui n'en ont pas un besoin immédiat à ceux qui peuvent en faire usage soit pour la production, soit pour la consommation, soit encore – et malheureusement – pour la spéculation.

Ceux qui nient ce fait invoquent son invraisemblance : l'argent déposé appartient toujours à celui qui l'a déposé et la banque n'a aucun droit de le transférer à qui que ce soit d'autre. C'est pourtant ce qu'elle fait, et sa justification en est que celui qui dépose une somme sur son compte en banque *en perd en réalité la propriété* et doit se contenter de recevoir, en échange de sa perte, une reconnaissance de dette.

La banque se borne en réalité à prendre au sérieux le fait que celui qui dépose chez elle son argent n'en a pas un besoin immédiat. Libre à lui de le déposer plutôt sur un livret d'épargne qui exige en général un préavis avant que l'argent puisse être retiré, ou un certificat de dépôt où l'argent est placé à une certaine échéance, trois mois par exemple.

Dans le cas du compte courant, le déposant n'a pas à se préoccuper de la date à laquelle il pourra récupérer son argent : il le pourra demain, voire même tout à l'heure, si cela lui chante. La banque, de son côté, se dit que celui qui dépose son argent aujourd'hui ne viendra certainement pas le récupérer avant demain, et s'autorise en tout cas à le prêter du jour au lendemain, au cours de la nuit : entre le moment où elle ferme ses portes et celui où elle les rouvrira. Certains seront bien contents de l'utiliser, à Tokyo par exemple, durant les dix-sept heures qui s'écouleront entre 16 heures, heure à laquelle elle ferme ses portes, et 9 heures du matin, heure à laquelle elle les rouvrira.

Voici une anecdote qui date de l'époque où j'étais fonctionnaire des Nations unies au Bénin. Je travaillais pour la FAO[1] dans le secteur des pêches artisanales. Un jour, le représentant s'alarma quand il reçut de la banque le relevé des comptes de notre délégation. Aucun argent ne manquait, mais le nombre des transactions répertoriées était faramineux. Enquête faite, voici ce qui se passait : à l'heure où nos bureaux fermaient, un de nos employés virait tout l'argent qui se trouvait sur le compte de la FAO sur un compte à lui et se précipitait à la banque d'où il extrayait la somme en liquide, qu'il confiait à un agent à lui. Ce dernier se lançait alors sur la route conduisant de Cotonou à Lomé, au Togo. Arrivé à la frontière, à Aného, il achetait tout ce qui se vendait

1. Food and Agriculture Organization.

moins cher au Togo et qu'on trouvait là sur ce marché, et revenait à toute allure à Cotonou pour se rendre sur le grand marché Dantokpa où il revendait sa marchandise. Il se rendait ensuite à la banque, où il restituait les sommes « empruntées » avant que la délégation de la FAO ne rouvre ses portes. Il tirait bien entendu parti du fait qu'en raison de la température très élevée dans la journée les marchés d'Afrique de l'Ouest sont essentiellement ouverts durant la nuit.

Cela dit, les banques commerciales peuvent faire mieux : elles peuvent examiner combien de temps en moyenne les déposants laissent leur argent sur leur compte avant de venir le rechercher. Un compte courant n'est en général pas rémunéré, mais parfois il l'est. La raison pour laquelle il ne l'est pas est que, même si la banque dont les coffres renferment mon argent peut le prêter, ne connaissant pas mes intentions, elle ignore pour combien de temps elle peut le faire. Autrement dit, le prêt que nous leur accordons sur nos comptes à vue est trop précaire pour qu'elle puisse compter sur cet argent en toute certitude. Si vous dites à la banque pour combien de temps vous pouvez lui prêter votre argent, par exemple dans le cas d'un certificat de dépôt à trois mois, elle se fera un plaisir de vous verser un intérêt sur la somme prêtée. Si votre banque rémunère votre compte à vue, c'est qu'elle a fait une évaluation statistique du temps que vous le laisserez là en moyenne – un mois, par exemple – et qu'elle peut rémunérer votre compte comme s'il s'agissait d'un certificat de dépôt à un mois.

La Banque postale explique cela très clairement dans l'un de ses documents :

> « L'enjeu de la gestion financière est de déterminer la maturité moyenne sur laquelle ces fonds peuvent être engagés. Bien que la plupart soit contractuellement "à vue", ces dépôts sont stables lorsqu'on observe leur historique d'encours. À l'issue d'analyses statistiques et de simulations, les dépôts sont décomposés en deux parties :
>
> 1. Une partie volatile, placée à court terme pour faire face aux besoins quotidiens de liquidité des clients ;
> 2. Une partie stable, plus significative, qui peut être placée à long terme après prise en compte de scénarios défavorables sur un plan macroéconomique et/ou commercial[1]. »

Les réserves fractionnaires

Les banques n'ont cependant pas le droit de prêter tout l'argent sur votre compte : elles sont obligées d'envisager votre désir éventuel de récupérer sans préavis les sommes déposées, comme le compte courant le

1. Ce document, mis en ligne à l'adresse suivante : https://www.labanquepostale.fr/index/groupe/communication_financieres/gestion_financiere_du_bilan.html, n'est plus accessible.

permet. Les réserves qu'elles sont tenues de maintenir légalement sont appelées « réserves fractionnaires » et doivent se trouver sur un compte spécialement prévu à cet effet (compte de réserve), obligatoirement ouvert par elles à leur banque centrale nationale. Ces réserves sont faibles, aujourd'hui de l'ordre de 2 % en général. Ce taux de 2 % a été calculé pour permettre à la banque de faire face aux retraits en temps ordinaire. Ceci suppose bien entendu de la part des déposants une large confiance que leur argent demeure effectivement à leur disposition. En cas de panique bancaire, ces 2 %, cela va sans dire, ne feraient, pas l'affaire : seules des réserves couvrant la totalité des sommes déposées, c'est-à-dire des réserves fractionnaires de 100 %, pourraient l'assurer.

Le système des réserves fractionnaires permet à l'argent inutilisé de ne pas être simplement thésaurisé, mais de servir l'économie là où le besoin s'en fait sentir. À cette fin, la fiction est ainsi maintenue que, bien que l'argent figurant sur les comptes courants ait été prêté – à l'exception des réserves fractionnaires –, il demeure aussi disponible pour celui qui l'a déposé sur son compte courant. En général, lorsque celui-ci se présente pour retirer son argent, les réserves fractionnaires s'appliquant à une multitude de comptes permettent que la somme lui soit rendue. Si ce n'était pas le cas, la banque devrait recourir à un expédient : ponctionner ses fonds propres, emprunter sur le marché interbancaire, voire emprunter auprès de sa banque centrale.

Certains considèrent que cette capacité dont disposent les banques commerciales de prêter l'argent des dépôts est scandaleux. Parmi eux, Maurice Allais, prix Nobel d'économie[1], qui déclare dans un passage souvent cité de l'un de ses articles :

> « Fondamentalement, le mécanisme du crédit aboutit à une création de moyens de paiement *ex nihilo*, car le détenteur d'un dépôt auprès d'une banque le considère comme une encaisse disponible, alors que, dans le même temps, la banque a prêté la plus grande partie de ce dépôt qui, redéposée ou non dans une banque, est considérée comme une encaisse disponible par son récipiendaire. À chaque opération de crédit, il y a ainsi duplication monétaire. Au total, le mécanisme du crédit aboutit à une création de monnaie *ex nihilo* par de simples jeux d'écriture[2]. »

La confusion, chez Allais, réside bien sûr dans le verbe « considère ». Le fait que quelqu'un « considère » quelque chose ne veut pas dire que ce soit vrai, à

1. Prix « à la mémoire d'Alfred » Nobel d'économie décerné par la Banque de Suède.

2. M. Allais « Le concept de la monnaie, la création de monnaie et de pouvoir d'achat par le mécanisme du crédit et ses applications » dans *Essais en l'honneur de Jean Marchal*, tome 2 : *La Monnaie*, Paris, Cripas, 1975, p. 120.

preuve : « Oscar considère qu'on fabrique le gruyère en coulant le fromage autour des trous. » Là, « le détenteur d'un dépôt auprès d'une banque le considère comme une encaisse disponible » : Eusèbe a de l'argent sur son compte à vue et est convaincu qu'il peut retirer cet argent s'il se rend à la banque. La banque a en réalité prêté l'argent qui se trouvait sur son compte à Casimir : « La banque a prêté la plus grande partie de ce dépôt qui, redéposée ou non dans une banque, est considérée comme une encaisse disponible par son récipiendaire. » Voici deux larrons, Eusèbe et Casimir, qui « considèrent » qu'ils possèdent le même argent. « Quel scandale, s'écrie Maurice Allais : la banque a dupliqué l'argent d'Eusèbe ! » Pas vraiment : le « même argent » ne se trouve jusqu'ici que dans les « considérations » de nos deux compères. Le lendemain matin, ils vont tous deux à la banque et retirent « leur » argent. Casimir reçoit l'ex-argent d'Eusèbe, et celui-ci reçoit de l'argent qu'il « considère » comme sien mais qui n'est en réalité pas le sien, le sien étant dans la poche de Casimir. Quel argent reçoit-il alors ? Je suppose que, selon Maurice Allais, la banque effectue une opération « scripturale » et donne à Eusèbe cet argent *ex nihilo*.

En fait, la position défendue par Maurice Allais s'identifie à celle de l'économiste « anarcho-capitaliste » (il est lui-même à l'origine du terme) Murray Rothbard (1926-1995) pour qui un système bancaire sain requiert des réserves fractionnaires de 100 %, autrement dit un système qui cantonne les banques commerciales dans un rôle de coffre-fort, sans jouer le rôle d'intermédiation qui leur est généralement reconnu.

Le système des réserves fractionnaires permet en fait une démultiplication monétaire qu'on aurait cependant tort de confondre avec une « création monétaire », le principe de conservation des quantités restant d'application, sans être jamais enfreint.

Bien que les réserves fractionnaires soient aujourd'hui en général de 2 %, les illustrations de la manière dont opère le système avancent le plus souvent le chiffre de 10 % et je ne faillirai pas à la tradition. La raison justifiant une fraction plus élevée se comprendra aisément.

Voici comment le système fonctionne : Eusèbe dépose 100 € sur son compte à la banque. La banque est obligée de constituer sur cette somme des réserves fractionnaires de 10 % sur un compte en banque centrale. Le reste, elle a le droit de le prêter. Ce qu'elle fait : Casimir avait besoin de 90 €, et elle les lui accorde. On se retrouve dans la situation décrite par Maurice Allais : deux clients de la banque qui « considèrent » qu'ils possèdent le même argent. Eusèbe « considère » qu'il possède toujours ses 100 €, alors que 90 d'entre eux sont désormais dans la poche de Casimir, qui « considère » lui aussi – et à plus juste titre – qu'il possède cet argent. La somme disponible n'a pas changé : il n'y a toujours que 100 € entre Eusèbe et Casimir, mais, si l'on tient compte maintenant des « considérations » des uns et des autres, la somme de ces « considérations » est de 190 €. Cette somme est très *théorique*, puisque les 190 € ne peuvent pas être mobilisés simultanément, mais il y a néanmoins, dans les représentations, *multiplication* de la somme initiale par un facteur 1,9, même s'il n'y a pas eu *création* de 90 € supplémentaires.

Du fait que les 190 € sont d'*une certaine manière* présents dans le mini-système économique que constituent ensemble Eusèbe et Casimir, les économistes se sont intéressés à cette « masse monétaire » que sont les 190 € potentiels (mais fictifs) par rapport aux 100 € effectifs. Ils appellent les 100 € la « masse monétaire M_0 », et les 190 €, la « masse monétaire M_1 ». Nous verrons qu'il existe encore des masses monétaires M_2 et M_3...

Une explication des réserves fractionnaires pourrait en rester là et prétendre que le principe autorise qu'une somme effective de montant X déposée sur un compte courant permet que l'économie fonctionne « comme si » une somme de près du double existait. Mais les *illustrateurs* des réserves fractionnaires ne s'arrêtent pas en si bon chemin : ils imaginent que Casimir, ayant obtenu de la banque un prêt de 90 €, oublie soudain pourquoi il avait besoin de cette somme et la laisse dormir sur son compte en banque.

Laquelle, profitant de l'aubaine, prête alors, à partir du dépôt de Casimir, la somme à laquelle le mécanisme des réserves fractionnaires lui donne accès et accorde cette fois 81 € à Oscar (90 % de 90 €). Pour la banque, l'aubaine est bien entendu double, puisque cet abruti de Casimir verse pendant ce temps-là des intérêts sur la somme qu'il a empruntée. Quoi qu'il en soit, supposons qu'Oscar ait lui aussi perdu souvenir de la raison pour laquelle il a emprunté à sa banque, ce qui permet à celle-ci de prêter cette fois 72,9 € à un quatrième larron (90 % de 81 €), et ainsi de suite. Dans ce cas de figure, la multiplication des petits pains devient beaucoup plus dramatique, et le coefficient multiplicateur est de 9 : les 100 € permettent au total de disposer de 900 €. Et les dénonciateurs du « scandale de la création monétaire par les banques commerciales » ont loisir de s'indigner du fait que celles-ci puissent percevoir des intérêts sur une somme 9 fois plus élevée que celle du dépôt initial !

L'illustration est alors la suivante : avec des réserves fractionnaires de 10 %, le « multiplicateur » de la masse monétaire par sa circulation est de 10, soit un gain de 900 % (avec un dépôt de 100 €, on obtient 1 000 €, soit un gain de 900 %). Voir la grille ci-après :

	Réserves	Réserves fractionnaires	Argent déposé	Gain
90,00	10,00	10 %	100,00	
81,00	9,00	10 %	90,00	
72,90	8,10	10 %	81,00	
65,61	7,29	10 %	72,90	
59,05	6,56	10 %	65,61	
53,14	5,90	10 %	59,05	
47,83	5,31	10 %	53,14	
43,05	4,78	10 %	47,83	
38,74	4,30	10 %	43,05	
34,87	3,87	10 %	38,74	
31,38	3,49	10 %	34,87	
28,24	3,14	10 %	31,38	
25,42	2,82	10 %	28,24	
22,88	2,54	10 %	25,42	
20,59	2,29	10 %	22,88	
18,53	2,06	10 %	20,59	
16,68	1,85	10 %	18,53	
15,01	1,67	10 %	16,68	
13,51	1,50	10 %	15,01	
12,16	1,35	10 %	13,51	
10,94	1,22	10 %	12,16	
9,85	1,09	10 %	10,94	
8,86	0,98	10 %	9,85	
820,23	**91,14**	/	**911,37**	**811,37**

Les calculs s'interrompent ici au niveau d'un euro, mais si l'on poursuit les prêts jusqu'à épuisement, on obtient bel et bien une somme totale de prêts 900 % plus élevée que le dépôt initial. Avec des réserves fractionnaires de 20 %, le gain tombe à 400 %.

Le processus appelé « création de monnaie par les banques » est donc en réalité un simple effet mécanique résultant du fait qu'elles doivent conserver des réserves fractionnaires et qu'elles ne peuvent reprêter tout l'argent déposé dans leurs coffres. Ce multiplicateur de « création monétaire » *m* se calcule comme suit :

m = (1 / rés. fract) – 1.

Pour 10 %, il donne 9 ; pour 20 %, 4 ; pour 2 %, 49.

Le calcul est intéressant, mais c'est là un « outil d'économiste » : c'est une construction théorique qui exprime sans plus la *vitesse de circulation* de l'argent, rien d'autre, et qui ne révèle certainement pas l'existence d'un « secret jalousement gardé ». Imaginons que la banque centrale décide que, pour une journée, les prêteurs ne doivent pas conserver de réserves fractionnaires ; alors la prétendue « création monétaire par les banques » durant cette journée devient infinie : en effet, 1 / 0 = ∞. Ce qui est bien entendu ridicule : la masse monétaire n'aurait pas changé en volume, la situation serait strictement la même que la veille – et que le jour suivant, quand on reviendrait à la normale.

Si l'on tient à utiliser cette formule, il faut être extrêmement prudent et se souvenir qu'il ne s'agit là que d'un raisonnement « à la limite », non d'un moyen permettant de décrire des situations réellement observées. Souvenons-nous en effet que le calcul fondé sur le taux des réserves fractionnaires ne produit ces chiffres stupéfiants – 9 fois plus de crédits que de dépôts pour 10 %, 49 fois plus pour 2 % – que dans un seul cas de figure dont la plausibilité dans le monde réel est quasi nulle ; qu'au sein de la chaîne de ceux qui empruntent, chacun utilise la totalité du montant de son prêt pour le déposer sur un compte à vue, tout en ne s'inquiétant pas du fait qu'il doive verser des intérêts pour ce privilège. Les auteurs qui n'hésitent pas à affirmer qu'un dépôt autorise une banque à accorder des crédits 9 fois, 49 fois… supérieurs aux dépôts sont paradoxalement souvent aussi ceux qui affirment que les banques commerciales n'ont pas le droit de prêter les sommes déposées sur des comptes à vue, et que ces crédits gigantesques sont donc accordés, selon eux, *en sus* des dépôts.

VI

La création monétaire par les banques commerciales

D'où vient l'idée que les banques commerciales créent de la monnaie ?

J'ai fait allusion au fait qu'il existe un courant d'opinion pour dénoncer le « scandale des banques commerciales qui créent de l'argent *ex nihilo* ». Le sentiment qu'une telle création ait lieu résulte d'une mauvaise compréhension de la manière dont l'argent circule à l'intérieur du système bancaire, en particulier de l'obligation faite aux banques commerciales de maintenir auprès des banques centrales des *réserves fractionnaires* lorsqu'elles prêtent à des consommateurs l'argent de leurs déposants. Les notions qui viennent d'être exposées permettent de comprendre l'origine du malentendu, mais nous allons voir qu'il a été avant tout délibérément créé par certains économistes et entretenu ensuite par les banques elles-mêmes. Le sentiment de spoliation par la finance qu'éprouve monsieur Tout-le-Monde a fait le reste, et encourage à imputer aux « banquiers » comme un groupe cette spoliation alors qu'elle résulte, par un effet purement mécanique, d'une disparité dans la distribution du patrimoine au sein de la population, et par conséquent des fonds disponibles comme capital, c'est-à-dire disponibles en vue d'être prêtés par celui qui ne sait qu'en faire à ceux qui savent l'utiliser soit dans la production de biens, soit dans leur consommation, soit encore dans la spéculation.

Qu'il s'agisse de celles des économistes ou de celles des banquiers, les explications relatives à la *création monétaire* par les banques commerciales sont en général très embrouillées : elles semblent avoir été recopiées au fil des années, sans que nul ne se demande trop si cette description rend compte de la manière dont les choses se passent dans les faits. La confusion est favorisée par l'irruption dans les raisonnements de considérations annexes, telles celles relatives au support de la monnaie : support physique, comme avec les pièces et les billets, ou support dématérialisé dans le cas de la monnaie bancaire, encore appelée « monnaie scripturale » : une monnaie réduite à l'*information* relative à sa présence. La confusion découle également de l'appréhension des phénomènes monétaires à différents niveaux de description au sein des mêmes explications : souvent celles-ci évoquent ainsi simultanément les flux monétaires dont la circulation respecte nécessairement le *principe de conservation des quantités*, d'une part, et, d'autre part, l'enregistrement comptable dont le langage vise essentiellement à éliminer l'ambiguïté et repose sur la convention d'une égalité de principe entre crédit et débit, actif et passif. Pour ce qui touche à la langue comptable en particulier, ses principes sont souvent pris trop à la lettre, et on lui assigne alors malencontreusement un pouvoir qui déborde sa juridiction : la capacité de créer de la monnaie, quand son rôle se limite à l'enregistrement des opérations qui impliquent celle-ci. Cela vaut tout spécialement dans le cas de la « monnaie scripturale », privée d'existence physique : n'existant qu'à travers la trace écrite d'une information relative à sa présence, la tentation est grande de confondre l'enregistrement des opérations portant sur ses flux « dématérialisés » avec la création pure et simple de ceux-ci par un jeu d'écriture.

Faute de comprendre comment l'argent *circule*, ces explications incorrectes aboutissent à la conclusion qu'il est *créé* à partir de rien : *ex nihilo*. Cette conclusion est bien entendu fausse : la prétendue « création monétaire » par les banques commerciales respecte à tout moment le principe que j'appelle de « conservation des quantités ».

Schumpeter explique la genèse de l'idée que les banques commerciales « créent de la monnaie *ex nihilo* » – et la justifie d'ailleurs du même coup – dans le premier volume de son *Histoire de l'analyse économique*, déjà citée. Après avoir décrit le mécanisme des « réserves fractionnaires » qui permet aux banques, comme nous l'avons vu, de prêter la plus grande partie de l'argent déposé sur les comptes courants de leurs clients, il explique que ce mécanisme permet à la monnaie de circuler à une certaine *vitesse*, mais, constate-t-il, cette vitesse n'affecte pas « l'habitude qu'ont les gens de détenir certaines sommes de ce qu'*ils* considèrent comme argent comptant, comme argent liquide », et il ajoute :

> « Aussi peut-il paraître plus naturel de dire que les banquiers augmentent non pas la vitesse mais la quantité de la monnaie – ou des moyens de paiement qui, en de certaines limites, font aussi bien office de monnaie, si l'on souhaite réserver ce terme pour les pièces de monnaie, ou pour les pièces plus le papier d'État[1]. »

Schumpeter suggère donc dans ce passage qu'il serait « plus naturel » – ce sont ses propres termes – d'évoquer la *vitesse de circulation* de la monnaie comme une augmentation de sa quantité. Et il clarifie ce qu'il veut dire par là, quelques lignes plus bas, en ajoutant :

1. J. A. Schumpeter, *op. cit.*, p. 445.

« Les emprunteurs ont véritablement le sentiment de disposer de moyens liquides qui sont normalement tout aussi bons que la monnaie. On ne dit plus que les banques "prêtent leurs dépôts" ou l'"argent des autres", mais qu'elles "créent" des dépôts ou des billets de banque ; elles paraissent fabriquer la monnaie plutôt qu'en augmenter la vitesse[1]... »

On relève plusieurs choses dans ce passage. Tout d'abord, Schumpeter dit de ces moyens de paiement que sont les reconnaissances de dette qu'ils sont « normalement tout aussi bons que la monnaie ». C'est précisément parce que leur valeur s'écarte de celle de l'argent – tout particulièrement en période « anormale », donc en période de crise – que j'ai au contraire proposé, dans les pages qui précèdent, et à l'instar des auteurs anciens, de les distinguer soigneusement.

On note aussi que, dans le fragment de phrase : « les emprunteurs ont véritablement le sentiment... », Schumpeter a cessé de décrire la mécanisme à l'œuvre – qui nous intéresse ici au premier chef – pour s'intéresser uniquement à sa *représentation subjective* par les acteurs humains impliqués, cette dernière devant, selon lui, primer – présupposé tout à fait dans la ligne du courant de la pensée économique, l'École autrichienne, tout empreint de « psychologisme », dont il était lui-même

1. *Ibid.*

l'un des représentants. Qu'on pense à ce propos à la notion d'« utilité », centrale pour ce courant de pensée, censée être à la fois une disposition objective des choses et un « sentiment » éprouvé par des individus dont on ne sait rien, sinon qu'ils sont tous pareils dans leurs préférences et qu'ils portent un jugement infaillible sur la maximisation de cette utilité. Robinson et Eatwell font remarquer ironiquement que « l'utilité est la caractéristique des biens qui fait que les individus veulent les acheter, et les individus achètent ces biens pour jouir de l'utilité procurée par leur consommation[1] ».

La notion de « création monétaire » est donc introduite par Schumpeter pour refléter le sentiment des acteurs impliqués dans la circulation de la monnaie, et non pour décrire de manière objective le processus à l'œuvre. Sa formulation – les banques « paraissent fabriquer la monnaie plutôt qu'en augmenter la vitesse » – lève toute équivoque : le verbe « paraître » souligne que la notion de « création monétaire » est une simple image, une métaphore introduite pour mieux exprimer le sentiment des déposants et des emprunteurs, que le concept de « vitesse de circulation » qui, lui, constitue en réalité la description exacte du processus observé. La « création

1. A. Samuelson, *Les Grands Courants de la pensée économique*, Grenoble, Presses universitaires de Grenoble, 1985, p. 105.

monétaire par les banques commerciales » est une image inventée par Schumpeter pour offrir, comme il dit, une façon « plus naturelle » d'évoquer la vitesse de circulation de l'argent. On apprend cependant ailleurs, dans l'histoire de la pensée économique, que cette *image* n'était pas innocente : les économistes de l'École autrichienne en avaient besoin pour une raison théorique – justifier leur *théorème fondamental de l'équilibre* qui s'énonce ainsi : « L'intérêt (taux monétaire) tend à être égal au profit marginal d'investissement attendu (efficacité marginale du capital)[1] ».

Cette mise en avant du sentiment des acteurs économiques aux dépens d'une explication authentique rappelle bien entendu le passage d'un article de Maurice Allais que je citais plus haut, où il est fait grand cas par l'auteur du fait que et le déposant et l'emprunteur – celui-ci s'étant vu prêter l'argent qui se trouvait sur le compte à vue de celui-là – « considèrent » que le même argent leur appartient. En fait, situer le fondement des mécanismes économiques dans la psychologie de l'individu vise un but précis : le placer ailleurs que dans le cadre des rapports de forces entre groupes sociologiques. Ce sont en effet en général les mêmes auteurs qui expliquent la formation des prix par le mécanisme purement physique de la rencontre de l'offre et de la demande

1. J. A. Schumpeter, *op. cit.*, tome II, p. 457.

– indépendamment du rapport de forces entre acheteur et vendeur – et qui recommandent par ailleurs de remplacer une explication de la dynamique monétaire en termes de vitesse de circulation de la monnaie par une autre reflétant « le sentiment » des emprunteurs. La raison de ce « deux poids, deux mesures » s'explique aisément : il est impossible d'analyser la vitesse de circulation de la monnaie sans situer la dynamique monétaire dans le cadre qui est le sien, celui d'une société divisée en classes aux intérêts antagoniques et où la richesse est concentrée au sein de celle des investisseurs-capitalistes qui avancent, en échange d'intérêts, l'argent à ceux qui en ont besoin. Alors que, si l'on remplace la vitesse de circulation qu'il s'agirait d'expliquer par une « création monétaire *ex nihilo* », il sera possible de remplacer le modèle objectif requis par un autre modèle, subjectif celui-là, centré sur un agent économique – l'*homo oeconomicus* – indifférencié, isolé de tout contexte sociologique, et mû par des principes décisionnels de nature purement psychologique.

On ne peut davantage compter sur le droit pour comprendre la création monétaire par les banques commerciales, les définitions juridiques qui s'appliquent à la monnaie constituant une simple « phénoménologie », autrement dit ne produisant qu'une pure description des phénomènes observés : la loi constate les conflits qui émergent au sujet de la monnaie et élabore les principes permettant de trancher les différents cas, tout en faisant prévaloir l'équité. Lorsque ces principes peuvent être systématisés, ils sont formulés comme lois ; quand la chose est impossible, les affaires subsistent en tant que cas singuliers dont la solution est enregistrée au fur et à mesure de leur occurrence par la jurisprudence – quitte, pour les praticiens, à se tourner ensuite vers celle-ci lorsque se présentent de nouvelles affaires au statut ambigu.

Ce qui procure à la loi son fonds, ainsi que le fondement de sa stabilité, c'est le fait que chacun de ceux qui se tournent vers elle en désespoir de cause insiste pour recevoir tout ce qui lui est dû ou manifeste sa détermination à ne pas payer davantage que nécessaire. Ce sont ces exigences de sens opposés des acheteurs et des vendeurs, mises en application par le législateur, soutenues par les décisions de justice et dont la police fait en sorte qu'elles soient respectées, qui assurent qu'un « principe de conservation des quantités » se maintient, bon gré, mal gré, partout dans le système monétaire.

Notons que le mythe de la création monétaire *ex nihilo* par les banques commerciales est vieux comme le monde. Ainsi Galbraith cite dans *Money* – sur la foi d'un auteur plus ancien, Charles Dunbar – un sénateur vénitien du XVIe siècle du nom de Tomaso Contarini qui aurait déclaré que : « [Un banquier] a la capacité de satisfaire ses amis sans même recourir à l'argent, par le simple moyen de l'inscription d'un crédit. Ce banquier peut satisfaire ses propres besoins en meubles précieux et en bijoux en se contentant de coucher deux lignes dans ses livres, et peut s'acheter un domaine ou assurer la fortune de ses enfants sans débourser la moindre somme[1]. »

Langue comptable et création monétaire

On lit par exemple comme un argument venant soutenir la thèse d'une création monétaire *ex nihilo* par les banques commerciales :

« La banque inscrit donc simultanément la même somme à l'actif (crédit) et au passif (compte courant) de son bilan. Cela constitue l'acte par lequel elle crée de la monnaie. »

On ajoute en général que la monnaie ainsi créée est « scripturale ».

L'inscription dont il est question ici est l'acte comptable par lequel la banque enregistre l'opération de création d'un crédit. Or une inscription – comme son nom l'indique – est une écriture et une écriture n'a en principe aucun pouvoir de création d'un flux monétaire, elle peut seulement le constater. Les inscriptions comptables sont

1. J. K. Galbraith, *op. cit.*, p. 24.

de simples enregistrements, et rien ne peut être créé par un enregistrement : c'est une description dont la seule qualité est d'être exacte si elle décrit ce qui est effectivement le cas, ou fausse si elle y échoue. Une inscription comptable peut constater qu'un flux monétaire a été transféré – son rôle s'arrête là. Si ce transfert n'a pas eu lieu, l'inscription est abusive, et le comptable est en faute.

Quand on travaille dans un établissement de crédit, on sait que les comptables enregistrent les opérations par des « jeux d'écriture », mais on sait aussi que ceux-ci n'ont aucun impact sur la réalité « économique » de ces opérations, c'est-à-dire sur le monde réel. Les calculs « comptables » sont redoublés par des calculs « économiques » qui sont les seuls dont les opérateurs tiennent véritablement compte, les calculs comptables étant considérés comme rédigés dans la langue rituelle des investisseurs, et de peu d'intérêt pour ceux qui ne pratiquent pas cette religion.

On peut clarifier ce point en recourant à la notion de *performatif* telle que l'utilisent les linguistes. On doit cette notion au philosophe anglais John Austin qui l'introduisit dans une allocution fameuse : *How to Do Things with Words*[1]. Un performatif a ce pouvoir de non seulement décrire une situation, mais de la rendre effec-

1. J. Austin, *How to Do with Words*, Oxford, Oxford University Press, 1962.

tive. Ainsi, celui qui fait s'écraser une bouteille de champagne sur un sous-marin prononce au même moment ces paroles : « Je te baptise *Nautilus* », et c'est désormais son nom. De même pour le maire qui affirme solennellement à un couple : « Je vous déclare mari et femme » – ils sont aussitôt époux. Les actes juridiques possèdent ce pouvoir de créer ce qu'ils décrivent, parce qu'ils émanent de ceux qui ont l'autorité pour le faire. Or, les inscriptions comptables des banques commerciales ne sont pas des *performatifs* : elles ne disposent pas de ce pouvoir, elles se contentent de décrire ce qu'elles observent, c'est tout. Elles le font bien et elles sont exactes, ou elles le font mal et elles sont trompeuses et passibles de la loi.

Une inscription comptable ne dispose donc d'aucun pouvoir de création monétaire, elle n'émane pas de l'autorité pour le faire. Une inscription enregistre une opération sans plus. Quant au mot « scriptural » utilisé pour décrire l'argent censément créé par ces inscriptions, il s'agit là d'une description du support de cette monnaie dématérialisée par opposition à métal ou papier, rien d'autre. L'expression « monnaie scripturale » désigne la monnaie bancaire qui circule grâce aux chèques, dans les virements et débits automatiques, et lors des opérations par carte bancaire. Or, dans l'explication de la création monétaire, certains commentateurs se laissent abuser par le rapprochement sémantique « inscription »/« scriptural », ce qui les conduit à penser que de la monnaie « scripturale » peut être créée par simple « inscription ». Ce n'est pas le cas : bien qu'en l'absence de support la *monnaie scripturale* soit dématérialisée, cela ne suffit pas à ce qu'on puisse en créer par de simples « inscriptions » : elle représente toujours des flux monétaires respectant un *principe de conservation des quantités*. L'inscription se cantonne à ce qu'elle a toujours été : un simple enregistrement passif d'opérations portant, dans le cas de *monnaie scripturale*, sur des *flux monétaires dématérialisés*.

Prêt et ligne de crédit

Une autre source de malentendu réside dans la distinction établie par les régulateurs dans la manière dont deux types d'établissements financiers distincts, ceux qui se livrent à l'intermédiation non monétaire (OPCVM, notamment) et ceux qui se livrent à l'intermédiation monétaires (les banques commerciales), enregistrent l'ouverture d'un crédit. Comme le fait remarquer Jean-Louis Besson dans son cours intitulé *Monnaie et Finance* : « Cette différence est aussi essentielle en théorie (multiplicateur de crédits) que minime en pratique », mais elle mérite une explication détaillée, précisément, du fait qu'elle ouvre la porte à une certaine mécompréhension et, mal interprétée, peut sembler confirmer que les banques commerciales ont le droit de créer de l'argent de toutes pièces, *ex nihilo*.

Lorsqu'ils accordent un crédit, disons de 100 €, les établissements qui se livrent à l'*intermédiation non monétaire* débitent à l'actif le compte du bénéficiaire de la somme de 100 €, et créditent également à l'actif le compte sur lequel cette somme a été prélevée (billets ou compte en banque centrale). Cette écriture enregistre le transfert de la somme d'un compte à un autre. Lorsqu'ils ouvrent un crédit (je dis « ouvrent » au lieu d'« accordent », pour une raison très précise qu'on comprendra ultérieurement), les établissements qui se livrent à l'*intermédiation monétaire* procèdent autrement d'un point de vue comptable : au lieu d'enregistrer l'opération comme un *transfert*, elles l'enregistrent comme une *reconnaissance de dette* de la banque vis-à-vis de l'emprunteur. Les 100 € sont débités à l'actif du compte du bénéficiaire du prêt (« créances »), tandis que la somme prêtée est entrée au passif de la banque comme une *reconnaissance de dette* (« comptes courants clientèle »). Et les choses en restent là tant que le client ne prélève pas l'argent sur son compte, c'est-à-dire ne fait aucun usage de la somme qu'il a empruntée.

Lorsqu'il prélève l'argent sur son compte, deux cas de figures peuvent se présenter. *Premier cas de figure* :

la somme est transférée à un autre client de la même banque et rien ne change sur le plan comptable, si ce n'est que le compte de l'emprunteur est débité des 100 € qu'il a obtenus de la banque et celui qui reçoit la somme voit son compte crédité de ces mêmes 100 €. *Second cas de figure* : l'emprunteur utilise le montant de son prêt pour payer une personne dont le compte se trouve dans une autre banque ; dans ce cas, un simple « jeu d'écriture » ne fera pas l'affaire : de l'argent doit bel et bien être trouvé par la banque de l'emprunteur et transféré à la banque de celui à qui l'argent du prêt est versé ; l'opération sera intégrée dans la consolidation des positions des deux banques l'une vis-à-vis de l'autre, et de la compensation qui intervient entre elles en fin de journée, portant sur le différentiel des sommes qu'elles se doivent mutuellement. Cette fois, l'inscription comptable est du même type que celle qui s'appliquait dans le cas d'un établissement pratiquant l'*intermédiation non monétaire*, où l'argent versé sur un compte extérieur à la banque est débité d'un compte à l'actif. Notons que c'est exactement ce qui se serait aussi passé si l'emprunteur d'une banque commerciale avait exigé de recevoir le montant en argent liquide plutôt que de le voir transféré sur son compte.

La distinction entre le mécanisme s'appliquant aux établissements qui se livrent à l'*intermédiation non monétaire* et ceux qui se livrent à l'*intermédiation monétaire*, et les deux phases successives de l'allocation d'un crédit dans ce dernier cas, se comprend mieux si on l'illustre à l'aide de la différence existant entre deux types d'instruments de crédit : le « prêt » et la « ligne de crédit ».

J'obtiens de ma banque un prêt et son montant m'est versé soit sur mon compte courant, soit en argent liquide. J'obtiens de ma banque qu'elle m'ouvre une ligne de crédit de 100 € : cette somme est à ma disposition, à charge pour moi de la retirer en tout ou partie : elle constitue pour moi un « droit de tirage » sur ma banque. Dans le cas d'un prêt, les intérêts courent dès la date de son obtention. Mais il n'en va pas de même dans le cas d'une ligne de crédit : le prêt qui m'est accordé demeure virtuel aussi longtemps que je n'ai retiré aucune somme.

On comprend alors ce que signifie le « jeu d'écriture » correspondant à l'ouverture d'un prêt par un établissement qui se livre à l'*intermédiation monétaire* : l'ouverture du prêt est enregistrée comme s'il s'agissait d'une ligne de crédit, c'est-à-dire d'un crédit *virtuel* qui ne sera activé que lorsque des sommes seront effectivement retirées, ce qui, dans le cas d'un prêt, devrait être immédiatement, aucun client n'envisageant de gaieté de cœur d'emprunter des sommes dont il n'a pas l'usage mais sur lesquelles il sait qu'il devra acquitter d'intérêts.

Revenons maintenant au premier cas de figure mentionné plus haut : celui où le client d'une banque commerciale a contracté un prêt afin de s'acquitter d'une dette envers un autre client de la même banque. Dans ce cas, la banque peut se contenter de débiter un compte en passif et d'en créditer un autre au sein de sa propre comptabilité, tout en maintenant le montant du prêt initial en actif. Sa seule contrainte est de trouver dans sa comptabilité un compte qu'elle puisse débiter de cette manière pour en créditer un autre. Je demeure ici sur le plan théorique, la banque envisageant ce type d'opération soit sur des comptes à terme individualisées, comme des certificats de dépôt dont la maturité est contractuelle et donc connue, soit sur des chiffres agrégés sur l'ensemble des comptes à vue de la banque, dont l'échéance n'est pas connue avec certitude, les déposants pouvant retirer leur argent à tout moment, mais à propos desquels une échéance moyenne peut être calculée à partir de données historiques.

On comprend maintenant pourquoi la manière dont les banques commerciales, établissements d'*intermédiation monétaire*, *créant le crédit*, peut donner l'impression qu'elles *créent de l'argent* à partir de rien : à partir du « simple jeu d'écriture » qui permet d'enregistrer l'*ouverture* d'un crédit en mentionnant une somme identique en actif et en passif. On comprend pourquoi, comme le dit Besson, « cette différence est aussi essentielle en théorie (multiplicateur de crédits) que minime en pratique », et il ajoute : « Car le “pouvoir de création monétaire” des banques est limité par la contrainte de convertibilité qui pèse sur elles : la monnaie bancaire n'est pas de la “vraie” monnaie, c'est une monnaie privée dont la banque doit garantir et assurer la convertibilité en “monnaie banque centrale” au taux de 1 pour 1 », puisqu'il ne s'agit, avec ces écritures, que d'un *crédit virtuel* : sitôt que de l'argent est véritablement transféré, il doit être trouvé quelque part, c'est-à-dire soit dans un compte à terme, soit dans un compte à vue de l'établissement qui accorde le crédit, soit encore dans une source extérieure.

Déduire du fait qu'un établissement d'*intermédiation monétaire*, autrement dit une banque commerciale, peut créer un crédit « par simple jeu d'écriture », signifie que celle-ci est à même de créer du crédit « à partir de rien », revient à ignorer qu'à ce stade l'opération n'est rien de plus que *virtuelle*, comme dans le cas d'une ligne de crédit qui n'a pas encore été utilisée. Sitôt que l'opération cesse d'être virtuelle, on retombe dans la réalité, à savoir que les sommes transférées doivent être trouvées là où elles préexistent. S'il n'en était pas ainsi, les banques commerciales auraient, de fait, la possibilité d'échapper entièrement à toute logique de solvabilité, ce qui n'est évidemment pas le cas.

Cela dit, la possibilité offerte aux banques commerciales d'enregistrer – initialement – un nouveau crédit sous la forme d'une même somme inscrite en actif et en passif justifie la formulation selon laquelle, en ce qui les concerne, « *loans make deposits* », « les crédits créent les dépôts » plutôt que « les dépôts créent les crédits ». Cela n'est cependant vrai qu'aussi longtemps qu'ils sont traités comme tels par leurs bénéficiaires, c'est-à-dire tant qu'ils ne sont pas utilisés ; dès qu'ils le sont, le miracle de la création d'un crédit « par simple jeu d'écriture » s'évanouit.

Lorsqu'on examine les circonstances qui autorisent l'enregistrement d'un crédit accordé par une banque commerciale, tout mystère qui subsisterait éventuellement se dissipe. En effet, pour qu'il puisse être accordé de manière valide, il faut soit que la somme – la « provision » – ait été réunie en espèces (pièces ou billets), soit qu'un virement ait eu lieu à partir d'un autre compte, soit encore que l'établissement financier lui-même « crée » le crédit.

Les deux premiers cas respectent bien évidemment le principe de conservation des quantités : la « provision » reflète la somme exacte remise en espèces, ou la somme exacte qui a été virée. Seul le dernier cas pourrait être de ce point de vue ambigu. En réalité, il ne l'est pas davantage : lorsqu'une banque commerciale accorde un crédit, il faut que la somme allouée soit déboursée par elle en vue d'être transférée au bénéficiaire du prêt, et cette somme, il la lui faut trouver quelque part : soit sur les comptes courants de ses déposants, soit encore sur le marché interbancaire, soit, enfin, auprès de la banque centrale. Quelle que soit la source de ces fonds, le *principe de conservation des quantités* sera dans tous les cas respecté.

La monnaie scripturale dans les esprits

Sur la question du support de la monnaie, je voudrais faire quelques remarques supplémentaires à propos d'une équation qui s'est faite, me semble-t-il, dans l'esprit du public depuis que l'argent s'est dans une très grande mesure « dématérialisé », par suite de la généralisation d'opérations comme le virement, le versement et le prélèvement directs, la carte bancaire. Cette équation est la suivante : « monnaie bancaire » = « monnaie scripturale » = « monnaie fictive » – fictive au sens d'« inventée de toutes pièces ». La dernière partie de l'équation est, cela va sans dire, fausse.

La « dématérialisation » du support de la monnaie n'a fait, je crois, que porter à son aboutissement ultime une inquiétude qui s'était déjà manifestée lors de la transition du support « métaux précieux » au support « matériaux vils » tels que le cuivre ou le nickel pour les pièces, et le papier pour les billets de banque. Monsieur Tout-le-Monde ne s'est en effet jamais réellement accommodé du fait que l'argent ait cessé de représenter une quantité d'or bien déterminée. Si je peux me permettre ce mauvais jeu de mots : l'or a représenté en son temps pour l'argent sa raison d'être et sa consolation.

On dit encore aujourd'hui de l'argent qu'il s'agit d'une dette : d'une dette que l'État a envers nous. Mais il s'agit là d'une idée récente – elle date du XIXe siècle – et elle échoue à convaincre : l'argent est de manière bien trop manifeste une richesse, même si un système étatique est nécessaire pour assurer son fonctionnement paisible. Aussi, quand le support de l'argent est passé du métal au papier, il a subi une sévère crise de confiance.

On connaît les mésaventures du personnage de dessin animé Coyote Will, ce coyote perpétuellement à la poursuite d'un *road runner*, un oiseau coureur, hôte des déserts américains. Coyote Will poursuit le volatile au-delà de la falaise dont celui-ci s'est déjà envolé et, au moment précis où il se rend compte qu'il est dans le vide – pas avant –, il entame sa chute. Cette image convient tout à fait pour décrire l'attitude de monsieur Tout-le-Monde vis-à-vis de l'argent au fil des évolutions que celui-ci a connues. On passe au support papier, et tout va bien jusqu'à ce que monsieur Tout-le-Monde se rende soudain compte que le papier n'est pas un métal précieux – ne vaut rien par rapport à lui –, et alors, tout à coup, pareil à Coyote Will, il s'aperçoit soudain qu'il est désormais dans le vide, et retire immédiatement sa confiance. C'est la triste expérience qu'a connue en France, au XVIIIe siècle, John Law dont on a déjà rappelé la mésaventure. Et c'est le même phénomène que l'on constate lors des paniques bancaires : « Tiens ! Je suis dans le vide ! » – et la chute s'amorce aussitôt.

Monsieur Tout-le-Monde s'était habitué à ce que l'argent soit du papier – qui « ne vaut rien », ou tout au moins « pas grand-chose » –, mais « pas grand-chose » c'est quand même « quelque chose » ! Et si l'argent n'était « rien du tout » ? Or, c'est ce qui s'est passé : l'argent est devenu « rien du tout » : à l'intérieur du système bancaire, il s'est complètement dématérialisé. De la même manière que monsieur Tout-le-Monde a dû faire son deuil du métal quand l'argent-monnaie est passé d'un support or-métal ou argent-métal au papier, il a dû faire son deuil du papier lui-même quand l'argent s'est entièrement dématérialisé, et, là aussi, la transition dans les esprits s'est révélée douloureuse.

Cette dématérialisation a précédé l'informatisation : il suffisait, pour qu'elle se réalise, que les transactions apparaissent sous forme d'inscriptions, pratique à laquelle l'enregistrement comptable était déjà habitué. Ainsi, de la même manière que le papier est apparu comme « rien » par rapport au métal, l'inscription pure est apparue ensuite comme « rien » par rapport au papier.

Mais la nostalgie de la monnaie qui était gage d'elle-même (on pouvait fondre la pièce d'or et la revendre au prix du métal) est toujours présente, et lorsqu'on parle de « monnaie scripturale », on continue de rêver à un *support* qui existait autrefois : à quelque chose de tangible, à quelque chose qui ne soit pas de l'information pure ; et l'on espère que l'enregistrement comptable soit ce *réel* dont on éprouve la nostalgie : or l'enregistrement n'est rien de plus que ce que son libellé indique – un « enregistrement ».

Voilà qui nous conduit à faire une observation finale sur ce sujet : celui qui précipite une panique bancaire, dès le moment où il se rend compte que tout l'argent des dépôts n'est pas simultanément présent à la banque pour la raison qu'il a été prêté pour sa plus grande part, est quelqu'un qui croit trop à l'argent – qui y croit plus qu'il ne devrait. C'est le même qui a regretté le métal quand on est passé au papier, ou qui a regretté le papier quand on est passé à l'argent dématérialisé : il est en faveur du solide, du tangible, pas de ce qui se situe simplement du côté de la parole donnée, de la foi, autrement dit uniquement au niveau des concepts.

Les crédits font les dépôts

Accompagne la croyance en la « création monétaire *ex nihilo* » par les banques commerciales, on l'a vu, l'incantation souvent répétée : « Ce ne sont pas les dépôts qui créent les crédits, mais les crédits qui créent les dépôts. » Cet énoncé paradoxal émane des mêmes milieux qui ont mis au point la « traduction », déjà évoquée, de la vitesse de circulation de l'argent en « création monétaire » : l'École autrichienne en science économique. Dans ce cas-ci également, je rapporterai la démonstration qu'en a fait Schumpeter dans son *Histoire de l'analyse économique*. Cette démonstration est à mon sens totalement incohérente et ne convainc pas de ce qu'elle entend prouver, je n'en parle qu'à cause de son importance historique, en raison du fait qu'on l'entend rabâchée à tout bout de champ. Je vais cependant tenter de lui faire justice, autant que faire se peut, en la reproduisant dans son entièreté et en prenant pour cadre celui qui, me semble-t-il, serait adopté par son auteur s'il était encore parmi nous.

Bien que ramassée en quelques phrases seulement, la démonstration est complexe et nécessite, pour qu'on la comprenne, d'en décomposer soigneusement les diverses étapes. À une exception près (que je signale), je m'en suis remis à la traduction française.

Schumpeter commence par dire (il enchaîne sur la discussion précédente relative à la « création monétaire par les banques commerciales ») :

> « Il n'y a aucun autre cas [que celui de la reconnaissance de dette ou "instrument de crédit"] où le droit sur une chose puisse, en de certaines limites, bien entendu, faire le même office que la chose elle-même : on ne peut chevaucher le droit à un cheval, mais on peut payer avec le droit que l'on a sur l'argent[1]. »

Cela signifie qu'une reconnaissance de dette a un prix et qu'il est possible de l'échanger pour le montant qu'indique son prix comme s'il s'agissait de monnaie légale, comme s'il s'agissait d'*argent* (je dis ici « argent » pour éviter les ambiguïtés de l'anglais qui n'a qu'un seul terme, « *money* », pour *argent* = pièces et billets de banque, et *monnaie* = moyens de paiement).

Mais s'agit-il vraiment, avec la reconnaissance de dette, d'un moyen de paiement ? Ou bien l'échange d'une chose contre une reconnaissance de dette est-elle un troc, un simple échange d'une marchandise contre une autre ? Non, dit Schumpeter, le fait que l'on puisse utiliser une reconnaissance de dette comme moyen de paiement suffit à en faire une monnaie :

1. J. A. Schumpeter, *op. cit.*, tome I, p. 445.

> « Mais c'est une raison majeure d'appeler monnaie une chose qui est donnée comme étant un droit sur de la monnaie légale, pourvu que cette chose serve bien de moyen de paiement[1]. »

Je suppose que, quand Schumpeter dit « moyen de paiement », il veut désigner un « moyen générique de paiement ». Mais ce n'est précisément pas le cas d'une reconnaissance de dette : au contraire de l'argent, elle n'est pas un *moyen générique de paiement*, elle est plutôt dans la même position qu'une marchandise utilisée dans un troc ; nul n'est forcé de l'accepter comme moyen de paiement, à la différence d'une monnaie légale. C'est ce que confirme d'ailleurs Schumpeter dans la phrase qui suit, quand il enchaîne :

> « En règle générale, une lettre de change ordinaire ne sert pas de moyen de paiement ; cette lettre n'est donc pas de la monnaie, et elle ressortit à la partie "demande" du marché monétaire. Toutefois, il arrive que certaines classes de lettres de change servent de moyens de paiement ; en ce cas, selon cette manière de voir, elles sont de la monnaie et font partie de l'offre sur le marché monétaire[2]. »

Une lettre de change peut donc être ou ne pas être un moyen de paiement. Quand elle l'est, elle fonctionne comme monnaie.

---

1. *Ibid.*
2. *Ibid.*, p. 445-446.

Ce passage sert manifestement aussi à assimiler comme identiques les deux notions « moyen de paiement » et « monnaie ». Schumpeter poursuit :

> « Billets de banque [*sic*, il s'agit probablement d'une erreur de traduction, le contexte suggère qu'il s'agit de "monnaie bancaire"] et dépôts en banque font en tout point ce que fait la monnaie, partant, ils sont de la monnaie[1]. »

Ou, paraphrasé : les fonctions de la monnaie bancaire ainsi que des dépôts sur comptes bancaires étant identiques à celles de la monnaie, ils peuvent être considérés comme étant de la monnaie.

Ayant maintenant assimilé reconnaissance de dette à monnaie, Schumpeter se sent autorisé à renverser l'identification : puisque toute reconnaissance de dette partage les propriétés de la monnaie, celle-ci partage à son tour toutes les propriétés d'une reconnaissance de dette :

> « Ainsi, les instruments de crédit, ou certains d'entre eux, s'ingèrent dans le système monétaire ; et, de plus, la monnaie à son tour n'est qu'un instrument de crédit, un droit qu'on fait valoir sur le seul moyen de paiement qui soit définitif : le bien de consommation. On peut dire qu'aujourd'hui c'est cette théorie qui a cours : naturellement, elle est susceptible de prendre des formes multiples, et elle a besoin de multiples approfondissements[2]. »

---

1. *Ibid.*, p. 446.
2. *Ibid.*

Cette fin de la démonstration, censée apporter la preuve attendue, est extrêmement abrupte et il faut par conséquent la décomposer soigneusement.

Revenons sur la raison pour laquelle Schumpeter a affirmé précédemment qu'un instrument de crédit – une reconnaissance de dette – est « de la monnaie ». Parce que, dit-il, il constitue un « droit à valoir » sur de la monnaie, qui est accepté comme monnaie. En renversant l'argument de manière symétrique, on aurait : « Pourquoi alors la monnaie est-elle un instrument de crédit ? Parce qu'elle est un "droit à valoir" sur un instrument de crédit accepté comme instrument de crédit. » Mais ce n'est pas de cette manière que Schumpeter apporte la preuve attendue ; il écrit : « Pourquoi alors la monnaie est-elle un instrument de crédit ? Parce qu'elle est un "droit à valoir" sur le seul moyen de paiement qui soit définitif : le bien de consommation. »

Cette formulation ne prouve cependant pas que la monnaie soit un instrument de crédit ; elle introduit comme un *deus ex machina* un élément absent jusqu'ici de la démonstration : le « bien de consommation », affirmant que la monnaie est un « droit à valoir » sur lui.

D'un instrument de crédit, ce que j'appelle une reconnaissance de dette, Schumpeter a dit qu'il est un « droit à valoir » sur de la monnaie, et, remplissant les mêmes fonctions que la monnaie, peut être considéré comme « de la monnaie ». Il nous dit maintenant que la monnaie est un « droit à valoir » sur le « bien de consommation », là où l'on s'attendait à ce qu'il situe la monnaie par rapport à l'instrument de crédit. Mais il apporte une précision essentielle en définissant le *bien de consommation* comme « le seul moyen de paiement qui soit définitif ».

Qu'est-ce à dire ? Je suppose que « définitif » a été traduit de l'anglais *definitive*, mot que nous traduirions par « ultime » plutôt que par « définitif », et que la phrase signifie du coup très probablement que le *bien de consommation* constitue le moyen de paiement au-delà duquel il est impossible d'aller.

Ceci soulève plusieurs difficultés : le bien de consommation est une marchandise et s'il constitue le moyen de paiement « ultime », alors la catégorie de la « monnaie » devient surpeuplée d'une manière on ne peut plus inconfortable ! En effet, l'*argent* était déjà de la *monnaie*, je dirais par définition ; ensuite, comme on l'a vu plus haut, Henry Thornton a proposé au début du XIXe siècle, et à la grande satisfaction de Schumpeter, que les reconnaissances de dette le soient aussi ; et voici que les marchandises sont maintenant appelées à être considérés comme le « moyen de paiement ultime », autrement dit comme la forme « ultime » de la *monnaie*.

On en devine la conséquence : la distinction entre monnaie et marchandise ayant disparu, celle entre troc et paiement disparaît elle aussi automatiquement. Et c'est l'ensemble des échanges économiques qui se transforme en une masse indistincte où le fait que de l'*argent* circule ou non est devenu indifférent.

Revenons à la preuve supposée que la monnaie elle-même est un crédit : « Pourquoi alors la monnaie est-elle un instrument de crédit ? Parce qu'elle est un "droit à valoir" sur le seul moyen de paiement qui soit définitif : le bien de consommation. » C'est la notion de « droit à valoir » qui ferait l'instrument de crédit. Malheureusement, Schumpeter a défini antérieurement la reconnaissance de dette comme le seul cas où un « à valoir » sur quelque chose équivaut à la chose elle-même : « On ne peut chevaucher le droit à un cheval, mais on peut payer avec le droit qu'on a sur de l'argent[1]. » La seule manière « charitable » de sauver sa démonstration serait de définir « instrument de crédit » ou reconnaissance de dette comme « droit à valoir sur un moyen de paiement – compris comme le plus général possible, à savoir la monnaie » ; et « monnaie » comme « droit à valoir sur un moyen de paiement – compris comme le moyen de paiement "ultime", à savoir les marchandises ». Mais le prix à payer pour parvenir à cette conclusion est, comme nous venons de le voir, prohibitif : il faut non seulement confondre les reconnaissances de dette avec la monnaie, mais aussi confondre avec la monnaie tous les biens de

1. *Ibid.*, p. 445.

consommation, autrement dit toutes les marchandises. La seule chose que tous ceux-ci ont en commun est d'avoir un *prix* : une quantité d'unité monétaire qui leur soit associée, et la conclusion à laquelle parvient Schumpeter doit alors être résumée sous une forme triviale, équivalant à un abandon de toute tentative de compréhension des mécanismes monétaires : « Tout ce qui a un prix est monnaie. »

Création monétaire et relations publiques

Je voudrais revenir brièvement sur le sujet que je signalais d'emblée : les banques elles-mêmes préfèrent le plus souvent se réfugier dans le flou artistique sur cette question de la « création monétaire par les banques commerciales », ou, faudrait-il dire, sur la *supposée* « création monétaire par les banques commerciales », et cela pour une raison fort simple : la fragilité des présupposés sur lesquels repose le système tout entier, à propos desquels il vaut mieux, pour sa santé, que les consommateurs s'interrogent le moins possible...

Un passage de *Modern Money Mechanics*[1], un document publié par la Federal Reserve Bank of Chicago et

1. [Voir http://www.truthsetsusfree.com/ModernMoneyMechanics.pdf]

retiré de la circulation en 1977, offre une explication un peu longuette de l'effet multiplicateur dû aux réserves fractionnaires, puis précise :

> « Bien sûr, les prêts ne sont pas vraiment accordés à partir de l'argent qu'elles [les banques] reçoivent en dépôt. Si c'était le cas, aucun argent supplémentaire ne serait créé. Ce qu'elles font, quand elles accordent des prêts, c'est accorder des billets à ordre [reconnaissances de dette] en échange d'un crédit sur les comptes où les emprunteurs passent leurs transactions[1]. »

Pourquoi écrire cela dans un exposé relatif à l'effet multiplicateur dû aux réserves fractionnaires ? Et, surtout, que signifie ce « pas vraiment » dans la phrase : « Les prêts ne sont *pas vraiment* accordés à partir de l'argent qu'elles reçoivent en dépôt » ? Pourquoi ce « pas vraiment » ? On l'apprend aussitôt après : « Si c'était le cas, aucun argent supplémentaire ne serait créé. » Et pourquoi est-il maintenant nécessaire que de l'argent supplémentaire ait été créé ? Pour expliquer qu'il n'y a rien de miraculeux dans l'effet multiplicateur généré par les réserves fractionnaires.

Je pourrais en rester là : dire qu'il s'agit d'une tournure de phrase malheureuse dans un document qui s'adresse non pas à des techniciens, mais à un public curieux de comprendre comment fonctionnent les

1. *Ibid.*, p. 6-7.

dépôts et les prêts dans les banques commerciales. Mais je vais creuser davantage, car il y a plus à lire dans cette phrase : « Les prêts ne sont pas vraiment accordés à partir de l'argent qu'elles reçoivent en dépôt. »

J'ai travaillé dans la banque pendant dix-huit ans et quand je vois un document destiné au public dire : « Ne vous y méprenez pas : l'argent sur votre compte à vue est à l'abri de toute mésaventure ! Oui, nous prêtons de l'argent, mais ne pensez surtout pas que ce soit le vôtre ! Le vôtre est là, il ne bouge pas, reprenez-le quand vous voulez ! Ce que nous faisons, quand vous déposez de l'argent, c'est en créer un clone, et c'est celui-ci que nous prêtons en échange d'une reconnaissance de dettes. » Quand je lis cela, je me dis : « Belle invention ! », qui évite surtout que des esprits imaginatifs, lisant cela, ne se précipitent à leur banque pour retirer leur argent, provoquant ainsi une panique bancaire. On leur dit : « ce n'est pas *vraiment* votre argent qu'on prête », et ils sont moins inquiets !

Disant cela, on rassure ceux qui craignent les paniques bancaires – en leur mentant, en prétendant que ces paniques ne peuvent pas avoir lieu – et on a créé – *ex nihilo* ! – une toute nouvelle catégorie, non plus d'inquiets, cette fois, mais de gens indignés : ceux qui sont maintenant convaincus que les banques commerciales créent de l'argent de toutes pièces plutôt que de prêter celui qui dort sur les comptes courants.

Le document *Modern Money Mechanics* a été retiré de la circulation en 1977, et j'ignore pourquoi : le « pas vraiment » ou le « aucun argent supplémentaire ne serait créé » ont peut-être été jugés malvenus. Malheureusement, le fait qu'il ait cessé d'être diffusé conforte le sentiment, dans une certaine partie de l'opinion, qu'il y avait là un secret bien gardé que la finance avait malencontreusement révélé… et qu'elle s'est efforcée ensuite de dissimuler à nouveau. Ce sont ceux qui partagent ce sentiment qui l'ont remis en circulation sur l'Internet. Pascal a dit : « Qui veut faire l'ange, fait la bête » – mais il ne connaissait pas le document de la Federal Reserve Bank of Chicago !

Création monétaire et intérêts

Si je prête de l'argent à quelqu'un parce que son salaire est insuffisant pour nourrir sa famille, et que je lui réclame des intérêts, je ferais certainement mieux de m'en abstenir et, à tout prendre, cet argent, il vaudrait beaucoup mieux que je le lui donne, puisqu'il est clair que, si je peux le lui prêter c'est parce que j'ai la possibilité, pour ma part, de m'en passer. Mais ce n'est malheureusement pas de cette manière-là que nous fonctionnons : nous vivons dans un monde où nous sommes entourés d'hommes, de femmes et d'enfants qui n'ont pas assez à manger, alors que nous avons, nous, de l'argent « à placer », c'est-à-dire de l'argent en trop (l'excuse est toujours, bien entendu, qu'il s'agit d'argent réservé « pour l'avenir de nos enfants »), et que ça ne nous empêche nullement de dormir paisiblement la nuit.

Imaginons que vous soyez persuadé que, dans le cas du prêt à la consommation, le versement d'intérêts débouchant sur un profit pour le banquier, c'est-à-dire outrepassant ses frais de gestion et la prime de risque, est une chose néfaste et inacceptable. Vous êtes parvenu à cette conclusion par un raisonnement semblable au mien, ou en ayant été convaincu par les arguments de l'une des religions qui prêchent ce message : le christianisme des débuts ou bien l'islam, par exemple.

Vous vous penchez maintenant sur l'histoire de l'économie, et vous constatez avec tristesse que toutes les tentatives d'éradication de la pratique du prêt à intérêts se sont soldées par un échec. Vous menez l'enquête à la recherche de coupables.

Nous venons d'évoquer longuement ceux qui considèrent qu'il est du pouvoir des banques commerciales de « créer de la monnaie *ex nihilo* ». Il pourrait s'agir, chez ces personnes, d'une opinion indifférente, mais ce n'est pas le cas : les partisans de la création monétaire *ex nihilo* ne l'évoquent jamais, comme nous l'avons vu, sans la dénoncer comme le « scandale » qu'elle constituerait : il n'est jamais question pour eux de « création monétaire », mais toujours du « scandale de la création monétaire *ex nihilo* ».

Si la « création monétaire *ex nihilo* » était mentionnée seulement en soi, sans scandale à dénoncer parallèlement, je dirais à ceux qui l'invoquent : « Vous envisagez la monnaie comme un système clos, et quand elle augmente, vous criez au miracle. Or, c'est un système ouvert : nous faisons des paris sur l'avenir, nous avançons de l'argent à celui qui va créer de la richesse et nous lui réclamons (en sus du remboursement de la somme avancée) une partie de cette richesse créée, que nous appelons *intérêts* (ou *dividendes* quand il s'agit d'actions), comme provision pour le risque que nous avons pris en lui faisant confiance, et comme profit pour nous puisque c'est après tout grâce à notre bel argent que cet accroissement de richesse a pu avoir lieu. »

Mais il se fait que, pour ce qui touche aux intérêts, la question de savoir s'il y a ou non création monétaire par les banques commerciales n'est nullement indifférente. Voyons pourquoi :

Première hypothèse : les banques commerciales créent de la monnaie *ex nihilo*. Alors le mécanisme est simple : elles perçoivent des intérêts sur ces flux créés à partir de rien, et les banquiers sont seuls responsables de ces intérêts dont ils perçoivent la totalité et dont vous rejetez absolument la légitimité.

Seconde hypothèse, très différente de la première : les banques jouent un rôle d'intermédiation, elles mettent en contact ceux qui ont des fonds en excès et ceux à qui ils manquent et pour qui ces mêmes fonds sont susceptibles de servir de capital ; elles reçoivent les intérêts versés par les emprunteurs et les reversent aux prêteurs. Elles versent moins aux prêteurs que ce qu'elles reçoivent des emprunteurs : une part du taux réclamé vise à couvrir leurs frais ; une autre, la *marge bancaire*, leur assure un profit qui rémunère la fonction d'intermédiation qu'elles procurent. Dans un système où les intérêts n'existeraient pas, la *marge bancaire* serait remplacée par une simple commission.

Dans cette seconde hypothèse, les bénéficiaires des intérêts sont les prêteurs : les investisseurs, les épargnants, les pourvoyeurs en capital, c'est-à-dire les « capitalistes ».

Imaginons maintenant que vous souscriviez initialement à la première hypothèse, celle de la « création monétaire *ex nihilo* », mais que la seconde vous paraisse désormais la plus vraisemblable. La situation est frustrante : vous cherchiez des coupables et vous les aviez trouvés : « les banquiers », un petit groupe aisément circonscrit et dont vous ne faites pas partie. La seconde hypothèse vous propose à la place un groupe énorme, diffus à l'intérieur de l'ensemble de la population, allant du plus gros financier au plus petit épargnant. Pis : pour peu que vous possédiez un livret d'épargne ou quelques actions, vous êtes vous-même un « petit rentier », un « petit spéculateur », c'est-à-dire un des coupables.

VII

Le rôle des banques centrales

« Un gouverneur récent de la Federal Reserve (Alfred Hayes) a noté qu'"une bonne politique monétaire dépend de notre admission du peu que nous sachions [à propos de la gestion de la monnaie]". Il existe des arguments solides à l'encontre d'une stratégie où l'on fait dépendre son sort d'un instrument ou d'une innovation dont les implications sont nombreuses mais mal comprises. Les exemples de l'énergie atomique, du transport supersonique et du gaz fréon viennent immédiatement à l'esprit. »

John K. Galbraith, *Money.*

Les banques centrales

Tout ce qui a un prix est en principe susceptible d'être mis en vente et donc acheté, c'est-à-dire échangé pour une somme d'argent. Imaginons que tout ce qui a un prix soit vendu dans la même journée. Une telle opération exigerait que de l'argent soit disponible à hauteur de la somme totale. Ce qui représenterait une somme gigantesque. Imaginons, au lieu de cela, que tout ce qui a un prix soit vendu au cours d'une vente étalée sur une année entière. Imaginons que le premier jour de cette année-là, 1/365e de tout ce qui existe soit vendu, et de même le lendemain, ainsi que le jour suivant, etc. Seule une somme beaucoup plus faible que celle devant être mobilisée pour une vente ayant lieu sur une seule journée serait nécessaire, puisque l'argent ayant servi aux transactions qui ont eu lieu le premier jour serait à nouveau disponible pour celles qui auraient lieu le jour suivant. On a affaire à quelque chose du même ordre dans l'économie réelle : les transactions qui ont lieu un jour donné ne portent pas sur le monde dans sa totalité et sa valeur entière ne doit pas être mobilisable en permanence sous forme d'argent. Mais quelle est la portion qui doit être mobilisable ? Il est à l'évidence extrêmement difficile de le préciser, mais nous avons vu que c'est une question du même ordre qui doit être résolue à propos des sommes que les banques doivent posséder en permanence en réserve pour faire face aux retraits des clients sur leurs comptes courants. De tels nombres sont déterminés empiriquement, et ce sont les aspects des mécanismes monétaires de cette nature qui font que, bien que chacun ait une excellente compréhension intuitive de la manière dont l'argent fonctionne, il est on ne peut plus malaisé, pour quiconque, de se faire une représentation correcte de son fonctionnement global, en raison du nombre énorme d'éléments en interaction.

Avant d'évoquer les banques centrales, j'ai commencé par parler des banques commerciales parce que nous en avons une expérience immédiate à travers les services que nous obtenons d'elles : les comptes courants et les instruments que nous utilisons pour transférer l'argent déposé sur ces comptes, le chèque, le virement et la carte bancaire. Les banques centrales, nous en avons entendu parler, mais, pour la plupart d'entre nous, aucune occasion ne se présente jamais d'avoir directement affaire à elles. Cela ne veut cependant pas dire que leurs activités n'ont pas d'impact sur nous et notre existence quotidienne.

Expliquons d'abord en quelques mots le rôle qu'elles jouent, et nous examinerons ensuite de quelle manière cela influe sur notre vie.

Les banques centrales émettent ce que j'ai pris l'habitude ici d'appeler l'argent : les pièces au fond de ma poche et les billets glissés dans mon portefeuille. L'expression consacrée à leur propos est, nous l'avons déjà vu, celle de « monnaie fiduciaire ». Le mot *fiduciaire*, de latin *fides*, confiance, renvoie au fait que l'objet lui-même, le billet ou la pièce, est fait de papier ou de vil métal (nickel, cuivre) dont la valeur est très inférieure à la somme indiquée sur lui, qui est celle de son calibrage. Le cas serait très différent pour une pièce d'or poinçonnée qui vaudrait exactement, une fois fondue et présentée à un orfèvre, la somme inscrite sur elle. Les pièces et les billets constituant la monnaie fiduciaire n'ayant pas de valeur en soi exigent, pour fonctionner dans le contexte d'une société, que chacun accepte la fiction qu'elles « valent » bien la valeur inscrite sur elle dans les échanges de la vie quotidienne, quelle que soit la valeur réelle de leur support de nickel, cuivre ou papier.

Les banques centrales sont dans un dialogue permanent avec les banques commerciales, les obligeant à maintenir auprès d'elles certaines réserves, d'une part par rapport aux crédits qu'elles accordent, les *réserves fractionnaires*, que nous avons déjà longuement évoquées, retenues sur un compte spécialement prévu à cet effet (compte de réserve), obligatoirement ouvert par elles auprès de leur banque centrale nationale, et dont le but est de permettre aux clients de la banque de déposer en confiance leur argent sur leur compte courant sans craindre le risque d'une panique bancaire ; d'autre part, de manière plus générale, par rapport à leur solvabilité, les réserves définies par le *ratio de solvabilité*. Par ailleurs, les banques commerciales sont tenues de régler les opérations entre elles et la banque centrale par un moyen particulier : en *monnaie centrale*, monnaie aujourd'hui électronique et donc *dématérialisée*. De la même manière, les opérations entre banques commerciales doivent elles aussi être réglées en *monnaie centrale*.

Comment obtient-on de la *monnaie centrale* ? La banque centrale émet sa monnaie en *prenant en pension* des titres que lui apportent les banques commerciales. L'expression « mettre en pension » signifie simplement que les banques commerciales mettent ces titres en gage auprès de leur banque centrale et reçoivent en échange des fonds représentant une fraction de la valeur nominale de ces titres. La notation en termes de risque de crédit de ces titres mis en pension doit être égale ou supérieure à un niveau plancher fixé légalement, et l'on a constaté, à partir du moment où intervenait un tarissement du crédit, à l'été 2007, que les États abaissaient ce niveau plancher au fur et à mesure que la crise s'aggravait. Le dépôt et le retrait de billets ou de pièces par une banque commerciale à sa banque centrale correspondent à une vente ou à un achat réalisés en monnaie électronique *via* un de ses comptes en banque centrale.

Parmi les autres tâches des banques centrales figure celle d'assurer la stabilité de la monnaie, c'est-à-dire la stabilité de son pouvoir d'achat, tâche dont elles s'acquittent de deux manières : d'une part, par l'intermédiaire des taux d'intérêt, en fixant le niveau du *taux directeur*, le taux au jour le jour auquel elle est disposée à prêter aux banques commerciales ; d'autre part, par l'intermédiaire de la dette de l'État, en vendant et en achetant des obligations émises par lui, ce qui lui permet d'agir sur les niveaux des taux d'intérêt correspondant aux différentes maturités de ces obligations (1 an, 5 ans, 10 ans, 30 ans…). Le mécanisme en est le suivant : si la banque centrale est acquéreuse de ces obligations, elle en augmente la demande et contribue, du coup, à en augmenter le prix par le simple jeu de l'offre et de la demande. Un prix plus élevé, pour un titre dont le coupon est fixé, équivaut de fait à abaisser le rendement effectif de cette obligation, signifiant qu'elle devient, de fait, l'équivalent d'une obligation de coupon moins élevé. Cela n'est pas évident, mais se comprend aisément à l'aide d'une illustration.

Nous partons d'une obligation de maturité 1 an et de coupon 7 %. Elle se vend lors de son émission par le gouvernement 100 € et sera remboursée dans un an 107 € : 100 € de principal et 7 € d'intérêts. Voici maintenant que la demande augmente du fait que la banque centrale est acheteuse de cette obligation en large quantité.

Son prix sur le marché secondaire passe à 101 €. Le marché secondaire est celui où ces obligations se revendent et s'achètent, tandis que le marché primaire était, dans ce cas-ci, celui où l'on pouvait acheter ces obligations au moment de leur émission par l'État. Voici donc qu'une obligation, qui sera remboursée au bout d'un an 107 €, s'achète désormais pour 101 €. Quel est son rendement ? Autrement dit, quel est le coupon d'une obligation dont le principal est de 101 € et dont les intérêts se montent à 6 € (pour reconstituer le total des 107 € qui seront récupérés à l'échéance) ? La réponse s'obtient par une simple division : 6 € / 101 €, soit 5,94 %.

Lorsque, au contraire, la banque centrale vend des obligations en grande quantité, le mécanisme agit en sens inverse : l'augmentation de l'offre contribue à déprimer le prix. Cette fois, l'obligation ne se vend plus que pour 99 €. Il s'agit toujours d'un titre qui sera remboursé 107 € à l'échéance. Son rendement est cette fois celui d'une obligation dont le principal aura été payé 99 € et dont les intérêts seront de 8 € (pour reconstituer une fois encore le total des 107 € qui seront récupérés à l'échéance). Le calcul du rendement s'opère de la même manière : le coupon effectif est de 8 € / 99 €, soit 8,08 %. Si l'État décide une nouvelle émission obligataire à un an, c'est ce nouveau taux – le taux effectif auquel la dette de l'État de cette maturité se traite sur les marchés – qui fera foi.

Notons la différence capitale dans la manière dont les banques centrales influent sur les taux d'intérêt selon qu'ils sont à court ou à long terme. Pour ce qui touche aux taux courts, il est de leur prérogative de fixer le taux au jour le jour ; pour le déterminer, ses dirigeants se réunissent périodiquement et décident, lors de leur réunion, s'ils envisagent de modifier le taux en vigueur et, si oui, de combien. À l'issue de la réunion, la décision est communiquée à la presse et l'on apprend, par exemple, que la Banque centrale européenne a fait passer le taux directeur de 2,5 % à 2,75 %, ou bien a décidé de ne pas le modifier, etc. Dans le cas des taux longs, le mécanisme est beaucoup plus indirect et le résultat beaucoup plus aléatoire. La banque centrale se fixe par exemple pour objectif de faire monter le taux d'intérêt à dix ans : elle vend en grande quantité des obligations de cette maturité dont le prix se déprime alors, ce qui a pour effet, comme nous l'avons vu, de faire grimper la valeur du coupon effectif de ces obligations. Cela dit, ce n'est pas là une science très exacte, car on ne saurait dire avec certitude combien de ces obligations devront être vendues pour que le taux atteigne un niveau particulier. Tout dépend de ce qu'on appelle l'« élasticité » du marché : sa sensibilité du point de vue du prix à une offre plus élevée ou à une demande plus élevée. Dans un cas comme celui-ci, si la banque centrale a pour objectif un taux de marché spécifique pour les obligations à dix ans, il lui faudra continuer d'en vendre jusqu'à ce que ce niveau soit effectivement observé sur le marché secondaire des instruments de dette.

Dans certains pays, la banque centrale est chargée de maintenir non seulement la stabilité de la monnaie, mais aussi celle de l'emploi ; c'est le cas en particulier aux États-Unis : un document signé du Conseil des gouverneurs de la Federal Reserve Bank (la Fed) stipulait en 1963 que : « Il est généralement admis aujourd'hui que l'objectif principal du Système est d'encourager la croissance à un haut niveau d'emploi, grâce à un dollar stable[1]. » Le fait qu'il soit nécessaire de distinguer stabilité de la monnaie et plein emploi souligne que les deux ne coïncident pas automatiquement. D'ailleurs, comme nous le verrons, en raison des rapports de forces existant au sein de l'édifice social – indépendamment de l'action des banques centrales –, les efforts de stabilité favorisent, dans l'ordre, les investisseurs ou capitalistes, les dirigeants d'entreprises ou patrons, au détriment des derniers : salariés ou travailleurs.

1. J. K. Galbraith, *op. cit.*, p. 145.

La conditionnalité des masses monétaires

Le système des réserves obligatoires « fractionnaires » a été inventé, nous l'avons compris, pour permettre une fonction d'intermédiation aux banques : intermédiation entre ceux qui disposent de plus d'argent qu'ils n'en ont un besoin immédiat et ceux qui en ont moins qu'ils ne pourraient utiliser, et ce soit comme avances pour la production, soit comme fonds à consacrer à des biens de consommation, soit encore comme fonds à consacrer à la spéculation pure et simple, c'est-à-dire utilisés dans des paris. Une fois le principe des réserves obligatoires « fractionnaires » accepté, deux personnes peuvent imaginer posséder les mêmes sommes d'argent, et on s'autorise du coup à les compter deux fois. Les différents comptes des masses monétaires (M_0, M_1, M_2, M_3) consistent ainsi à compter de multiples fois les même sommes, une fois par personne qui suppose y avoir accès d'une manière ou d'une autre. La forme que prend cet accès est ce qu'on appelle la « liquidité » : plus il est compliqué (et du coup hasardeux, car multipliant le risque de non-remboursement) et plus il prend de temps à « détricoter », moins il est « liquide ».

Les « masses monétaires », les agrégats M_1, M_2, M_3, représentent l'addition des montants associés aux reconnaissances de dette et aux titres, chacun représentant des traces de transactions ou de combinaisons de mentions de transactions passées et à venir. Un indice des masses monétaires élevé (M_0, M_1, M_2, M_3) indique que l'on parle de reconnaissances de dette de moins en moins liquides, c'est-à-dire qu'il est de plus en plus malaisé de retransformer en argent, parce qu'il faut d'abord obtenir cet argent de quelqu'un d'autre avant de pouvoir le verser à celui qui le réclame, et la chaîne peut être très longue, ce dernier devant peut-être se tourner lui aussi d'abord vers un tiers. En période de crises, ces chaînes se cassent bien entendu et les masses monétaires fondent.

Voici les définitions couramment admises de ces masses monétaires, certaines différences pouvant exister de pays à pays :

M_0, ce sont les billets, les pièces et les réserves des banques commerciales auprès de leur banque centrale.

M_1 correspond aux billets, pièces et dépôts à vue.

M_2 correspond à M_1 auquel s'ajoutent les dépôts à termes inférieurs ou égaux à deux ans, et les dépôts assortis d'un préavis de remboursement inférieur ou égal à trois mois (par exemple, pour la France, le livret jeune ou le Codevi, les livrets A et bleu, le compte d'épargne logement, le livret d'épargne populaire…).

M_3 correspond à M_2 plus les instruments négociables sur le marché monétaire émis par les institutions financières monétaires (FIM), et qui représentent des avoirs dont le degré de liquidité est élevé, avec peu de risque de perte de capital en cas de liquidation (OPCVM, certificat de dépôt...).

M_4 correspond à M_3 plus les bons du Trésor, les billets de trésorerie et les bons à moyen terme émis par les sociétés non financières.

L'intérêt essentiel du calcul de ces masses monétaires est que leur volume constitue un baromètre : plus le volume de M_2 est grand par rapport à celui de M_1, et plus celui de M_3 est grand par rapport à celui de M_2, plus le système financier est dégradé, parce que sa fragilité est plus grande, chacune des transactions à venir, partie de cet immense édifice, étant exposée au risque de ne jamais se réaliser, car dépendant de la solvabilité de l'auteur de la reconnaissance de dette. L'outil analytique pour la monnaie que je tente de mettre au point, et dont j'indique l'intention générale en appendice, vise à nous permettre rapidement d'y voir beaucoup plus clair.

Développons tout cela, ce qui nous offrira au passage l'occasion de clarifier la notion de « liquidité » que je viens d'évoquer. Le thème récurrent sera celui de l'anticipation et de la conditionnalité – conditionnalité liée au fait que, comme nous l'avons déjà vu, une reconnaissance de dette représente de l'argent, mais sous une forme conditionnelle : à condition que l'emprunteur soit à même de la rembourser ; anticipation parce que, quand nous pensons à l'argent, nous mélangeons allègrement celui dont nous disposons aujourd'hui et celui dont nous disposerons un jour.

Eusèbe trouve qu'il a tant plu cette année qu'il pleuvra sans doute le 14 juillet. Il dit à Casimir : « Je te parie qu'il pleuvra le 14 juillet ! – Chiche ! lui répond celui-ci. Tu paries combien ? – Deux cents euros ! » dit Eusèbe. Ils sont chacun très sûrs de leur coup et expliquent à leurs épouses respectives qu'ils seront plus riches de 200 € le 15 juillet. Celles-ci leur répondent en chœur (mais séparément, bien sûr) : « Je vais enfin pouvoir m'acheter ce robot ménager auquel j'ai tant rêvé ! » Elles se rendent au magasin et s'en enquièrent. Le marchand n'a plus rien en stock. Il appelle le grossiste dont le stock est également épuisé. L'appel finit par remonter à la source et la production repart pour dix mille unités de l'appareil électroménager dans la province du Guangdong.

Une production de richesse impressionnante sans aucun doute, mais de combien ? Deux robots culinaires à 200 € pièce, cela fait 400 €. Bien sûr, mais en additionnant les deux prix nous nous contentons d'entériner le sentiment des deux ménagères. Dans la perspective de Maurice Allais, que je citais plus haut à propos des réserves fractionnaires et qui écrivait que : « Le détenteur d'un dépôt auprès d'une banque le considère comme une encaisse disponible, alors que, dans le même temps, la banque a prêté la plus grande partie de ce dépôt qui, redéposée ou non dans une banque, est considérée comme une encaisse disponible par son récipiendaire. » Nous en sommes là au niveau des « considérations » : les deux ménagères « considèrent » qu'elles disposeront chacune de 200 € le 15 juillet, or il n'en est rien, ce ne sera en réalité qu'une seule des deux au maximum qui en disposera. Mais est-ce que cela compte ? En fait, nous apprenons maintenant que la production de 10 000 robots ménagers au Guangdong n'aurait pas été relancée par une seule demande d'une unité supplémentaire, mais par deux. C'est la double anticipation – irréaliste – qui a fait la différence.

Or, j'ai bien dit « une seule des deux au maximum en disposera ». « Au maximum » parce que admettons que j'apprenne de source sûre que ni Eusèbe ni Casimir ne disposent des 200 € dont ils devraient s'acquitter s'ils perdent leur pari le 15 juillet, l'un des deux se verra forcé de présenter de plates excuses à l'autre et ce pari, qui paraissait pouvoir dégager potentiellement 400 €, mais effectivement seulement 200 €, ne représentait en réalité aucune somme. Par lui, Eusèbe et Casimir s'étaient accordé respectivement des reconnaissances de dette à terme, et celles-ci, pour pouvoir se transformer en argent, dépendaient de la capacité de nos deux compères à s'en acquitter. Opération à terme, ce qui veut dire anticipation. Capacité à rembourser, c'est-à-dire conditionnalité.

« C'est là, en raccourci, toute l'histoire de la crise ! » vous écriez-vous. Hé oui : vous avez parfaitement raison ! Qu'aurait-il fallu faire pour que le calcul soit exact – ou en tout cas une bien meilleure approximation – dès le départ ? Tenir compte de la probabilité que les sommes soient versées. L'erreur a été au départ d'assigner aux « considérations » des deux dames une probabilité de 100 %, reflétant le fait qu'elles étaient sûres toutes deux qu'elles pourraient acheter l'instrument électroménager en question. Comme il s'agit d'un pari, la seule chose qui soit certaine (pour autant que l'événement sur lequel porte le pari soit, lui, certain de se produire), c'est que l'un OU l'autre gagnera ; c'est donc cette occurrence combinée, « l'un OU l'autre », qui a valeur de 100 %, et c'est le total des chances des deux parieurs qui doit se partager ce 100 %. Par exemple, 50 % et 50 %, ou 76 % et 24 %, etc. Si l'on multiplie le gain possible de 200 € par le pourcentage approprié, on trouve la somme correcte de gain possible : (200 € × 76 %) + (200 € × 24 %) = 152 € + 48 € = 200 €.

Les 50 %, 76 %, 24 % représentent les chances objectives qu'il pleuve ou ne pleuve pas un 14 juillet, calculées par exemple à partir des données historiques sur 300 ans… Ces chances objectives sont, sinon la mesure exacte, du moins l'attente « rationnelle », c'est-à-dire la valeur que l'on peut assigner à l'anticipation faite par l'un et l'autre parieurs au sein du contexte que constitue notre connaissance du monde.

Il faut maintenant faire intervenir la probabilité que les parieurs puissent s'acquitter de la somme qu'ils devront, ce qu'on appelle dans le jargon financier le « risque de contrepartie ». Disons que 24 % soient la cote d'Eusèbe, sa chance objective de gagner en raison de facteurs climatiques, et disons qu'il dispose de l'argent nécessaire pour régler son pari s'il le perd, ce qui n'est pas le cas de Casimir ; alors, le meilleur calcul que nous puissions faire actuellement sur la somme échangée est celui-ci :

0 % × (200 € × 76 %) + 100 % × (200 € × 24 %) = 48 €.

On peut aussi envisager la question du prix d'un produit financier dans cette perspective en faisant intervenir le risque de contrepartie, autrement dit la probabilité d'être remboursé de la somme que l'on a prêtée, ou de se voir verser les intérêts dus.

Warren Buffett, investisseur insigne et milliardaire américain, a proposé en mars 2009, dans le cadre d'une émission télévisée sur la chaîne CNBC, de suspendre la « cote-au-marché » (*marked-to-market*), pour les établissements financiers dans le calcul des réserves qu'ils doivent maintenir pour respecter un *ratio de solvabilité* imposé par leurs autorités de tutelle.

La « cote-au-marché » d'un produit, c'est le prix que quelqu'un est disposé à payer pour lui à un moment précis sur un marché, indépendamment de la quantité impliquée. Dans le contexte de la crise financière, et pour la plupart des produits financiers, leur « cote-au-marché » est malheureusement très dépréciée. L'idée qui sous-tend la suggestion de W. Buffett est que si les banques sont forcées de se refinancer massivement, c'est parce que les calculs conduisant au montant que représente ce *ratio de solvabilité* se font sur la base de chiffres dépréciés « marqués-au-marché », c'est-à-dire dans le contexte existant alors, pratiquement « à la casse ».

J'ai déjà évoqué cette question relative aux deux manières de déterminer un prix dans un de mes ouvrages précédents : *L'Implosion*[1]. En quelques mots, la « cote-au-marché » est un « vrai » prix, puisqu'on peut véritablement l'obtenir pour le produit en question ici et maintenant, tandis que la « cote-au-modèle » (*marked-to-model*) est un prix calculé sur une base « théorique ». J'ai défendu l'idée qu'il s'agit, pour cette dernière, d'une approche essentiellement « additive » du prix, où l'on commence en fait par décomposer le produit en ses différents éléments, dont on additionne ensuite les prix respectifs pour définir le prix comme le total de ceux-ci.

Mais il existe une autre dimension de la « cote-au-modèle » qui m'avait alors échappé : la raison pour

1. P. Jorion, *L'Implosion*, Paris, Fayard, 2008, p. 188-199.

laquelle la « cote-au-modèle » donne un chiffre plus favorable que la « cote-au-marché » est que, si celle-ci pose bien indirectement la question du prix des différentes composantes du produit, elle oblige cependant à les considérer dans la simultanéité du moment présent, alors que la « cote-au-modèle » envisage chacun des flux monétaires à venir dans un contexte optimal qui les maximise et – c'est là le point essentiel – en mettant entre parenthèses la question épineuse de la solvabilité, à l'époque envisagée, des parties impliquées. La « cote-au-marché » est beaucoup plus réaliste de ce point de vue : du fait qu'elle oblige à envisager une transaction ici et maintenant, elle tient compte de la solvabilité et, surtout, dans le contexte d'une crise, de l'insolvabilité des parties impliquées.

Ceci revient à dire que ce que W. Buffett proposait avec sa mise au rencart de la « cote-au-marché », c'était que les banques fassent leurs comptes en situant tous les paiements à venir dans un temps édénique où chacun, comme au bon vieux temps, serait à même de rembourser tout l'argent qu'il doit. « Nous sommes en plein cauchemar, dit-il en substance, retournons en pensée à l'Âge d'or où tout allait encore bien et… tout redeviendra comme avant ! »

Si l'on examine les définitions des masses monétaires d'indice ascendant, de M_0 à M_3, on s'aperçoit qu'elles contiennent des sommes d'argent d'accès de plus en plus malaisé, et donc de moins en moins liquide, puisque telle est la définition de la liquidité. À chaque nouveau niveau dans la difficulté de cet accès, de nouveaux intermédiaires apparaissent dans la récupération des sommes dues, et, du coup, de nouveaux risques de contrepartie. Ce que cela signifie dans la perspective que nous avons adoptée d'envisager l'argent qu'on nous doit en termes de valeur objective de l'anticipation que nous avons de le récupérer – en pondérant les sommes dues par la probabilité qu'elles soient un jour remboursées –, c'est qu'à chaque nouveau maillon s'insérant dans la chaîne existant entre nous et le dépositaire actuel de la somme il faut multiplier la somme espérée par un pourcentage inférieur à 100 %, c'est-à-dire la multiplier par un facteur qui en fait baisser le montant.

Accordons-en une illustration pour rendre ce mécanisme plus intuitif : on me doit 100 € ; la personne qui me les doit est tout à fait fiable, mais elle doit elle-même les récupérer d'abord d'une personne dont les chances qu'elle les lui rende ne sont que de 90 % et qui doit elle-même d'abord les réclamer d'une autre personne dont les chances qu'elle les rende à celle-ci ne sont que de 80 %. Quelle est la somme que je peux espérer recevoir ? Dans les faits, il n'y a bien entendu que deux cas : je recevrai 100 € si les deux remboursements préalables ont bien lieu, et 0 € si l'un des deux au moins n'a pas lieu (un seul manquement suffirait à interrompre la chaîne), mais la valeur objective du paiement – valeur « statistique » moyenne qui serait obtenue sur de nombreuses situations similaires – est de 100 € × 90 % × 80 % = 72 €.

Et c'est cela que la notion de liquidité, ou plutôt d'« illiquidité », d'absence de liquidité, signifie : la valeur objective de la somme due diminue au fur et à mesure que l'illiquidité augmente. On aura compris d'emblée ce qui se passe en temps de crise : les 90 %, 80 %, mentionnés dans l'exemple précédent comme probabilité de récupérer la dette diminuent au fur et à mesure que le risque de contrepartie augmente à chaque nouvelle contrepartie intervenant dans la chaîne. Du coup, alors qu'en temps d'euphorie, c'est-à-dire en temps de « bulle », les montants des masses monétaires M_1, M_2 ou M_3 peuvent s'envoler, parce que les reconnaissances de dette se multiplient et les chaînes des dettes liant ces contreparties s'allongent, en temps de crise le risque de non-remboursement augmente et le risque que les chaînes soient interrompues en un endroit quelconque de leur parcours augmente, faisant en sorte que le montant de ces masses se dégonfle, les rapprochant à la baisse du volant de la monnaie « objective », celle qui n'est pas « médiate », non fondée sur des chaînes de reconnaissances de dette, mais « immédiate », fondée sur la « monnaie fiduciaire », l'argent sonnant et trébuchant que l'on est susceptible d'avoir au fond de sa poche sous forme de pièces ou dans son portefeuille sous forme de billets.

Banques centrales et masses monétaires

Vous vous souvenez du grand-duché de Gerolstein, dont la grande-duchesse est immortalisée par Jacques Offenbach ? Eh bien, j'ai décidé de m'intéresser à l'histoire bancaire du Gerolstein, et dans les pages qui suivent, je vous rapporterai différents faits que j'ai pu glaner.

La banque centrale du Gerolstein fut fondée en 1853 ; la Banque commerciale du Gerolstein (BCG) existait, elle, depuis 1812. La monnaie officielle du pays est le florin gerolsteinois créé en 1853, qui remplaça un ensemble de monnaies diverses. Le florin fut émis en 1853 à hauteur de 100 millions. Il n'existait bien entendu pas de monnaie électronique à l'époque et toutes les transactions se faisaient en florins : lors des règlements entre la BCG et la banque centrale, les billets se transportaient dans des valises, et les pièces dans des seaux.

En 1854, 50 millions de florins étaient déposés à la BCG sur des comptes courants. La banque avait le droit de prêter l'argent sur ces comptes, ce qu'elle ne se privait pas de faire. La banque centrale du Gerolstein imposait des réserves obligatoires « fractionnaires » de 10 %, et 5 millions de florins se trouvaient donc sur un compte de la BCG auprès de la banque centrale du Gerolstein.

Siegfried von Grossmacht, le chancelier gerolsteinois, ayant voulu connaître la masse monétaire du grand-duché, il lui fut expliqué que M_0 se montait à 105 millions de florins, et M_1 à 155 millions. Comme il n'y avait que 100 millions de florins en circulation, il voulut qu'on lui explique les deux sommes, ce qui fut fait lors d'une réunion houleuse présidée par Werner von Grossgeld, gouverneur de la banque centrale.

M_0, lui expliqua-t-on, est constitué de la monnaie fiduciaire (billets + pièces) et des réserves sur un compte banque centrale. La monnaie fiduciaire se monte, comme on l'a vu, à 100 millions de florins, dont 50 millions déposés sur des comptes courants, forçant, lorsqu'ils sont prêtés, à ce que 5 millions de florins soient mis en réserve sur un compte de la BCG auprès de la banque centrale du Gerolstein, donc total : 105 millions. Au sein de cette somme, 5 millions de florins sont comptés deux fois : une fois en tant que monnaie fiduciaire et une deuxième fois en tant que réserve sur un compte banque centrale. On a donc 95 millions comptés une seule fois, plus 5 millions comptés deux fois : 95 + (5 x 2) = 105 millions.

M_1, lui expliqua-t-on, c'est la monnaie fiduciaire plus l'argent figurant sur des comptes courants, soit 100 millions plus 50 millions, égale 150 millions. L'explication détaillée est la suivante : 50 millions des 100 millions de monnaie fiduciaire en circulation sont déposés à la banque, 50 autres ne le sont pas ; comptons d'abord ces derniers. Les 50 restants sont comptés deux fois : une fois en tant que partie des 100 millions de monnaie fiduciaire en circulation, et une deuxième fois en tant que dépôts sur un compte courant. D'où : 50 + (50 x 2) = 150.

« À quoi servent ces coupages de cheveux en quatre ! » s'écria alors Grossmacht en colère. « Ils sont cruciaux, lui répondit Grossgeld sans se départir de son flegme, et ceci, en raison de… »

Masses monétaires et intérêts

« … en raison de ce qui se sera passé au bout d'un an ! » Et le gouverneur de la banque centrale entreprit d'expliquer où les finances gerolsteinoises en seraient à la fin de l'année : « Il faut que vous compreniez, dit-il, que notre banque centrale n'est pas chiche, et bien qu'elle exige de la BCG qu'une fraction de l'argent déposé sur ses comptes courants soit conservée sur un compte auprès d'elle, elle rémunère ces fonds en versant à la BCG des intérêts au prorata des fonds déposés. » Il expliqua encore que le taux d'intérêt qui s'appliquait à ces sommes était de 5 %.

Vint le tour de parole de Günther von Münze, patron de la BCG, qui expliqua que les emprunteurs éventuels se pressaient en foule et que sa banque prêterait sans doute au cours de l'année l'ensemble des fonds présents sur les comptes courants de ses clients au taux très satisfaisant, celui-là, de 10 %. Au total, la BCG se retrouverait en fin d'année avoir touché en intérêts 4,75 millions de florins se décomposant ainsi : 4,5 millions représentant 10 % des 45 millions figurant sur des comptes courants, prêtés à des emprunteurs, et 250 000 florins représentant 5 % des 5 millions figurant sur un compte de la BCG à la banque centrale que la BCG recevrait de celle-ci.

Le chancelier Grossmacht se calma quelque peu à l'annonce de ces chiffres impressionnants et, s'adressant à Grossgeld, lui dit : « Je sais ce que vous allez m'annoncer maintenant : que les masses monétaires auront changé, mais j'aimerais que vous me disiez comment ! »

Le président de la banque centrale gerolsteinoise commença par lui expliquer que le versement d'intérêts par les emprunteurs l'avait conduit à ajouter un service à ceux que la BCG proposait déjà, à savoir des comptes épargne où les clients de la banque pourraient déposer les sommes dont ils n'ont pas un besoin immédiat et où, à condition qu'ils s'engagent pour une période minimale, leurs dépôts seraient rémunérés. Ainsi les intérêts perçus par la BCG sur les prêts consentis à partir des comptes courants seraient distribués à ses dirigeants qui, étant précisément parmi ceux n'ayant pas un besoin immédiat de ces sommes, les déposeraient sur de tels comptes épargne.

« Passons aux masses monétaires ! Les masses monétaires, s'il vous plaît ! s'impatientait maintenant le chancelier.

– Il faut encore que je vous précise que M_2 se définit comme M_1 à quoi on ajoute les montants déposés sur des comptes épargne, précisa Grossgeld.

– Passons, passons ! Les masses monétaires ! dit le chancelier en tapotant nerveusement la table des doigts de sa main gauche.

– Je vous rappelle que nous avons à ce jour une masse monétaire M_0 s'élevant à 105 millions. En effet, bien que la banque centrale de Gerolstein n'ait émis que 100 millions de florins, le fait que 5 millions de ces florins se retrouvent en banque centrale comme réserves obligatoires "fractionnaires" pour les 50 millions figurant sur des comptes courants oblige à les compter une seconde fois. M_1 s'élève, elle, à 150 millions pour la bonne raison que, bien que les dépôts aient consisté en bons florins gerolsteinois émis par notre banque centrale, la définition de M_1 oblige à compter cet argent une deuxième fois dès lors qu'il est déposé sur un compte à vue. Examinons maintenant la situation telle qu'elle se présentera à la fin de l'année. »

Tous les présents étaient désormais suspendus à ses lèvres.

« Comme vous le savez, la population gerolsteinoise se partage en trois catégories : les banquiers, qui ouvriront un compte épargne à la BCG pour y déposer les intérêts perçus par la banque au cours de l'année qui s'annonce ; les dirigeants d'entreprises, qui disposent en ce moment d'un compte courant à la banque ; et le reste de la population, les salariés, qui viennent d'emprunter tout l'argent qui se trouvait sur ces comptes courants pour arrondir leurs fins de mois. Rien n'aura changé pour ce qui touche aux 45 millions figurant sur des comptes courants, ni pour les 5 millions figurant sur un compte de la banque centrale en tant que réserves obligatoires "fractionnaires". Ce qui diffère a rapport aux intérêts : les 4,5 millions reçus des emprunteurs et les 250 000 florins reçus de la banque centrale. Le total de ces deux sommes, soit 4,75 millions, se retrouvera en fin d'année sur des comptes épargne. Les 4,5 millions seront ponctionnés par les salariés sur les 50 millions dont ils disposent et qui se réduiront donc à 45,5 millions.

– Avant que vous n'alliez plus loin, intervint le président de la BCG en s'adressant à Grossgeld, c'est une petite somme, je sais bien, mais quid des 250 000 que la banque centrale devra à la BCG en fin d'année ? »

Grossgeld pâlit mais ne perdit pas pour autant contenance : « C'est là une excellente question et je vous remercie de me l'avoir posée. Le Conseil des gouverneurs s'est réuni à ce sujet en juin dernier et a déterminé que 250 000 florins représentaient une somme si faible – 1/4 d'un pour cent (25 "points de base") de la monnaie (fiduciaire) déjà en circulation dans le grand-duché – qu'il n'y aurait pas de mal à… (il toussota, toussota) … imprimer la somme nécessaire. »

« Quoi qu'il en soit, ajouta-t-il précipitamment en désignant le tableau noir, la petit table ici [note de la rédaction : le PowerPoint ne sera inventé qu'au siècle suivant] résume l'évolution des masses monétaires entre le moment présent et la fin de l'année prochaine. J'ai ajouté à titre documentaire – pour vous donner un aperçu de la manière dont ces masses monétaires évoluent – la situation que nous connaîtrons au cours des cinq années à venir » :

	M_0	M_1	M_2
1854	105 000	150 000	150 000
1855	105 250	150 250	155 000
1856	105 500	150 500	160 475
1857	105 750	150 750	166 473
1858	106 000	151 000	173 045

« Le détail de ces calculs, vous le trouverez ici », ajouta-t-il en désignant le tableau noir où se trouvaient les formules suivantes :

Monnaie fiduciaire	**% CoCo**	**% BaCe**	**% ReOb**
100	10 %	5 %	10 %

$$M_0 = \text{fiduciaire} + \text{en BaCe}$$
$$M_1 = \text{fiduciaire} + \text{CoCo}$$
$$M_2 = M_1 + \text{CoEp}$$

« CoCo, c'est compte courant, BaCe, c'est banque centrale, ReOb, c'est réserves obligatoires "fractionnaires", et CoEp, c'est compte épargne, tint-il à préciser. Enfin, ajouta-t-il en montrant le bas du tableau, voici le détail des calculs » :

	Monnaie fiduciaire	**Monnaie en BaCe**	**Monnaie sur CoCo**	**Monnaie pour prêts**	**Monnaie en circulation**	**Monnaie sur CoEp**
1854	100 000	5 000	50 000	45 000	50 000	0 000
1855	100 250	5 000	50 000	45 000	45 500	4 750
1856	100 500	5 000	50 000	45 000	40 525	9 975
1857	100 750	5 000	50 000	45 000	35 028	15 723
1858	101 000	5 000	50 000	45 000	28 955	22 045

Intérêts Prêts	**Intérêts CoCe**	**Intérêts Total**
4 500	250	4 750
4 975	250	5 225
5 498	250	5 748
6 072	250	6 322

« Tout à fait remarquable ! s'écrièrent-ils tous avec un bel ensemble.

– Et tout ça, simplement parce que l'argent ne se trouve pas là où on en a besoin ! ajouta un Grossgeld extatique. Ne vivons-nous pas une époque formidable ! »

Seul Grossmacht semblait ne pas partager l'enthousiasme général et, après un moment de réflexion, le chancelier apostropha le président de la banque centrale : « Grossgeld, dit-il, l'argent dont le peuple dispose, c'est bien la monnaie en circulation, n'est-ce pas ? Or cette somme semble diminuer régulièrement…

– Ne vous inquiétez pas, chancelier, répondit Grossgeld que la question ne semblait nullement surprendre, c'est ici qu'intervient la titrisation… »

Masses monétaires et titrisation

« La titrisation ferait qu'il n'importerait pas que le peuple n'ait plus d'argent ? » répéta le chancelier, incrédule. « En effet, répondit le gouverneur de la banque centrale du Gerolstein, et Münze va vous expliquer pourquoi. »

Sur quoi le directeur de la BCG prit en effet la parole et entreprit de décrire les grands principes de la titrisation.

« Voici, dit-il. Chaque année, nous pouvons prêter l'argent qui se trouve sur les comptes de nos clients. L'argent figurant sur les comptes courants nous pose quelques problèmes, puisque nous ne savons pas combien de temps nos clients l'y laisseront, et c'est pour cela que la banque centrale exige des provisions au cas où trop d'entre eux réclameraient le leur au même moment. C'est pour cela aussi que nous ne le prêtons pas trop longtemps. Mais les montants que nous prêtons sont limités par les sommes que nos clients déposent sur les comptes courants et leurs comptes épargne. Une fois cet argent prêté, nous sommes obligés d'attendre qu'il soit remboursé avant de pouvoir le prêter à nouveau. Nous pourrions emprunter de l'argent par une autre formule que celle des comptes épargne, que nous prêterions à un taux légèrement plus élevé, mais auprès de qui pourrions-nous emprunter cet argent ? »

Il s'interrompit pour boire quelques gorgées d'eau, laissant ses interlocuteurs provisoirement sur leur faim.

« C'est ici qu'intervient la titrisation, reprit-il à la satisfaction générale. Dans la titrisation, nous vendons la dette de nos clients et nous récupérons ainsi notre mise, et cet argent retrouvé, nous le prêtons à son tour. Voici comment s'opère la titrisation : nous réunissons une collection de prêts que nous avons accordés, quelques milliers à la fois, et nous constituons à partir d'eux une énorme obligation, comme un bon du Trésor. La structure en est très simple : les intérêts versés par nos emprunteurs sont déposés dans un grand coffre au fur et à mesure qu'ils rentrent. Une fois l'an, nous vidons le coffre et versons cet argent à l'acheteur de notre titre. Même opération pour le principal : au fur et à mesure que nos emprunteurs remboursent leur prêt, nous mettons l'argent qui rentre dans un second coffre, et lorsque le dernier emprunteur rembourse le dernier prêt, nous vidons le coffre numéro deux, et nous remboursons le principal à l'acheteur de notre titre. »

Il y eut un moment de flottement dans l'assemblée : chacun échangeait silencieusement des regards entendus avec ses voisins en hochant la tête. Mais le chancelier, toujours plus prompt que ses compatriotes à évaluer les conséquences des grandioses projets conçus par ses financiers – qualité qui l'avait conduit à la direction des affaires du grand-duché –, dit alors d'une voix où perçait un certain scepticisme : « … si ce n'est que nul, au Gerolstein, ne dispose de la fortune qui lui permettrait d'acheter cette obligation… »

Au fin sourire qui fit alors frisotter la moustache de Grossgeld, on devina qu'en laissant parler Münze il avait en fait tendu un piège à l'homme qui veillait sur les affaires du grand-duché : « Chancelier, dit-il, qui parle de vendre cette obligation ? La BCG n'est pas obligée de vendre cette obligation ! » Et cette remarque eut en effet l'heur de décontenancer le chancelier. « Expliquez-vous, gouverneur ! intima celui-ci à Grossgeld. Expliquez-vous sans tarder !

– Eh bien, voici, entama le gouverneur de la banque centrale du Gerolstein. Quand nous calculons quel sera le montant du titre, nous le fixons un peu plus bas que la somme des prêts titrisés. Pourquoi ? Parce que cela nous permet de prendre nos précautions ; cela nous permet de mettre de côté des réserves qui serviront, le cas échéant, à compenser les sommes, intérêts et principal, que certains de nos emprunteurs échoueront à rembourser. Du coup, pas de mauvaise surprise pour qui que ce soit : l'acheteur de l'obligation recevra exactement ce qu'il s'attend à recevoir. S'il devait rester un peu d'argent dans la réserve, une fois l'opération achevée, je peux vous assurer qu'il aboutirait sans faillir dans la caisse du Fonds de solidarité de la police gerolsteinoise.

– Soit, dit le chancelier. Mais où voulez-vous en venir ?

– Ne diriez-vous pas, répondit Grossgeld, que même si l'achat d'un tel titre dépasse vos moyens financiers il s'agirait d'un excellent placement, pratiquement sans risque et auquel les notateurs qui ne manqueront pas d'apparaître au XXe siècle accorderaient sans hésiter un "AAA" ?

– Peut-être, concéda en grommelant Grossmacht que le tour pris par la conversation commençait à indisposer sérieusement.

– Eh bien, la banque centrale du Gerolstein partagerait votre sentiment... »

Le gouverneur marqua une petite pause, savourant par avance ce qu'il dirait ensuite : « ... et, partageant votre sentiment, si ce titre était mis en gage auprès d'elle, elle serait fort bien disposée. Ne seriez-vous pas prêt à dire que la banque centrale du Gerolstein pourrait sans danger prendre ce titre en gage et avancer à la BCG sa valeur, permettant à celle-ci de prêter la somme ainsi dégagée, de la "réinjecter dans l'économie", comme aiment à dire les économistes ? C'est en effet l'économie, après tout, qui réclame cette somme, n'est-ce pas ? Et c'est sans conteste le rôle de la banque centrale du grand-duché que de répondre à ce genre d'attente. »

Le chancelier était dubitatif : « ... et il faudra donc que le Gerolstein émette à chaque titrisation autant d'argent que le montant de cette obligation ? J'ai bien compris votre raisonnement ? Montrez-moi ce que cela donne avec vos M_0, M_1, M_2 », ajouta-t-il quand même après un long moment d'hésitation.

Grossgeld lui montra le nouveau tableau :

	Monnaie fiduciaire	Monnaie en BaCe	Monnaie sur CoCo	Monnaie pour prêts	Monnaie en circulation	Monnaie sur CoEp	Monnaie prêtée avant titrisation	Monnaie avancée par la BaCe avec titre en pension	Monnaie prêtée avec titrisation
1854	100 000	5 000	50 000	45 000	50 000	0 000	45 000	0	45 000
1855	145 250	5 000	50 000	45 000	90 500	4 750	49 750	45 000	94 750
1856	195 250	5 000	50 000	45 000	130 775	14 475	59 475	49 750	109 225
1857	254 975	5 000	50 000	45 000	179 328	25 648	70 648	59 475	130 123
1858	325 873	5 000	50 000	45 000	236 963	38 910	83 910	70 648	154 557

	M_0	M_1	M_2
1854	105 000	150 000	150 000
1855	150 250	195 250	200 000
1856	200 250	245 250	259 725
1857	259 975	304 975	330 623
1858	330 873	375 873	414 782

Intérêts Prêts	Intérêts CoCe	Intérêts Total
4 500	250	4 750
9 475	250	9 725
10 923	250	11 173
13 012	250	13 262

Le montant prévu pour M_2 en 1858 excita tout particulièrement l'imagination de l'assemblée. On entendit des remarques fuser aux deux bouts de la salle : « Quelle économie florissante !... Quel succès ! » Tous étaient impressionnés. Tous, sauf Grossmacht :

« C'est là votre réponse à la remarque que je vous ai faite sur la diminution de l'argent possédé par le peuple ?

– Oui ! s'empressa de dire avec un enthousiasme mal dissimulé le directeur de la BCG. L'argent qu'ils n'ont pas, ils l'emprunteront ! Du coup, ils travailleront un peu plus pour gagner un peu plus ! C'est pourquoi la création monétaire de la banque centrale représentera chaque fois une authentique croissance de l'économie du pays ! »

Le chancelier était le seul que cela n'amusait pas : « Et il n'y a aucun inconvénient à ce qu'ils travaillent toujours un peu plus ? ajouta-t-il d'un air dubitatif. Et ça pourra durer jusqu'à quand ?

– Jusqu'en 2007 ! » dit Münze, confirmant sa réputation de joyeux boute-en-train, jamais avare d'une bonne plaisanterie. Et l'assemblée entière de partir d'un grand éclat de rire.

La titrisation

La titrisation est d'introduction relativement récente : elle date de la fin des années 1970. Le premier produit de ce type a été créé par Lewis S. Ranieri quand il travaillait dans la banque d'investissement américaine Salomon Brothers, et il s'agissait, comme dans le cas qui a donné le coup d'envoi à la crise, de la titrisation de crédits immobiliers émis par la banque commerciale Bank of America[1]. Les avantages de la formule étaient de différente nature. Outre le bénéfice

1. L. S. Ranieri, « The Origins of Securitization, Sources of Its Growth, and Its Future Potential », dans L. T. Kendall et M. J. Fishman, *A Primer on Securitization*, Cambridge, MIT Press, 1996, p. 31.

immédiat pour un établissement de crédit de rentrer dans ses fonds, de pouvoir émettre de nouveaux prêts et de percevoir au passage et à chaque fois des commissions, d'autres avantages majeurs résultaient de la titrisation : un traitement fiscal très favorable, de même que les différentes facettes du hors-bilan pour une société, à savoir une dette moins importante et la possibilité d'enregistrer la vente des prêts titrisés comme un gain immédiat, c'est-à-dire porté comme recettes au bilan, avec un impact positif pour les actionnaires et pour les dirigeants bénéficiaires de *stock-options*.

Dans mon histoire imaginaire de la finance au Gerolstein, j'ai décrit la titrisation sur un exemple donné, et l'aspect sur lequel j'ai mis l'accent, c'est la manière dont l'endettement des particuliers rassemblé de cette manière – c'est-à-dire sous la forme d'instruments de dette classiques, telles les obligations – peut apparaître, du point de vue d'une banque centrale, comme un enrichissement de la nation justifiant la création de monnaie additionnelle. Or il s'agit, à tout prendre, plutôt d'un appauvrissement ou, en tout cas, d'une conséquence banale du fait que l'argent n'est pas disponible là où il est nécessaire, en raison de sa mauvaise redistribution au sein de la population, ou encore, pour le dire un peu plus crûment, une conséquence du fait qu'investisseurs et dirigeants d'entreprises se servent sur la manne créée par les salariés *avant* ceux-ci.

Et s'il ne s'agit pas nécessairement, avec l'endettement des ménages, d'intérêts vitaux, comme dans le cas de prêts à la consommation portant sur de l'électroménager, ces achats représentent néanmoins un élément essentiel de la santé économique de la nation, dans la mesure où des économies comme les nôtres reposent sur le principe que ce que quelqu'un produit, quelqu'un d'autre doit l'acheter, en sorte que le système dans son ensemble continue de fonctionner sans à-coups, que le pays connaisse une « saine croissance », comme on a l'habitude de s'exprimer, et ce que le produit en question permette de satisfaire un besoin essentiel ou qu'il s'agisse d'un bien superflu dont la demande résulte simplement des retombées d'une propagande consumériste bien orchestrée.

Les leçons à tirer de notre illustration

L'histoire bancaire du grand-duché de Gerolstein simplifie sans doute de manière caricaturale le processus de création monétaire, mais son but n'était pas d'apparaître réaliste de ce point de vue. Ce que je visais, à l'aide de cette illustration, était d'un autre ordre : j'entendais décrire l'évolution d'un système bancaire au sein du microcosme d'une petite société où les questions d'argent ne se posent ni de manière purement abstraite, ni dans un vide social, mais dans le cadre des relations qu'entretiennent effectivement les trois grands groupes qui constituent nos sociétés : les capitalistes ou investisseurs, les entrepreneurs ou dirigeants d'entreprises, et les salariés, et en focalisant l'attention sur le rôle très spécial que jouent les banquiers à l'articulation de ces groupes, non pas du fait de leur fonction d'intermédiation, mais en raison du rapport déséquilibré qu'entretiennent d'emblée ces trois groupes au sein de nos sociétés.

Après avoir créé un cadre très simple, centré sur une banque commerciale où les citoyens ordinaires peuvent déposer sur un compte courant l'argent dont ils n'ont pas un besoin immédiat, puis, dans un deuxième temps, faire de même sur un compte épargne, je mets en évidence comment ce système évolue du fait que ceux qui empruntent l'argent déposé sur ces comptes doivent s'acquitter d'intérêts. Je montre enfin comment – d'une manière *a priori* invraisemblable – l'endettement croissant d'une partie de la population peut apparaître, par un processus pervers, comme un enrichissement de la nation tout entière. L'astuce réside ici dans le processus de la titrisation, c'est-à-dire dans la marchandisation de la dette des emprunteurs individuels, titrisation qui crée une machine à générer de la « pseudo-richesse » faite d'engagements qui ne seront probablement pas tenus, mais qui conduit la banque centrale du grand-duché à traiter ces créances comme ce qu'elles feignent d'être, à savoir comme une authentique richesse.

Bien entendu, l'argent n'a pas été inventé en ayant ce type de processus en vue : il s'agit, avec la concentration du capital et la nécessité du versement d'intérêts que celle-ci entraîne, et ensuite avec la titrisation, de dévoiements des principes qui présidaient initialement au fonctionnement de l'argent ; leurs auteurs sont ceux qui leur ont découvert des modes de détournement possibles : du coup, le loyer de l'argent et les reconnaissances de dette apparaissent comme les équivalents d'une richesse véritable, et leur engendrement comme celui d'une richesse jusque-là inexistante.

L'inflation

Terminons ce chapitre par deux brèves remarques relatives à l'inflation et à la déflation, deux phénomènes que l'on a pris l'habitude d'envisager comme purement liés aux masses monétaires, mais sur lesquels il est possible de jeter un tout autre regard.

L'inflation se manifeste par une augmentation généralisée des prix. L'explication simpliste que l'on en offre est qu'il y a trop d'argent en circulation, et trop d'argent étant disponible pour toutes choses, chaque chose en sera d'autant plus chère : il faudra davantage d'argent pour l'acheter. Cela paraît trop simple pour être vrai, et c'est bien le cas effectivement ; il n'empêche que Milton Friedman a un jour écrit que « l'inflation est toujours et partout un phénomène monétaire », et cela ne l'a pas empêché de recevoir un prix Nobel d'économie…

Avant même d'aller plus avant, voici un contre-exemple réfutant la thèse de Friedman. Les ouvriers de la BNG (Brasserie nationale du Gerolstein) vont réclamer à leur patron, Hans von Lüstigebier, une augmentation de salaire. « Pas question ! » répond celui-ci avant de s'apercevoir qu'un ouvrier – un très grand moustachu – a discrètement fermé la porte à double tour et se tient désormais devant elle, les jambes légèrement écartées et les bras fermement croisés sur la poitrine. « C'est bon, c'est bon ! Ne nous énervons pas ! reprend alors Lüstigebier. 3 %, ça vous va ? »

Sitôt la porte refermée, le patron de la BNG s'essuie fébrilement le front en se disant qu'il ne s'agissait, après tout, que d'un mauvais moment à passer. « Les taux d'intérêt ne vont pas broncher dans les mois qui viennent, se dit-il, il faut donc que je joue sur ma marge de profit. Si je leur accorde une augmentation, c'est tant en moins pour ma pomme ; il doit exister une alternative ! » Et le fait est qu'il ne lui faut pas plus de cinq minutes pour la découvrir : il répercutera tout simplement la hausse des salaires dans le prix de sa marchandise ;

ceux-ci représentant son coût principal, le prix de la bière augmentera de 3 %.

Vient le jour de la paie et les ouvriers de la BNG, ignorant tout de la combine de leur patron, se réjouissent lorsqu'ils la reçoivent, constatant qu'elle a bien augmenté de 3 %. Ce n'est que quand ils se retrouvent au bar pour fêter leur aubaine qu'ils doivent déchanter : la bière coûte plus cher ! Pis : quand ils se rendent ensuite en titubant à l'épicerie avant de rentrer chez eux, ils découvrent avec consternation que le prix de toutes les denrées a lui aussi augmenté de 3 %. L'explication est pourtant simple : Lüstigebier n'est pas le seul patron à avoir été séquestré durant cette journée funeste : ils l'ont tous été ce jour-là, et tous s'en sont tirés grâce à la même astuce.

Inutile de le préciser, cet exemple, même présenté de manière un peu humoristique, n'a rien d'imaginaire et illustre fort bien un cas d'inflation qui n'a absolument rien à voir avec une augmentation de la masse monétaire, à l'encontre donc de la thèse de Milton Friedmann : celui de patrons répercutant des augmentations de salaire dans le prix de leurs produits. D'autre part, la thèse de Friedmann n'a de sens que dans un contexte de circulation de la monnaie à vitesse constante : toute augmentation de la masse monétaire peut être compensée par un ralentissement de la circulation de la monnaie en proportion inverse, du fait de la thésaurisation de cette même monnaie. Ainsi, au printemps 2009, lorsque le gouvernement américain a déversé des tombereaux d'argent frais pour tenter de relancer le crédit accordé par les banques et l'activité économique entravée par la récession, a eu lieu un vif débat où l'on s'est demandé si cette masse monétaire supplémentaire créerait de l'inflation, voire même de l'hyperinflation. Certains ont fait remarquer que la nécessité, pour les banques, de constituer des réserves de plus en plus considérables en prévision de défaillances croissantes sur les prêts qu'elles avaient accordés compensait cet accroissement de volume par le ralentissement que cette thésaurisation créait dans la circulation de la monnaie. Les consommateurs, de leur côté, touchés par les taux extrêmement faibles que les banques accordaient sur les fonds, devenaient indifférents au fait d'avoir l'argent dont ils disposaient en trop sur un livret d'épargne au rendement quasiment nul, ou sous la forme d'argent liquide, et ils le conservaient par-devers eux, ralentissant eux aussi, de cette manière, la circulation de la monnaie.

La déflation

La déflation est le phénomène inverse de celui de l'inflation : ici les prix baissent, ce qui pourrait *a priori* sembler une excellente chose pour le consommateur. Il semblerait qu'il soit aussi simple d'y remédier, puisqu'il suffirait, pour les banques centrales, de créer davantage de monnaie, provoquant une inflation qui compenserait la déflation et recréerait un équilibre.

Ce serait cependant ignorer un effet bien particulier de la déflation : dans un contexte où chacun se convainc que les prix seront plus faibles demain qu'aujourd'hui, chaque consommateur potentiel se fige dans l'attentisme. La déflation alimente ainsi une baisse de la demande, entraînant une récession qui, du fait même, s'autoalimente, aggravant encore la tendance à la déflation.

Facteur aggravant, les banques centrales, dont la manipulation des taux d'intérêt à court terme constitue l'un des principaux moyens d'intervention sur l'économie – baissant ces taux pour la stimuler, les augmentant pour éviter toute surchauffe –, se trouvent paralysées dès lors que les taux se rapprochent par trop de zéro. Les banques centrales voient alors d'un bon œil la possibilité pour la monnaie de subir d'elle-même une certaine dépréciation pour que se crée à nouveau une certaine marge de manœuvre. Il s'agit là, à ma connaissance, du seul contexte où la proposition de Silvio Gesell – dont il sera question plus tard – d'une « monnaie fondante » a été prise au sérieux, car elle offre le moyen d'imposer à la monnaie une telle dépréciation forcée.

VIII

L'argent comme devise

Les devises

Il y a la monnaie que j'utilise pour acheter des marchandises et pour régler mes dettes, mais si je traverse une frontière, notamment hors d'Europe, il est plus que probable que la monnaie que j'ai l'habitude d'utiliser dans la vie quotidienne ne soit pas acceptée : c'est une autre monnaie qui a cours à l'étranger. Quand on évoque l'argent dans des circonstances où différentes monnaies sont utilisées, on parle de celles-ci comme de « devises ».

Le prix d'un bien est traduisible en différentes devises s'il se vend dans les pays où celles-ci ont cours. Le prix des devises elles-mêmes est traduisible de l'une dans l'autre, et on parle alors de leur *taux de change*.

Au moment où j'écris ces lignes, le taux de change de l'euro en dollars est de 1,39 : il faut que j'offre 1,39 dollar pour obtenir 1 euro.

À l'époque où toutes les monnaies étaient ancrées à l'or et où existait, comme on dit, l'« étalon or », le taux de change entre elles était déterminé de cette manière : si un gramme d'or valait 100 francs ou 50 marks, il fallait 2 francs pour obtenir 1 mark. Depuis, la donne s'est modifiée et les taux de change s'établissent autrement : en fonction de l'offre et de la demande, dit-on, ce qui ne veut pas dire grand-chose ; « en fonction du rapport de forces entre vendeurs et acheteurs », comme j'ai l'habitude de m'exprimer, ce qui là aussi requiert une explication.

Je me souviens qu'à une certaine époque, je devais avoir une dizaine d'années, j'étais à la recherche de faits de vie quotidienne prouvant que la Terre tourne bien sur elle-même. Je n'en ai pas trouvé. Et pourtant elle tourne. J'y repensais à propos des devises dont les taux de change continuent de fluctuer dans une faible marge les unes par rapport aux autres, et ceci parce qu'à l'occasion de la crise les économies de leurs zones monétaires respectives s'effondrent toutes à peu près à la même vitesse.

Au sein d'un monde où chaque devise est convertible en chacune des autres, les taux de change s'établissent en fonction du rendement des capitaux dans chacune des zones monétaires, déterminé, lui, par la richesse globale, le régime fiscal qui prévaut localement et le rapport de forces entre investisseurs, fournisseurs de capital et entrepreneurs en position de demandeurs.

À chaque monnaie correspondent différents taux d'intérêt s'appliquant à des prêts de différentes *maturités*, de différentes durées, que l'on peut contracter dans le pays où cette devise a cours. Il peut encore exister, pour une monnaie particulière, des taux d'intérêt correspondant à des conditions locales, comme dans le cas de l'euro qui a remplacé plusieurs devises correspondant à différents pays mais où les systèmes fiscaux se distinguent encore. L'existence de taux d'intérêt et de contextes fiscaux différents joue un rôle déterminant dans le taux de change des différentes devises entre elles. Dans un contexte où les capitaux peuvent circuler librement d'un pays à l'autre, les fonds auront tendance à aller se placer là où les taux d'intérêt et le traitement fiscal des profits seront le plus favorables. La demande pour la devise qui accorde ces hauts taux d'intérêt va augmenter, ce qui va renchérir cette devise par rapport aux autres et contribuera à rétablir un équilibre entre elles.

Il convient de se rappeler ici ce qui détermine les taux d'intérêt. C'est, comme je l'ai expliqué, la part du surplus qui revient à ceux qui procurent le capital comme avance, celle qui revient aux entrepreneurs étant le profit que ceux-ci se partagent ensuite entre eux et les travailleurs de leur entreprise. Ces taux dépendent de deux choses : d'un niveau absolu, que détermine le rendement du capital dans cet environnement, dû essentiellement à la qualité de l'équipement et à la productivité des travailleurs, c'est-à-dire à la création de surplus constatée à partir d'un capital donné, et le partage de ce surplus entre capitalistes et entrepreneurs avant que ces derniers n'en redistribuent une partie à leurs salariés.

Cela a une conséquence importante : on peut aboutir aux mêmes taux à partir de combinaisons différentes de rendement du capital, c'est-à-dire de surplus créé par les salariés, et du rapport de forces entre capitalistes et entrepreneurs.

J'en donne un exemple à titre d'illustration : le rendement du capital en Cabrionie est de 12 % et les investisseurs cabrioniais en obtiennent la moitié, d'où un taux d'intérêt de 6 %. Au Gerolstein, cependant, il est de 9 %, et les investisseurs en obtiennent les deux tiers, ce qui nous fait aussi 6 %. Il se pourrait même que le rendement du capital au Gerolstein ne soit que de 8 %, mais qu'une politique fiscale créative en fasse revenir 7 % aux capitalistes. Les fonds cabrioniais iraient alors se placer de préférence au Gerolstein, bien que son économie soit en réalité en très mauvaise posture. On voit comment, au sein d'un contexte mondial, un nivellement par le bas peut se produire, déterminé seulement par l'avantage différentiel des investisseurs par rapport aux chefs d'entreprises.

Monnaie de référence et référence de la monnaie

Le fait que les citoyens d'un pays donné soient friands de la devise d'un autre déséquilibre sa propre devise : elle perd de la valeur par rapport à celle dont ses citoyens sont friands. Si un pays devait accumuler de grandes réserves d'une autre devise que la sienne dans ce qu'on appelle son « fonds souverain », il aurait donc intérêt à ce que cette devise soit telle qu'elle ait le moins d'impact possible sur la sienne.

Dans la période qui s'étend de 1944 à 1971, le dollar américain était la seule devise à demeurer ancrée à l'or. Ceci faisait du dollar américain la monnaie de référence, et si un pays accumulait des réserves, il le faisait en dollars, puisque celui-ci était stable, du moins par rapport à l'or qui constituait, lui, la référence ultime.

Les accords de Bretton Woods ont été conclus en 1944. Les nations étaient sorties exsangues de la Seconde Guerre mondiale, à l'exception d'une seule : les États-Unis d'Amérique, dont l'économie émergeait triomphante de son effort de guerre. Alors, à Bretton Woods, dans le New Hampshire, on a rebâti le monde monétaire avec les États-Unis comme locomotive. Les accords définirent une formule où le dollar américain serait ancré à l'or : il y aurait « parité » entre le dollar et l'or, convertibilité à un taux fixe : une once d'or vaudrait 35 dollars, et la valeur de chacune des autres devises se déterminerait par son taux de change fixe avec le dollar.

La formule adoptée fut celle proposée par Harry Dexter White, représentant des États-Unis à Bretton Woods. Une autre formule avait été présentée, celle-ci par John Maynard Keynes, représentant du Royaume-Uni à la conférence. Dans la formule proposée par Keynes, les devises n'auraient pas été ancrées à l'or, mais à un « panier de devises », les plus fortes, censées les représenter toutes, c'est-à-dire par rapport à elles-mêmes. La nouvelle « devise », appelée *bancor*, aurait servi de référence à toutes les autres. Le *bancor* aurait constitué un changement de perspective radical, puisque la référence des monnaies aurait cessé de leur être extérieure, comme c'est le cas avec l'or, pour devenir une *autoréférence*, la valeur de la monnaie étant définie par la monnaie elle-même, ce qui est devenu *de facto* la réalité en 1971 à la suite du désancrage du dollar par rapport à l'or.

La raison pour laquelle le *bancor* fut ignoré et l'arrimage universel au dollar accepté, résulte une fois encore d'un rapport de forces : les États-Unis n'avaient pas connu la guerre sur leur territoire et avaient pu mettre sur pied une industrie de guerre qui, mobilisant toutes les énergies, avait été un moteur puissant de leur économie.

Ce qui a été mis au point, c'est une formule qui ne pouvait en réalité pas fonctionner sur la durée. Une telle mise en avant d'une devise par rapport aux autres, en raison de la fonction qu'on lui attribuerait de jouer de manière privilégiée le rôle de monnaie de réserve, était entachée d'un vice dont un économiste belge, Robert Triffin, allait démonter ensuite le mécanisme : c'est le fameux « dilemme de Triffin ». Il mit en évidence les tensions que subirait nécessairement une devise qui serait seule ancrée à l'or : tentant d'une part de maintenir sa parité vis-à-vis du métal précieux grâce à une émission monétaire limitée, et alimentant d'autre part les réserves de toutes les autres nations, ce qui ne pourrait se faire bien entendu que si les États-Unis entretenaient un déficit commercial vis-à-vis d'elles. L'Amérique s'endetterait inéluctablement toujours plus, ce qui finirait par miner la crédibilité du dollar et remettrait en cause sa fonction de monnaie de référence pour les autres devises. À terme, les jours d'une monnaie de référence unique étaient nécessairement comptés.

Ces contraintes firent que le marché du dollar hors des États-Unis dépassa bientôt en volume le marché métropolitain de la devise ; on appela ces dollars circulant à l'étranger *eurodollars*. Réagissant à des retraits massifs d'or par l'Allemagne, le président Nixon mit fin, en 1971, à la parité du dollar avec l'or. La devise américaine n'en continua pas moins à dominer sur la lancée que lui avait offerte son ancrage solitaire à l'or, maintenant son statut de monnaie de référence. L'or n'y était désormais plus pour rien : une dynamique s'était instaurée, justifiant ce statut ; il avait suffi pour cela que le monde soit avide de dollars et que les Américains soient, en retour, avides des marchandises qui s'échangeaient contre lui.

Le mouvement se serait sans doute poursuivi moins longtemps qu'il ne l'a fait si la Chine, en voie d'industrialisation rapide, n'avait constitué la partenaire idéale dont l'Amérique avait besoin. Pendant que la Chine se gavait de dollars, l'Amérique se gavait, elle, de marchandises en provenance de Chine. Mieux : les achats massifs par la Chine de la dette américaine maintenaient aux États-Unis des taux d'intérêt bas (Alan Greenspan, ancien président de la Federal Reserve, à qui la chose est souvent reprochée, n'y est en fait pour rien), permettant à leurs consommateurs de s'endetter sans cesse davantage.

Ce processus à sens unique conduisait droit au précipice. Il allait y aboutir en 2007. Après quelques hésitations, l'Amérique choisit de répondre par la fuite en avant : l'argent qui manque dans une nation où l'État est tout aussi criblé de dettes que ses citoyens, on l'imprimera, et le dollar, émis sans qu'aucune création de richesse en soit la contrepartie, se dévaluera inéluctablement.

La Chine s'inquiète du fait que la valeur de sa cassette se réduira, du coup, comme peau de chagrin, et elle se tourne désormais vers le reste du monde : le dollar étant bientôt bon à jeter, dit-elle, créons une nouvelle monnaie de référence !

Or il se fait que le Fonds monétaire international avait créé de son côté, en 1969, l'équivalent d'une monnaie de référence : les *droits de tirage spéciaux* (DTS), en anglais *special drawing rights* (SDR), équivalant comme le *bancor* à un panier de devises. Les prêts consentis par le FMI aux pays dont les devises connaissent des difficultés temporaires ont été libellés depuis lors en DTS, lesquels sont également utilisés comme unité de compte internationale pour des transactions spécifiques comme celles s'appliquant par exemple aux tarifs postaux.

Les *droits de tirage spéciaux* pourraient donc constituer la monnaie de référence que recherche la Chine, ce qu'elle a d'ailleurs tenu à confirmer. La solution aurait alors été trouvée dans l'*autoréférence* : désancrées de l'or, les devises trouveraient désormais comme fondement « dur » de leur valeur… elles-mêmes ! D'où la question que l'on peut se poser : en quoi serait-ce vraiment différent de ce qui se pratique aujourd'hui, quand les

États diversifient les devises de leurs fonds souverains ? La seule différence ne résiderait-elle pas uniquement au niveau de la foi : la fin de la croyance de la planète entière au pouvoir salvateur de l'endettement américain ?

IX

L'argent en folie

« Ah ! L'argent, cet argent pourrisseur, empoisonneur, qui desséchait les âmes, en chassait la bonté, la tendresse, l'amour des autres ! Lui seul était le grand coupable, l'entremetteur de toutes les cruautés et de toutes les saletés humaines. À cette minute, elle le maudissait, l'exécrait, dans la révolte indignée de sa noblesse et de sa droiture de femme. D'un geste, si elle en avait eu le pouvoir, elle aurait anéanti tout l'argent du monde, comme on écraserait le mal d'un coup de talon, pour sauver la santé de la terre. »

ÉMILE ZOLA, *L'Argent.*

La cavalerie

La fin de l'année 2008 nous a apporté l'histoire de Bernard Madoff qui révéla un jour à ses deux fils que son fonds d'investissement prospère n'était rien d'autre qu'une « pyramide », ou « cavalerie », ce que l'on appelle en anglais une « machine de Ponzi », du nom de Carlo Ponzi, l'une des gloires historiques de ce type particulier d'escroquerie[1].

---

1. J'écrivais à propos de Ponzi, dans *Vers la crise du capitalisme américain ?* : « Les Américains appellent les processus de "cavalerie" *Ponzi scheme*, du nom d'un certain Carlo Ponzi qui fut à l'origine de la cavalerie la plus spectaculaire de l'histoire américaine. En huit mois, de 1919 à 1920, Ponzi recruta à Boston plus de dix mille participants dans sa combine ; il récolta près de 10 millions de dollars de l'époque, dont 7,8 millions furent redistribués entre les participants. Il expliqua sa stratégie dans une lettre au *New York Times* datée du 30 juillet 1920 : "J'écrivis à un correspondant en Espagne à propos du magazine en question et je reçus en réponse un coupon postal international qu'il me fallait échanger contre des timbres américains qui me permettraient de lui faire parvenir un exemplaire de la publication. Acheté en Espagne, le coupon valait à peu près l'équivalent d'un *cent* en monnaie américaine, mais, ici, je reçus en échange du coupon des timbres pour un montant de six *cents*. Je m'enquis alors du taux de change dans d'autres pays. Je commençai par en échanger de faibles quantités. La formule fonctionnait sans problème. Le premier mois, 1 000 dollars se transformèrent ainsi en 15 000. J'invitai des amis à se joindre aux opérations. Pour commencer, j'acceptai des dépôts sur mon titre, payables à quatre-vingt-dix jours, avec versement de 150 dollars par 100 dollars déposés. Bien que promis à quatre-vingt-dix jours, j'effectuai les paiements à quarante-cinq jours."

Dans une *pyramide*, aucune opération commerciale à proprement parler n'est à l'origine des gains souvent fabuleux que réalisent les participants : le système repose sur le fait que le nombre de ceux-ci ne cesse de croître, alors que se répand la bonne nouvelle des profits réalisés par les premiers bénéficiaires. Le nom « pyramide » renvoie au fait qu'une base très large supporte une structure imposante dont le sommet est, lui, étroit. Les gains des participants consistent en réalité uniquement dans le transvasement de la quote-part versée par les entrants les plus récents aux participants plus anciens. Le système s'effondre quand il devient impossible de trouver de nouvelles recrues, soit que la source en soit purement et simplement tarie, soit que le doute s'installe quant à la viabilité de la formule parmi les nouveaux candidats potentiels.

On aura bien entendu reconnu dans le principe de la « cavalerie » celui des anciennes « chaînes » de correspondance, aujourd'hui transposées en courriels, qu'il s'agisse avec elles de collectionner des cartes postales

---

« Le principe de l'opération grâce à laquelle Ponzi réalisait son profit porte en finance le nom technique d'"arbitrage". Un arbitrage consiste à découvrir deux marchés où le même produit se traite à des prix différents, à l'acheter là où il est le meilleur marché et à le revendre là où il est le plus cher, la différence des deux prix constituant le bénéfice de la transaction » (P. Jorion, *Vers la crise du capitalisme américain*, Paris, La Découverte, 2007, p. 200).

ou d'échapper à l'abominable malédiction promise à ceux qui rompraient la chaîne : le mécanisme à l'œuvre joue selon les cas sur l'enthousiasme grandissant ou sur la peur croissante, pour offrir au système la dynamique qui doit l'alimenter.

Il existe deux types de « cavalerie » que j'appellerai, pour les distinguer, le *type honteux* et le *type éhonté*. Dans le type *honteux*, le principe même de l'opération est caché à ses participants : une explication rationnelle des bénéfices fabuleux est proposée à sa place, comme, dans le cas de Carlo Ponzi lui-même, la revente de coupons postaux internationaux, achetés dans un pays où ils sont bon marché, dans un pays où ils valent davantage. Le public accepte cette explication et ne va pas chercher plus loin.

Dans le type *éhonté* de « cavalerie », le fait qu'il s'agisse d'une pyramide financière n'est pas véritablement caché : chacun y participe tout en touchant du bois, en espérant qu'il tirera personnellement les marrons du feu avant que la pyramide ne s'écroule.

Les « cavaleries » qui ont affligé en particulier l'Albanie et la Roumanie après la chute du communisme sont sans doute d'un type hybride, les participants ne sachant pas, à l'époque, par manque de familiarité, s'il s'agissait, oui ou non, dans ces aventures, de la manière habituelle dont fonctionne le capitalisme. D'une certaine manière, et comme nous allons le voir, ils ne se trompaient pas autant qu'on pourrait l'imaginer...

Dans un livre écrit conjointement avec Frank Fabozzi, Franco Modigliani expliquait que les banques commerciales fonctionnent de manière quasi permanente en régime de « cavalerie », les secteurs occasionnellement chancelants de leur activité étant soutenus par ceux qui sont alors florissants : « Une banque dans une position délicate, écrivait-il, ne doit pas automatiquement déposer son bilan tant qu'elle est à même de verser à ses épargnants intérêt et principal, faisant pour cela appel à ses réserves ou liquidant certains de ses actifs, mais, surtout, en utilisant la technique dite "de Ponzi" : en attirant de nouveaux clients[1]. »

Robert J. Shiller, professeur de science économique à Yale University, auteur de l'expression « exubérance irrationnelle » qu'Alan Greenspan reprendrait ensuite, a qualifié les bulles financières de « machines de Ponzi spontanées[2] ». De son côté, l'économiste Hyman Minsky considérait la « machine de Ponzi » comme l'un

1. F. J. Fabozzi et F. Modigliani, *Mortgage and Mortgage-backed Securities Markets*, Boston, Harvard Business School Press, 1992, p. 100. Modigliani reçut, en 1985, le prix de la Banque de Suède en sciences économiques en mémoire d'Alfred Nobel.

2. R. J. Shiller, *Irrational Exuberance*, Princeton, Princeton University Press, 2000, p. 64-68.

des trois modes sous lesquels le crédit fonctionne nécessairement au sein d'un système économique, les trois modes se succédant au sein de cycles. Dans la phase ascendante du cycle, le risque de crédit est de plus en plus sous-estimé du fait que le risque de non-remboursement des créanciers diminue objectivement dans l'avenir immédiat. On ignore alors le fait que cette diminution du risque n'est que provisoire et se terminera brutalement lorsque sera entamée la phase descendante du cycle. Le crédit fonctionne en régime Ponzi dans la phase finale de la partie ascendante du cycle[1].

Expliquons un peu plus concrètement la dynamique de crédit telle que la conçoit Minsky. Dans le premier mode qu'il envisage et qu'il qualifie de « couvert » pour suggérer que les emprunteurs qui se trouvent dans ce cas de figure ont *couvert* leur risque, ces emprunteurs sont à même de « servir » pleinement leur créance, signifiant par là qu'ils sont capables non seulement de verser les intérêts auxquels ils sont astreints mais aussi de rembourser le principal emprunté, soit petit à petit (amortissement du prêt), soit à maturité, c'est-à-dire à l'échéance

1. J'ai pu montrer dans *L'Implosion* (*op. cit.*, p. 28-40) que les trois « moments » de Minsky pouvaient être transposés dans les trois types de populations de candidats à la propriété de leur logement qui se sont joints séquentiellement à la bulle de l'immobilier résidentiel américain de 2002 à son éclatement en 2007.

initialement convenue. Lorsqu'elle fonctionne à ce régime, l'économie est saine, les crédits consentis étant remboursés à l'échéance. Ce fonctionnement harmonieux, où le risque de non-remboursement est minime, débouche, selon Minsky, sur une euphorie qui conduit à minimiser le risque à long terme et génère le deuxième mode sous lequel le crédit est susceptible de fonctionner : celui qu'il qualifie de « spéculatif ». Ici, les emprunteurs ne sont plus en position de servir pleinement leur créance : s'ils sont toujours à même de verser les intérêts auxquels ils sont astreints, ils sont désormais incapables de rembourser pleinement le principal, c'est-à-dire la somme empruntée. Atteignant l'échéance de leur emprunt, ils n'ont d'autre issue que de le reconduire, leur dette passant alors en mode « roulant » (*revolving* en anglais). Une économie en mode *spéculatif* passe ensuite insensiblement au troisième régime, celui que Minsky appelle « Ponzi », où les emprunteurs obtiennent des prêts dont ils n'ont la capacité de servir ni le remboursement de la somme empruntée ni même le versement des intérêts. Ils n'ont d'autre issue dans cette configuration que de vendre certains de leurs biens pour se procurer l'argent qui leur permettra de verser les intérêts ou d'emprunter de nouveaux fonds dont une partie sera consacrée au versement de ces intérêts.

Dans la présentation qu'offre Minsky de sa propre théorie, la dynamique qui conduit du mode *couvert* au mode *spéculatif*, puis au mode *Ponzi*, est endogène, autrement dit se nourrit d'elle-même : c'est la sous-estimation du risque qui conduit automatiquement les emprunteurs à passer d'un mode au suivant, et puisque l'on dit « sous-estimation du risque », on dit « représentation d'un processus par ceux qui y sont impliqués » ; le moteur de la dynamique réside donc dans la conscience de ses acteurs, dynamique dont la nature est essentiellement *psychologique*.

J'ai, pour ma part, une autre interprétation du même phénomène : celle que j'ai proposée dans *L'Implosion* en l'illustrant par le cas de la bulle de l'immobilier résidentiel américain qui est à l'origine de la crise actuelle, interprétation d'ordre non pas psychologique, mais purement économique. Selon moi, le processus à trois temps que Minsky caractérise comme une dynamique du crédit est en fait une dynamique de bulle financière ou économique, ce qui signifie que ce qui est en cause en tant que moteur du processus n'est nullement une représentation du risque dans la conscience des acteurs, mais la simple conséquence du fait que leur comportement économique est rationnel, au sens de : « s'adaptant de manière optimale à un nouveau contexte économique ».

Disons cela plus clairement. Dans une dynamique de bulle, les prix augmentent, et, si l'on prend pour exemple celui du prix des maisons, vient un moment dans l'inflation constante de ce prix où il cesse effectivement d'être pertinent de focaliser son attention sur le montant du principal, puisque la revente du logement au bout de quelques années permettra *de toute manière* de s'acquitter de la somme encore due. Dans ce cas, l'emprunteur moyen cesse de fonctionner sur le mode *couvert* de Minsky, qui est effectivement l'attitude rationnelle dans un contexte où les prix sont statiques, pour passer en mode *spéculatif* qui est, cette fois, l'attitude rationnelle si le prix de l'immobilier est en hausse constante. Si cette hausse s'accélère, l'emprunteur peut passer sans risque en régime *Ponzi*, puisque vient un moment où il cesse d'être rationnel pour lui de se préoccuper même du montant des intérêts dans la mesure où il peut refinancer son prêt à intervalles réguliers en fonction de la hausse du prix de sa maison et s'acquitter de cette manière des intérêts.

Voici ce que cela donne sur un exemple. Le montant du prêt hypothécaire initial a été calculé de manière à représenter 80 % de la valeur marchande du logement, soit, disons, 160 000 € pour une maison valant 200 000 €. Quelques années plus tard, dans le contexte d'une bulle immobilière, le logement vaut désormais 300 000 €, et l'emprunt est refinancé sur cette base, c'est-à-dire avec un nouveau principal de 240 000 €. Sur cette somme, 160 000 € servent à rembourser le prêt antérieur, et 80 000 € sont dégagés qui vont pouvoir être utilisés pour le versement des intérêts, et ce... jusqu'au refinancement suivant. La formule capote bien entendu sitôt que le prix de l'immobilier se met à stagner. C'est ce à quoi on a assisté dans le cas de l'immobilier résidentiel américain en 2006, lorsque les emprunteurs les plus pauvres, représentant le secteur *subprime*, ayant tous été enrôlés dans l'achat d'une maison (« Quiconque est capable d'embuer un miroir est un candidat valable », affirmait une plaisanterie qui circulait à l'époque), leur population a été épuisée pour le marché immobilier.

En effet, lorsque la bulle éclate, la machine de Ponzi qui constitue sa dynamique ayant atteint son terme et mourant faute d'avoir pu trouver les nouvelles recrues qui assurent le renouvellement permanent dont elle a besoin, les emprunteurs fonctionnant sur ce mode Ponzi, et dont la dynamique des paiements reposait, comme nous venons de le voir, sur la bulle, ne sont plus à même de rembourser leurs emprunts et font défaut. Les créanciers subissent alors des pertes correspondantes et refusent d'accorder de nouveaux crédits, et ce, que ces pertes soient telles qu'elles les plongent dans l'insolvabilité ou qu'ils demeurent solvables mais préfèrent conserver leur argent sous forme liquide, considérant que le marché du crédit est momentanément trop risqué. On assiste à un tarissement du crédit (*credit crunch*). La période du cycle de bulle où le crédit fonctionne à l'instar d'une machine de Ponzi précède donc de peu celle où le crédit se tarit, période annonciatrice elle-même d'une récession.

On interprète souvent la crise des *subprimes* de manière purement logique : « Pas étonnant, dit-on, que cela n'ait pas marché : comment voulez-vous vendre des maisons à des pauvres qui n'en ont pas les moyens ! » Mais l'explication est en réalité plus subtile : ce n'est pas parce que les emprunteurs étaient pauvres que la formule *subprime* a capoté ; c'est parce que, comme dans toute pyramide financière, elle était parvenue à son terme dans la mesure où on avait épuisé la réserve de recrues potentielles : il ne restait plus personne à embrigader. Cela va de soi, dans ce cas-ci, si l'on y songe un instant : une fois que l'on a recruté les plus pauvres, on a atteint le fond du panier ; il ne reste plus personne que l'on puisse embrigader à leur suite.

En fait et paradoxalement, bien sûr, dans le contexte d'une dynamique de bulle, la formule fonctionnait jusque-là parfaitement : la hausse du prix de l'immobilier résidentiel américain était devenue si vertigineuse que *même les pauvres* pouvaient s'acheter des maisons, et cela sans duperie, sans qu'il faille incriminer de fraude les acteurs financiers impliqués. Seulement voilà : il aurait été nécessaire que de nouvelles recrues puissent être trouvées après que tous les pauvres se furent joints à l'entreprise, et celles-ci n'étaient bien évidemment pas présentes à l'appel. Et les financiers le savaient ou du moins devaient s'en douter : s'ils étaient de bonne foi quand ils disaient que le processus fonctionnait à merveille durant la période 2002-2006, ils mentaient effrontément quand ils affirmaient qu'il pourrait se poursuivre indéfiniment.

On n'a accordé que très peu d'attention à la suggestion faite en août 2008 par Alan Greenspan, président de 1987 à 2006 de la Federal Reserve Bank, la banque centrale américaine, selon qui la solution aurait consisté à relancer massivement l'immigration en focalisant l'effort, comme il le dit, sur les techniciens de haut niveau et sur les scientifiques[1]. Mais, comme à son habitude, la presse a fait grand cas des banalités qu'il énonçait également dans le même entretien accordé au *Wall Street Journal*, et ignoré complètement cette intéressante remarque.

Comme on l'aura compris, la rationalité qui soustend la dynamique du crédit qu'a décrite Hyman Minsky n'est pas de nature psychologique, comme il l'imaginait (il est mort en 1996), mais purement économique. Il existe à cet égard un paradoxe, dans mon cas personnel : bien qu'étant anthropologue et sociologue de formation, j'en viens souvent à reformuler des théories économiques existantes en remplaçant dans leur

1. Voir P. Jorion, *La Crise. Des* subprimes *au séisme financier*, Paris, Fayard, 2008, p. 37-38.

explication la dynamique psychologique qui les sous-tend prétendument par une rationalité purement économique. J'ai ainsi eu l'occasion, dans *La Crise*, de réinterpréter une explication du tarissement du crédit intervenu en août 2007, traduisant l'explication en termes de « confiance du marché » en une autre, exprimée celle-ci en termes de solvabilité[1]. J'ai aussi eu l'occasion de remplacer l'explication des comportements sur les marchés boursiers au comptant et à terme en termes de « psychologie des foules », par une autre où le comportement prétendument « mimétique » des acteurs s'explique plus prosaïquement par un froid calcul de leur part[2].

---

1. *Ibid.*, p. 175-182.

2. P. Jorion, « Adam Smith's "Invisible Hand" Revisited », *Proceeding of the Ist World Conference on Simulation of Social Systems*, Kyoto, vol. 1, Berlin, Springer-Verlag, 2006, p. 247-254.

L'affaire Madoff

« Quelle force mystérieuse, après avoir édifié si rapidement cette tour d'or, venait donc ainsi de la détruire ? Les mêmes mains qui l'avaient construite semblaient s'être acharnées, prises de folie, à ne pas en laisser une pierre debout. Partout des cris de douleur s'élevaient, des fortunes s'effondraient avec le bruit des tombereaux de démolitions qu'on vide à la décharge publique. C'étaient les derniers biens domaniaux des Beauvilliers, les sous grattés un à un des économies de Dejoie, les gains réalisés dans la grande industrie par Sédille, les rentes des Maugendre retirés du commerce, qui, pêle-mêle, étaient jetés avec fracas au fond du cloaque que rien ne comblait. C'étaient encore Jantrou, noyé dans l'alcool, la Sandorff noyée dans la boue, Massias retombé à sa misérable condition de chien rabatteur, cloué pour la vie à la Bourse par la dette ; et c'était Flory voleur, en prison, expiant ses faiblesses d'homme tendre, Sabatani et Fayeux en fuite, galopant avec la peur des gendarmes ; et c'étaient, plus navrantes et pitoyables, les victimes inconnues, le grand troupeau anonyme de tous les pauvres que la catastrophe avait faits, grelottant d'abandon, criant de faim. Puis, c'était la mort, des coups de pistolet qui partaient aux quatre coins de Paris, c'était la tête fracassée de Mazaud, le sang de Mazaud qui, goutte à goutte, dans le luxe et dans le parfum des roses, éclaboussait sa femme et ses petits, hurlant de douleur.

Et, alors, tout ce qu'elle avait vu, tout ce qu'elle avait entendu depuis quelques semaines, s'exhala du cœur meurtri de Mme *Caroline en un cri d'exécration contre Saccard. Elle ne pouvait plus se taire, le mettre à part, comme s'il n'existait pas, pour s'éviter de le juger et de le condamner. Lui seul était coupable, cela sortait de chacun de ses désastres accumulés, dont l'effrayant amas la terrifiait.* »

ÉMILE ZOLA, *L'Argent.*

Avec Bernard Madoff, dont la gigantesque escroquerie fit la une des journaux pendant plusieurs semaines quand l'affaire éclata en décembre 2008, il s'agissait de ce que j'appelle le type *honteux* de cavalerie : son fonds de placement était présenté par lui comme une opération financière légitime, comme le résultat d'une stratégie particulière combinant la gestion dynamique d'un portefeuille d'actions, autrement dit leur achat et leur revente rapides, et l'utilisation de *collars*, un montage particulier d'options portant sur ces actions. Dans le cas d'un marché boursier porté par une tendance haussière constante et sans mouvements désordonnés à la hausse ou à la baisse, la stratégie que Madoff prétendait appliquer pour ses clients permet en effet d'engranger des gains réguliers et aurait été susceptible de générer les revenus qu'il affirmait obtenir. Le seul problème était qu'étant donné la taille du marché des options et le volume gigantesque pris par ses propres opérations, sa stratégie aurait totalement déséquilibré ces marchés : elle était irréalisable à l'échelle qui était devenue la sienne, celle des dizaines de milliards de dollars que le fraudeur brassait en réalité. Les vérifications qui ont été faites une fois la supercherie révélée ont montré que le marché n'aurait jamais pu absorber le volume d'opérations qu'il prétendait faire dans les relevés minutieux qu'il communiquait à ses clients.

Que dit-on quand on affirme que Bernard Madoff a fait disparaître 50 milliards de dollars ? On dit qu'il a donné à certains de l'argent qu'il avait simplement reçu d'autres. Il a donné à ses clients A celui qu'il recevait de ses clients B. Ce qu'il prétendait, c'est qu'il donnait à A et à B de l'argent qu'il avait fait fructifier ailleurs, autrement dit qui avait été ponctionné sur le labeur de certains C. Il affirmait à A et B être en train de voler C, alors qu'il se contentait de voler ses clients B pour payer ses clients A. Quand on dit qu'il a fait perdre 50 milliards, on veut dire que ses reconnaissances de dette vis-à-vis de ses clients atteignaient ce montant-là. Il a probablement volé 30 milliards à B donnés à A et prétendu à A que leur argent avait fructifié de 20 milliards, ce qui n'est bien entendu pas le cas. Ceux qui se dirent escroqués réclamaient non seulement l'argent qu'ils avaient placé chez Madoff, mais aussi celui que ce dernier leur faisait croire qu'il leur avait fait gagner. Dans l'argent qu'ils affirment au fisc avoir perdu, les B mentionnent l'argent qu'ils ont effectivement perdu, et les A l'argent que Madoff prétendait leur avoir fait gagner par ses bobards. Pour les A, c'est un manque-à-gagner (un potentiel qui ne se réalisera pas) que l'on fait passer pour une perte (un réel qui a disparu). Dans un cas comme celui-là, même l'imagination a donc de la valeur.

Madoff ne s'est jamais ouvert de ce qui s'était exactement passé, même s'il a fait allusion, durant son procès, au fait que son fonds fonctionna à l'origine selon la stratégie qu'il prétendit utiliser pendant près de trente ans. Il dut fonctionner selon ses vœux pour ses clients initiaux, pour rapidement atteindre sa limite en volume dans le cadre que le marché autorisait : plus, et le prix des actions se serait retrouvé ballotté de manière incontrôlable, en raison même du volume de ses transactions. Alors, plutôt que de s'en tenir là, et comme les candidats continuaient de se présenter en foule, il accepta les nouveaux fonds qu'on lui proposait et se mit à mimer à une échelle sans cesse grandissante ce qui avait d'abord été sa stratégie gagnante. Jusqu'à basculer enfin dans une « cavalerie » du type le plus courant : prétendant continuer de la même manière qu'avant, mais se contentant en réalité de payer les plus anciens participants avec les apports en fonds de ses recrues les plus récentes.

Madoff ne fut jamais démasqué ; ce furent ses fils qui le dénoncèrent à la police quand il leur annonça que sur une affaire censée représenter 50 milliards de dollars, il ne restait plus en caisse que quelques centaines de millions. Certains avaient bien soupçonné qu'un fonds qui rapportait bon an mal an 1 % par mois, et ce quelles que fussent les conditions du marché, ne pouvait pas fonctionner de la manière dont l'affirmait son promoteur, mais Bernard Madoff, ayant été autrefois directeur du Nasdaq – le deuxième marché boursier américain en volume après le New York Stock Exchange (NYSE) –, était un personnage au-dessus de tout soupçon, et ne l'aurait-il pas été, plusieurs de ses proches constituaient un petit réseau au sein des instances des régulateurs, et auraient pu l'informer en temps utile d'enquêtes en cours ou en préparation.

Pourquoi les choses ont-elles mal tourné pour lui ? Parce que, subissant des pertes sévères du fait de la décomposition des marchés financiers à l'automne 2008, un trop grand nombre de ses clients durent retirer leurs fonds, conduisant à l'écroulement de la pyramide. Mais il fallut pour cela une crise financière et bientôt économique d'une sévérité inouïe, une de celles dont on nous dit à juste titre qu'elles n'interviennent qu'une fois par siècle.

Le récit de leur tragédie personnelle à la presse par les victimes de Madoff éclipsa rapidement celle de l'escroc lui-même. Celle-ci m'a pourtant remis en mémoire le nom de Donald Crowhurst, un nom qui ne vous rappelle sans doute rien. Crowhurst participa à la Golden Globe

Race en 1969, une régate autour du monde en solitaire. Alors qu'il se trouvait en position de vainqueur potentiel, il cessa soudain de donner de ses nouvelles. Lorsqu'on repéra son trimaran, il avait disparu. On retrouva son journal de bord qui permit de comprendre qu'au lieu de chercher à faire le tour du globe il était resté de longs mois en embuscade dans l'Atlantique Sud, communiquant jour après jour des positions fictives, attendant que les autres navigateurs y refassent apparition à l'issue de leur circumnavigation. Il se serait, semble-t-il, satisfait de finir en dernière position. Le hasard ne le voulut pas ainsi : la dureté de la course fit qu'il se retrouva finalement seul en position de l'emporter. Il se mit alors à errer au milieu de l'Atlantique, son journal de bord révélant une raison de plus en plus chancelante, consignant en particulier une théorie relative à la condition humaine qui lui aurait épargné l'abominable dilemme qui était le sien : vainqueur par tricherie, ou tricheur démasqué. Son système échoua cependant à le convaincre lui-même, puisqu'il s'ôta la vie.

Les informations relatives aux justificatifs détaillés que Madoff procurait à ses clients m'ont fait penser à une tragédie à la Crowhurst. Parce que ces relevés, mentionnant parfois des dizaines d'opérations fictives au cours d'un seul mois, présentent de manière précise la stratégie complexe qu'il affirmait mettre en œuvre pour le bénéfice de ses clients, tout comme la position fictive de son bateau que Crowhurst diffusait à la fin de chaque journée.

Si mon hypothèse est exacte, l'histoire de Madoff est celle d'un homme qui s'imagine d'abord être un géant, parce que son plan complexe, digne d'un génie (celui que les relevés communiqués à ses clients persistait à présenter), semble réussir, mais qui, quand il découvre que ce plan est limité par la taille, ne s'y résigne pas, par orgueil, par *hubris.* Il s'autorise sans doute d'abord quelques libertés avec ses principes – tactiques « de complément » que Michael Ocrant, qui l'a questionné avec perspicacité[1], semble avoir très bien devinées –, pour maintenir la fiction, puis il succombe : il se met alors à tricher et se retrouve non plus un géant à ses propres yeux, mais un nain. Enfin, bien des années plus tard, pareil à Raskolnikov dans *Crime et Châtiment*, il n'en peut plus et révèle sa supercherie – et, du coup, sa turpitude.

Car, comme je l'ai dit, Madoff n'a pas été démasqué : il a avoué à ses fils, et ceux-ci l'ont livré à la police. Comme dans le cas de Crowhurst, ce n'est pas la justice des hommes qui l'a rattrapé, mais sa propre conscience. Le drame humain n'est pas celui de ceux qui ont cru en Madoff : c'est celui de la manière outrancière dont il a cru en lui-même.

1. M. Ocrant, *Madoff Tops Charts ; Skeptics Ask How*, MAR/Hedge (RIP), n° 89, mai 2001.

Cavalerie et fonctionnement ordinaire de l'économie

Qu'y a-t-il de commun entre l'économie telle qu'elle fonctionne ordinairement et l'affaire Madoff ? Le fait que le mode selon lequel on s'est habitué à la voir fonctionner au cours des trente dernières années est celui d'un processus de cavalerie. Le modèle de Minsky distingue, je le rappelle, trois régimes qui président au crédit : couverture, spéculatif et Ponzi – le mode Ponzi s'assimilant bien entendu à un processus de cavalerie.

Quand les ménages cessèrent de disposer des moyens suffisants pour maintenir leur niveau de vie et durent recourir massivement au prêt à la consommation, la phase Ponzi envahit le processus entier. Les banques centrales s'efforcèrent de maintenir les taux d'intérêt au niveau le plus bas possible pour faciliter le crédit à la consommation, ce qui permit aux États-Unis une transition sans à-coups entre l'éclatement de la bulle de l'Internet et le début du gonflement de la suivante : celle de l'immobilier résidentiel.

En l'absence de revenus suffisants pour les ménages, le crédit fut convié à y suppléer. Durant les années 1920, le constructeur automobile Henry Ford introduisit la philosophie économique qui prit son nom : le *fordisme*. Un de ses aspects en était simple : « Il faut, disait-il, que le salaire de mes ouvriers suffise à l'achat des automobiles qu'ils construisent. » Il ajusta leur salaire à la hausse en conséquence. Ce principe, pourtant élémentaire, fut ensuite perdu de vue. La conséquence en a été une tendance de l'économie à fonctionner en permanence en régime Ponzi, dont il aurait pourtant dû être clair qu'il s'effondrerait nécessairement sitôt que l'alimentation en nouvelles recrues s'interromprait.

X

Les problèmes liés à l'argent

Nous avons commencé par nous intéresser à l'argent sous les aspects qui nous sont familiers et, à partir de là, nous sommes allés jeter un coup d'œil en coulisse : nous avons soulevé le rideau et nous nous sommes aperçus que la machinerie qui se trouve là en arrière-plan est beaucoup plus complexe que nous ne l'imaginions. Elle est en fait à ce point compliquée qu'on ne discerne même plus clairement ce qu'elle est vraiment, et que plusieurs interprétations en sont proposées – même si une seule est bien entendu correcte. Cette complexité n'ôte rien cependant au sens premier que nous avons avancé, à savoir que l'argent remplit en gros les fonctions pour lesquelles il a été créé.

La crise qui secoue le monde en ce moment, et se manifeste pour chacun sous la forme de problèmes financiers qui harcèlent la plupart, nous oblige néanmoins à nous poser la question : qu'est-ce qui ne marche pas avec l'argent ? Trois aspects principaux nous retiendront : la manière dont il se trouve redistribué ; la manière dont il est contrôlé par le milieu financier et le bénéfice que celui-ci en retire ; enfin, le sabotage de l'économie qu'autorise certain petit jeu que l'argent permet et qui a pour nom « spéculation ».

Un monde sans argent

Se conçoit-il que nous nous réveillions un jour au sein d'un monde nouveau où l'argent aurait été aboli, et où nous dirions en essuyant notre front où perle la sueur : « Un cauchemar s'est enfin terminé hier ! Comment avons-nous pu vivre aussi longtemps au sein d'un monde dominé par l'argent, en nous convainquant qu'un tel monde était tolérable ? »

Je sais que telle serait en effet ma propre réaction. L'injustice que constitue un monde où certains vivent dans la misère la plus abjecte – et beaucoup dans des conditions à peine moins pires – est pour moi un souci permanent, la source d'une réelle souffrance, quand cette réalité s'impose à moi sous forme de telle ou telle nouvelle tragédie.

En serait-il de même pour la majorité ? Je ne le pense pas, et sûrement pas sitôt l'abolition prononcée, car, pour certains, l'acquisition compulsive d'argent est un trait constitutif de leur caractère, et son abolition constituerait pour eux, du moins dans l'immédiat, la cause d'une très grande frustration. Cette addiction connaîtrait-elle le même sort que toute autre, à savoir qu'après une atroce période de sevrage le sujet se trouverait enfin délivré, et exultant dans sa libération ? Cela, je n'en sais rien.

La seule chose que je sache avec certitude, c'est que je vis à une époque où, en raison de la crise traversée, l'argent s'est soudain trouvé placé sous l'objectif du microscope, ses inconvénients apparaissant au moins aussi sérieux que les avantages qu'il pourrait présenter.

Le manque d'argent comme malheur

Nous naissons et nous grandissons au sein d'une famille. Si l'on ne nous dit rien à propos de l'argent pendant les dix premières années de notre existence, nous avons eu beaucoup de chance : c'est que nous sommes nés au sein d'une famille où l'argent ne manquait pas. Si nous n'en avons rien entendu dire, c'est que l'argent n'était pas une cause de souci pour nos parents. Si nous en avons au contraire abondamment entendu parler dès notre jeune âge, c'est qu'il faisait défaut et que son acquisition constituait une source constante de préoccupation.

Chacun considère comme donné le fait que l'on soit né au sein d'une famille où on a de l'argent ou qui en est dépourvue. On ne remet pas en cause cet état de choses et, surtout, si l'argent manque, on ne se rebelle pas d'emblée contre cette réalité-là : cela paraît relever de la nature des choses et c'est bien la manière dont nos parents le vivent aussi en général. S'ils n'ont pas eu assez d'argent, il sera bien temps, pour nous, plus tard, quand nous serons grands, de nous en préoccuper : ce sera à nous de faire en sorte d'en avoir davantage.

Pourtant, et pour la plupart d'entre nous, l'argent constitue, au cours de notre vie, la source d'innombrable soucis : nous éprouvons souvent le sentiment de ne pas en avoir assez. Nous en procurer suffisamment pour assurer la subsistance de nos proches n'est pas une mince affaire et nous expose en permanence à la méchanceté, à la jalousie et à l'envie. Se procurer de l'argent constitue, à parler franc, un combat de tous les instants.

On se plaint aujourd'hui de la disparition des valeurs qui se manifeste par l'éclatement des familles, la séparation ou le divorce, mais s'interroge-t-on sur le nombre de familles qui ont été tout simplement détruites par le manque d'argent ? Et si les ménages restaient plus unis par le passé, n'était-ce pas tout bonnement parce que le divorce était interdit et, plus crûment encore, parce que l'interdiction faite aux femmes de s'éduquer les obligeait à rester enfermées au sein d'une unité familiale devenue pourtant un véritable enfer ?

La redistribution de l'argent

> *« Au sein de l'économie moderne, la gestion monétaire et la gestion économique sont mêlées de manière inextricable au problème plus vaste de la distribution des revenus. Ceci aussi deviendra de plus en plus évident. Aucune pensée n'est plus séduisante à l'individu de tempérament conservateur que celle qu'une politique économique est une affaire purement technique. »*
>
> JOHN K. GALBRAITH, *Money*.

Le problème lié à l'argent, pour ce qui touche à sa distribution, est qu'il fonctionne plutôt bien dans l'économie, et pour le bonheur de tous, dans la mesure où il est relativement bien réparti. Je ne parle pas ici uniquement d'un point de vue moral, ni des drames humains qu'engendre la misère, mais de l'efficacité même du système économique. Or plusieurs facteurs s'opposent à ce que l'argent soit redistribué de manière homogène au sein de la population : d'une part, la capacité qui a été offerte historiquement à certains de s'accaparer des ressources dont l'usage est pourtant commun ; d'autre part, l'institution de l'héritage qui permet qu'une concentration de l'argent s'opère au fil des générations au sein des mêmes familles.

La concentration de l'argent est à la source de multiples problèmes et débouche, chaque fois qu'elle atteint un niveau excessif, sur des crises dévastatrices. Pourquoi ? Parce que la présence de l'argent en de trop rares endroits oblige à le faire parvenir là où on en a besoin, comme avances dans un processus productif ou pour subvenir à des besoins de consommation, nécessitant des intermédiaires qu'il faut rémunérer, ainsi qu'une rémunération du capital lui-même, autrement dit le versement d'intérêts, qui alourdissent l'ensemble des coûts.

Dans les années 1930, Keynes notait déjà à ce propos :

> « Pour notre part, nous pensons qu'on peut justifier par des raisons sociales et psychologiques de notables inégalités de fortune, mais non des disproportions aussi marquées qu'à l'heure actuelle. Il existe des activités humaines utiles qui, pour porter tous leurs fruits, exigent l'aiguillon du lucre et le cadre de la propriété privée. Bien plus, la possibilité de gagner de l'argent et de constituer une fortune peut canaliser certains penchants dangereux de la nature humaine dans une voie où ils sont relativement inoffensifs. [...] Il vaut mieux que l'homme exerce son despotisme sur son compte en banque que sur ses concitoyens ; et, bien que la première sorte de tyrannie

> soit souvent représentée comme un moyen d'arriver à la seconde, il arrive au moins, dans certains cas, qu'elle s'y substitue[1] »

Un des remèdes classiques à cette concentration est l'impôt progressif qui ponctionne une proportion croissante des revenus au fur et à mesure que l'on monte dans leur échelle. Les politiques fiscales visent à pallier la redistribution aujourd'hui très inégale de l'argent, mais les mesures prises ne sont – comme le verbe « pallier » l'indique suffisamment – que des palliatifs, ce qui veut dire qu'elles ne s'attaquent pas au cœur du problème, mais visent seulement à en minimiser les effets jugés inévitables. Une difficulté constitutive de cette approche est que toute mesure prise en ce sens est réversible. Nos démocraties sont de surcroît très sensibles au pouvoir de l'argent et ceux qui en disposent possèdent la capacité d'infléchir la réalité selon leurs vœux. Cela signifie que, sur un plan pratique, tout système qui imposerait une progressivité véritablement équitable serait révisé, à terme, dans le sens d'une plus grande inégalité, relançant le processus de concentration de la richesse.

Rien, en effet, dans l'organisation des sociétés capitalistes, mises à part ces politiques fiscales, ne vise

1. J. M. Keynes, *Théorie générale de l'emploi, de l'intérêt et de la monnaie*, trad. Jean de Largentaye, Paris, Payot, 1942, tome II, p. 189-190.

spécifiquement à faire en sorte qu'une redistribution homogène de l'argent ait lieu de manière constante et comme l'aboutissement d'un principe visant ce but. Une tentative de remédier à cette situation a eu lieu, bien sûr, au XXe siècle, sous le nom de communisme, et des formes mineures en survivent au XXIe siècle dans des poches comme Cuba, la Corée du Nord ou le Népal. Le fait que ceux qui ont été les grands pays communistes se soient tournés, au XXIe siècle, vers des formes bâtardes, comme la Chine, ou l'aient abandonné purement en simplement, comme la Russie, a conduit à voir dans son effondrement ultime une raison majeure de le disqualifier en tant que modèle de société. Le fait qu'en ce moment même le capitalisme se délite lui aussi, d'une manière qui n'est pas sans rappeler l'effondrement du communisme soviétique, oblige à réexaminer celui-ci sous un jour peut-être moins défavorable, en vue d'opérer un tri, au sein de cette expérience, de sorte à séparer le négatif – dont les aspects sont malheureusement plus qu'évidents – d'un solde positif éventuel – certainement plus difficile à déceler.

Cela dit, rien n'oblige à penser que le communisme représentait la seule alternative possible au capitalisme sous l'angle spécifique d'un dispositif ou d'une formule assurant une répartition optimale de l'argent au sein des populations : il n'existe pas sur cette question de logique bipolaire qui voudrait que les principes qui ont présidé au communisme constituent le « contradictoire » unique et exclusif de capitalisme, alors qu'il est sans doute pour lui une multitude de « contraires » envisageables, pour reprendre ici une très utile distinction introduite par Aristote entre le *contradictoire* d'un jugement, par nécessité unique, et ses *contraires*, qui peuvent revêtir de multiples formes (on peut considérer par exemple que noir est le *contradictoire* de blanc, alors que toutes les autres couleurs en constituent autant de *contraires*).

L'impôt progressif n'est donc jamais qu'un pis-aller s'efforçant de contrebalancer par des moyens *ad hoc* la tendance inscrite dans la logique du système, qui est celle de la concentration. Beaucoup plus radicale serait la suppression de l'héritage, qui remettrait les compteurs à zéro à chaque génération. Keynes note à ce propos que « certaines considérations qui légitiment l'inégalité des revenus ne justifient pas en même temps l'inégalité des héritages[1] ». La mesure interdirait l'accumulation dynastique et constituerait donc un excellent moyen de contrer la concentration. Mais, avec l'abolition de l'héritage comme avec l'impôt progressif, il ne s'agirait là encore que d'un palliatif, puisque ce serait aussi une manière de contrer la tendance globale du système à la concentration des richesses.

1. J. M. Keynes, *op. cit.*, tome II, p. 189.

L'une des conséquences les plus fâcheuses d'une distribution insuffisamment homogène de l'argent est, comme je l'ai signalé, son influence sur les intérêts qui seront exigés et versés aux différents niveaux du processus de production des biens, et l'impact qu'auront ces intérêts sur le prix final de ceux-ci. Comme on l'a vu, des intérêts doivent être versés du fait que, dans les processus de production, des avances sont consenties en vue de la création d'un surplus ou, dans le cas de prêts à la consommation, pour permettre à l'emprunteur de subvenir à ses besoins. Ces avances ou ces transferts de fonds auraient été sans objet si les capitaux nécessaires à la production ou les sommes indispensables à la consommation s'étaient trouvés d'emblée là où ils sont requis. Ce sont les intérêts qui font que l'argent appelle l'argent, engendrant la concentration du capital, puisque, par leur truchement, une sorte de « pompe » est amorcée, qui siphonne l'argent produit au niveau des plus pauvres – où il est nécessairement obtenu par le travail – pour le conduire au niveau des plus riches où il n'apparaît plus comme un produit transformé du travail, mais comme l'aboutissement d'une « fructification » automatique, le processus de transformation du travail en argent étant devenu entre-temps invisible. Ce mécanisme a excellemment été démonté par Marx.

Autrement dit, plus la distribution d'argent est hétérogène au sein de la population, moins il est probable que des capitaux seront disponibles là où ils sont requis, et plus il est par conséquent probable que des intérêts auront à être versés comme rétribution des capitaux qui auront dû être mobilisés. Or le montant de ces versements d'intérêts se verra bien évidemment refléter dans le prix final des biens qu'ils auront contribué à produire, et une conséquence immédiate de l'hétérogénéité dans la distribution de l'argent est donc un renchérissement des prix, lequel nécessairement affectera plus les pauvres que les riches, contribuant de ce fait à accentuer davantage encore la concentration de la richesse en un nombre réduit de mains.

Une telle disposition à la concentration fait augmenter de manière constante la part des prix due aux intérêts, ce qui débouche, à terme, sur l'insolvabilité massive de ceux qui se trouvent à la base de la pyramide de la richesse.

Si l'on entend contrer cette disposition à la concentration du capital – que j'ai qualifié, je le rappelle, d'argent dont on a besoin, mais qu'on n'a pas – plutôt que de la corriger après coup par des palliatifs comme l'impôt progressif, il existe divers autres moyens d'aborder le problème. Le plus simple consiste à s'attaquer aux causes mêmes de la concentration de richesse. Dès lors qu'on voudra par exemple abolir la propriété privée, la question de son héritage et celle de la perception des intérêts ne se poseront plus. On aura pris le problème par « l'entrée », l'héritage et les intérêts étant conditionnés par la propriété privée ; on aura bien entendu reconnu là la solution proposée par Marx.

En soi, l'institution de la propriété privée rend automatiquement la répartition de richesse non homogène : certains en auront plus, d'autres en auront moins. Le prêt à intérêt contribue à la concentrer davantage encore : si celui qui dispose d'argent peut le prêter et en recevoir davantage en retour du fait même de le prêter, l'argent appellera l'argent et les détenteurs des fortunes existantes les verront croître davantage aux dépens de ceux qui en sont privés. L'héritage contribuera à accentuer encore cette concentration : la richesse apparue à une certaine génération se verra offerte l'occasion de se perpétuer et de se développer aux suivantes.

Une alternative consiste à maintenir en place la propriété privée et l'héritage, et à neutraliser « en sortie » la seule perception d'intérêts. On peut en effet « neutraliser » la capacité du capital à grossir de lui-même par le simple effet de drainage du produit du travail de celui qui n'y a pas accès, sans toucher à la propriété privée, et cette manière de faire consiste tout simplement à prohiber la perception d'intérêts. Le capital ne pouvant servir à rien d'autre qu'à être prêté le serait, mais, cette fois, sans récompense. La prohibition du prêt à intérêt fait partie du credo de base de l'islam, comme d'ailleurs du christianisme traditionnel ; Thomas d'Aquin, qui s'est intéressé à la question, en a repris la problématique là où Aristote l'avait laissée.

Les tentatives visant à appliquer cette interdiction, à toutes choses égales par ailleurs, c'est-à-dire sans modifier aucun autre aspect du contexte, ont montré qu'elles débouchaient rapidement soit sur son contournement – un marché parallèle se mettant aussitôt en place, reconstituant la logique de la perception d'intérêts, mais, cette fois, hors du cadre légal –, soit sur sa perversion, l'accent se déplaçant de la maximisation du profit vers la minimisation du risque de crédit, avec des conséquences inattendues mais tragiques pour les consommateurs ordinaires, les emprunteurs les plus sûrs n'étant pas nécessairement les plus honnêtes. Ainsi, dans le cas du détournement, des « cadeaux spontanés » en nature ou en argent liquide récompensent le prêteur et reconstituent *de facto* les intérêts prohibés, tandis que dans le cas de la perversion, l'interdit étant bien respecté, le prêteur qui maximise ses chances d'être remboursé découvre rapidement que ce sont les emprunteurs qui se livrent à des activités criminelles, les trafiquants de drogue en particulier, qui, étant les plus sûrs, doivent être privilégiés, le reste de la population étant beaucoup moins fiable, puisque davantage exposé aux aléas de la conjoncture économique.

Devant les difficultés qu'entraîne la prohibition des intérêts, certains ont pensé aborder le problème autrement et mettre en place un système où la perception d'intérêts cesserait de jouer un rôle dans la concentration de la richesse, leur pertinence ayant disparu dans le cadre de la nouvelle donne. Les deux premières approches – suppression de la propriété privée et bannissement des intérêts – sont politiques au sens où elles supposent un système légal qui fasse respecter des interdictions spécifiques ; la troisième option consiste à neutraliser la concentration de la richesse sans instaurer aucune prohibition explicite ni de la propriété privée, ni de l'héritage, ni même des intérêts. Cette troisième voie est d'une très grande subtilité : elle consiste à définir la monnaie de telle manière qu'elle interdise automatiquement la concentration de la richesse comme une simple conséquence de ses propriétés intrinsèques. Elle a été prônée historiquement par ceux qui entendaient prévenir la concentration des richesses en raison de ses conséquences sociales néfastes, mais sans vouloir passer par la solution radicale consistant à supprimer la propriété privée. Ce sont essentiellement des mouvements *socialistes* ou *anarchistes* antimarxistes qui ont préconisé ce type d'approche.

La monnaie « fondante » de Silvio Gesell

Né d'un père allemand et d'une mère belge, Silvio Gesell (1862-1930) fut d'abord un homme d'affaires prospère en Argentine (commerce d'appareils dentaires), avant de devenir un socialiste (ou un anarchiste, selon les auteurs) antimarxiste d'inspiration proudhonienne doté d'une réelle influence. En 1919, Gesell fut commissaire du peuple aux Finances de la très brève « république des conseils » (également appelés « soviets ») de Bavière. Accusé de haute trahison, il fut cependant acquitté. Comme le disent non sans sarcasme Marx et Engels dans le *Manifeste du parti communiste* (1848) à propos de Proudhon, ce qu'il visait, à l'instar de son inspirateur, ce n'était pas tant l'avènement d'un monde sans classes, auquel présiderait un prolétariat vainqueur, qu'un monde où la lutte des classes aurait été réglée par l'avènement de tous à la qualité de bourgeois. C'est dans une telle perspective réformiste que Gesell propose d'amender les propriétés de la monnaie de manière telle que la concentration de la richesse entre les mains de quelques-uns seulement devienne une impossibilité. Le moyen qu'il propose, c'est le remplacement de la monnaie telle que nous la connaissons par une monnaie « fondante » ou, comme il disait plutôt, « oxydable ».

Le problème que pose la monnaie, selon Gesell, c'est que, contrairement à la plupart des éléments du monde naturel, elle ne présente pas une tendance naturelle à perdre de sa valeur avec l'écoulement du temps, en raison de sa dégradation lente ou rapide. Bien des denrées sont périssables et se dévalorisent jusqu'à perdre toute valeur. De même pour les objets qui s'usent ou finissent par se détraquer. Quant aux marchandises qui se conservent mieux, elles doivent de toute manière être entreposées, protégées, etc., leur conservation entraînant des frais qui se cumulent, même s'ils ne vont pas croissant. L'argent diffère de ce point de vue : si l'on ignore la question de l'inflation (qu'une politique idéale des banques centrales devrait prévenir), la garantie que lui offre l'État le protège de toute érosion de sa valeur. La monnaie présente ainsi un avantage différentiel par rapport aux autres marchandises, et, selon Gesell, c'est cet avantage différentiel qu'expriment et que captent les intérêts.

Dans sa *Théorie générale de l'emploi, de l'intérêt et de la monnaie*, Keynes considère l'analyse de Gesell comme irréprochable et dit, de son utopie fondée sur une économie de la monnaie *fondante*, qu'elle est plus prometteuse que le marxisme : « Nous estimons que l'avenir aura plus à tirer de la pensée de Gesell que de celle de Marx[1] », affirme-t-il. Et il se reproche d'ailleurs d'avoir injustement ignoré jusque-là l'œuvre de l'utopiste : « Nous estimions, comme les autres économistes universitaires, que ses efforts profondément originaux ne méritaient guère plus d'attention que l'œuvre d'un

1. J. M. Keynes, *op. cit.*, p. 175.

déséquilibré[1]. » Keynes observe seulement que l'argent n'est pas seul à présenter une « liquidité » idéale : « Il n'avait pas compris, en particulier, que la monnaie n'est pas la seule richesse assortie d'une prime de liquidité, qu'il n'y a qu'une différence de degré entre elle et beaucoup d'autres articles, et qu'elle tire son importance du fait qu'elle a une prime de liquidité plus forte qu'aucun autre article. Si les billets en circulation devaient être privés de leur prime de liquidité, toute une série de succédanés viendraient prendre leur place : monnaie de banque, créances à vue, monnaies étrangères, pierreries, métaux précieux en général, etc.[2] » À bien y réfléchir, l'or avait certainement dû d'être retenu comme candidat privilégié pour constituer le support d'une monnaie au fait qu'il présentait déjà, en soi, les propriétés qui seraient requises d'une monnaie ayant cessé d'être ancrée à un étalon (qui lui est nécessairement extérieur) : l'or n'est en effet ni putrescible ni oxydable, et, du coup, il est très largement indifférent à l'écoulement du temps et, en raison de sa grande valeur intrinsèque, liée à sa rareté, facilement stockable en petites quantités.

Partant de là, ce qu'imagine Gesell, c'est une monnaie « fondante » dont la valeur diminue avec l'écoulement du temps, de manière à reproduire arti-

1. *Ibid.*, p. 174.
2. *Ibid.*, p. 177.

ficiellement la perte de valeur que subissent les produits naturels en grande majorité dégradables. Elle permettrait d'éliminer l'avantage différentiel de l'argent par rapport à ceux-ci, fondement des intérêts : une monnaie qui se dégrade à l'instar de la richesse qu'elle représente élimine automatiquement les intérêts du fait qu'ils perdent dès lors toute justification. Keynes explique : « Il importe donc avant tout d'abaisser le taux d'intérêt de la monnaie, et Gesell montre qu'on peut y parvenir en faisant supporter à la monnaie des frais de conservation semblables à ceux qui grèvent les autres stocks de marchandises improductives[1]. »

Ce « vieillissement » peut être mis en vigueur par l'estampillage de la monnaie : elle porte la date de son émission et, au fur et à mesure que le temps passe, elle perd de sa valeur du fait qu'un billet requiert, pour pouvoir continuer à circuler, qu'un timbre lui soit apposé à échéance régulière, le prix du timbre grevant d'autant sa valeur.

Les implications d'une monnaie *fondante* sont multiples. Tout d'abord, son détenteur est encouragé à la dépenser plutôt qu'à la thésauriser. Cela résout d'office un obstacle bien connu à la bonne gestion de la masse monétaire par les banques centrales, la thésaurisation constituant un « bouchon » dans la circulation de la

1. *Ibid.*, p. 176.

monnaie et rendant très malaisée toute mesure précise du volume d'argent en circulation à un instant donné.

D'autre part, le détenteur d'un argent *fondant* est encouragé à le prêter sans intérêt, puisque son « vieillissement » constitue, lui, un « intérêt négatif ». En effet, pour quiconque n'en a pas un usage immédiat, l'argent fondant est un souci constant, alors que, prêté pour une durée quelle qu'elle soit, il revient à son prêteur pour son montant nominal, sans déperdition apparente. À l'inverse, du point du vue du débiteur, l'argent est emprunté sans intérêt, puisque, quelle que soit la durée du prêt, la somme retournée est la même.

Enfin, autre bénéfice social apparent : le possesseur d'argent *fondant* qui ne sait qu'en faire se voit encouragé à le donner plutôt que de le voir perdu.

Comme on le voit, le système de Gesell est en effet typiquement *proudhonien*, résolvant la lutte des classes en la privant d'objet plutôt que par la victoire du prolétariat sur la bourgeoisie. Principale critique qu'on peut lui adresser cependant : du fait de son incitation pressante à la dépense, la philosophie de la *monnaie fondante* demeure essentiellement « productiviste » et « consumériste », ce caractère *fondant* constituant une incitation majeure à en faire, quoi qu'il arrive, « quelque chose d'utile », soit en le prêtant, soit en l'utilisant pour l'achat de biens de consommation. *Exigeant* d'être dépensée, elle risque, du coup, d'être dépensée sans grand discernement. La monnaie fondante ne résout donc pas la reconversion de la fonction de l'argent dans un cadre de développement durable[1].

Au cours des années récentes, Helmut Creutz (2008) a donné aux propositions de Gesell un regain d'actualité. Mettant l'accent non seulement sur la concentration de la richesse qu'engendre l'argent dans son fonctionnement présent, mais aussi sur la part croissante des intérêts dans le coût des marchandises, Creutz propose, avec le principe d'une taxe sur la thésaurisation, un

1. La *monnaie fondante* constituerait le cauchemar des partisans de la « décroissance » (qui préfèrent en général se faire appeler, selon l'expression prônée par Serge Latouche, « objecteurs de croissance »), ces écologistes malthusiens qui considèrent que seule une réduction en taille des populations humaines, des communautés locales et de l'objet de nos désirs pourra résoudre la contradiction existant entre la tendance humaine à la croissance infinie, le comportement « colonisateur » de notre espèce et la nature nécessairement limitée du monde où elle vit. De nombreux reproches peuvent être adressés aux principes sur lesquels repose le mouvement prônant la « décroissance », en particulier sa désespérance très heideggérienne quant à la condition humaine, désespérance négatrice de l'inventivité et de la résilience de l'espèce, mais ce mouvement a l'incontestable mérite d'attirer l'attention sur la voie de garage dans laquelle celle-ci s'est engagée dans un monde par définition limité et dont elle découvre aujourd'hui douloureusement les bornes que cette limitation pose à son ambition. Dans ce cadre, un productivisme à tout crin ne saurait en aucun cas constituer la solution.

équivalent plus aisément applicable de la monnaie *fondante*.

Les expériences de *monnaie fondante* sont rares et ont toujours concerné des monnaies de « complément » dans un environnement qui demeurait dominé par une monnaie légale émise par une banque centrale. Le faible nombre d'applications historiques et le fait qu'elles sont toujours intervenues dans un contexte de crise[1] rendent très malaisée une évaluation de leur effectivité. Il est en effet difficile de dire, comme l'a souligné Thomas Greco, si leurs bénéfices apparents découlaient de la nature *fondante* de cette monnaie, ou bien de certains éléments faisant partie du contexte comme le fait qu'elle ne circulait qu'en faible quantité, parallèlement à une monnaie officielle, qu'elle offrait un moyen commode de payer les impôts locaux, qu'elle tirait bénéfice du système global, parasitant en fait la monnaie émise par la banque centrale, qu'elle « captait » à son profit les intérêts accrus sur la monnaie légale déposée en garantie pour de la monnaie *fondante*, voire encore que des quantités non négligeables en étaient retirées de la circulation par des collectionneurs qui subventionnaient ainsi involontairement le système, etc.[2]

---

1. J. Fisher, *Stamp Scrip*, New York, Adelphi Company, 1933.
2. T. H. Greco, *Comment on the Wörgl Experiment with Community Currency and Demurrage*, 2002, document en ligne (voir Bibliographie).

Comment contrer la concentration des richesses ?

Considérons désormais comme acquis que la concentration des richesses est pernicieuse à long terme, car elle fragilise tout système économique. En l'absence de confirmations empiriques de la possibilité de la contrer sans recourir à des prohibitions portant sur la propriété privée, sur l'héritage ou encore sur les intérêts, mais uniquement en attribuant à la monnaie des qualités spécifiques, comme le proposait Gesell, est-il possible de démontrer que cette manière d'aborder le problème est la meilleure ? Ou bien faut-il toujours envisager sérieusement ses deux concurrentes : une prohibition de la propriété privée telle que la préconisait Marx, ou une prohibition de la perception d'intérêts comme la préconisent le christianisme historique et l'islam ?

Faisons un petit pas en arrière. Les crédits résidentiels américains *subprimes* paraissent n'avoir été, en soi, qu'un détail au sein du fonctionnement du système capitaliste ; ils ont cependant suffi à déclencher la catastrophe que représente la crise qui affecte la planète depuis 2007. Ce n'était qu'un grain de sable, mais un grain de sable significatif, en ce qu'il a rappelé qu'une société où le financement s'obtient de manière privilégiée par le crédit s'effondre, à terme, pour la raison qu'elle se transforme inéluctablement en une énorme machine de Ponzi, incapable de fonctionner si elle ne recrute pas en permanence de nouveaux participants. Or, une fois les pauvres enrôlés à leur tour dans l'immobilier résidentiel américain, il ne restait plus personne à recruter après eux.

Mais comment se fait-il que tout financement soit désormais un crédit, que nul ne dispose de l'argent dont il aurait besoin pour lancer une affaire ou subvenir aisément aux besoins de sa famille ? La réponse tient dans la concentration de la richesse qui fait que l'argent, ayant cessé d'être là où il est requis, doit nécessairement être emprunté par ceux qui en ont besoin.

Comment empêche-t-on la richesse de se concentrer ? Nous avons déjà passé en revue les différents moyens. Rappelons-les brièvement : 1) suppression de la propriété privée des moyens de production et dictature de la classe jusqu'ici privée d'accès à la richesse, à savoir le prolétariat : c'est la solution préconisée par Karl Marx ; 2) répartition de la richesse figée dans son état présent en l'empêchant de fructifier par le mécanisme de la perception d'intérêts : c'est la solution prônée par le christianisme historique et par l'islam ; 3) monnaie redéfinie de manière telle que son fonctionnement ordinaire empêche désormais la richesse de se concentrer : c'est la solution proposée par Silvio Gesell.

Ce qu'il convient toutefois de noter, parvenu à ce stade de la réflexion, c'est qu'il ne s'agit encore là que de trois solutions extrinsèques au problème, qui tentent certes de contrer la concentration de richesse, mais sans s'attaquer vraiment à la source du problème. Faisons une analogie grossière : il faut résoudre le problème du rhume de cerveau. La solution de Marx consiste à vous couper la tête. La solution islamique et celle, traditionnelle, du christianisme consistent à vous administrer des antihistaminiques : le nez ne coule plus, vous vous sentez aussi mal qu'auparavant, mais au moins plus personne ne se doute que vous êtes enrhumé. La solution Gesell consiste à redéfinir le rhume comme une manière d'être en bonne santé.

Il s'agit bien évidemment d'une caricature, mais elle n'est pas là que pour faire sourire. Interrogeons-nous par exemple sur la « solution Marx » qui envisage qu'une dictature – quelle que soit sa forme particulière : « révolutionnaire », en l'occurrence – puisse constituer une forme de solution. Interrogeons-nous aussi sur la proposition de Gesell qui résout sans doute en théorie la question de la concentration des richesses, mais uniquement de manière « asymptotique » : par une longue érosion du pouvoir possédé jusque-là par les rentiers alors que ces derniers, détenteurs de la richesse, disposent, du fait même, également des moyens de se défendre contre une atteinte à leurs privilèges pendant cette transition d'une durée indéterminée.

Cela dit, une chose parfaitement comprise par Gesell est le fait que la monnaie joue deux rôles : d'une part, celui de moyen d'échange – rôle pour lequel elle a été initialement conçue –, d'autre part, celui de réserve de valeur – qui n'est qu'une conséquence dérivée de son fonctionnement. Son rôle de moyen d'échange oblige, si l'on veut qu'il existe une certaine stabilité des prix, à ce que tout l'argent disponible circule en permanence. Or le rôle de réserve de valeur encourage, lui, à la thésaurisation, ce qui, au contraire, grippe le système et alimente l'instabilité des prix. Il faut donc neutraliser la fonction de réserve de valeur de l'argent, ce qui peut se faire par exemple en rendant la monnaie *fondante* (elle se déprécie donc par le simple écoulement du temps), comme le préconise Gesell, ou en taxant la thésaurisation, comme le recommande de nos jours Helmut Creutz.

Je sais que la fonction d'échange appartient constitutivement à l'argent : c'est pour l'assurer qu'il a été inventé. Mais la fonction de « réserve de valeur » ne lui est pas constitutive : elle n'apparaît que parce que l'argent stagne là où il existe en trop grande quantité pour pouvoir être utilisé.

Je vois bien que l'argent joue cette fonction dans le système capitaliste où l'on a affaire à trois classes sociales : les capitalistes, les entrepreneurs, les travailleurs, et où le surplus produit par les travailleurs est, dans un premier temps, partagé entre capitalistes et entrepreneurs, lesquels perçoivent respectivement intérêts et profit, puis, dans un second temps, entre les entrepreneurs et les travailleurs qui se partagent entre eux ce profit, les proportions exactes de ces redistributions se décidant selon les rapports de forces existant entre les trois classes. Je précise que, quand je parle de l'entrepreneur, je vise le dirigeant d'entreprise, autrement dit le patron, et non l'indépendant créant une petite entreprise par ses propres moyens à partir de rien : je parle de l'entrepreneur qui n'assure qu'un travail de gestion, autrement dit dont le rôle se cantonne à la supervision du travail des autres, et nullement du « petit entrepreneur » qui n'est, lui, qu'un travailleur comme les autres, si ce n'est qu'il bénéficie, comme dirait Marx à son propos, du « luxe » de s'autoexploiter ! Ce système-là conduit, comme chacun sait, à la concentration de l'argent dans les classes auxquelles appartiennent capitalistes et entrepreneurs.

Que faire alors pour s'assurer quand même que le système fonctionne, autrement dit pour que l'argent circule sans s'arrêter ? Le capitalisme a découvert la solution au problème : que les entrepreneurs et les capitalistes s'arrangent pour ne verser aux salariés qu'un salaire inférieur à celui qui leur est nécessaire pour assurer la subsistance de leur famille, mais leur permettent d'emprunter la somme manquante, et l'argent ne faillira pas à circuler. Les salaires seront ainsi entièrement dépensés et les capitaux prêtés rapporteront des intérêts substantiels. Les limitations de ce système, indépendamment de son injustice manifeste, sont désormais connues : la dynamique risque à tout moment de passer en régime de cavalerie, et toute « pyramide » ou « machine de Ponzi » de ce type nécessite en permanence de nouvelles recrues dont l'armée de réserve s'épuise nécessairement à terme.

Exprimée sous cette forme, la question révèle une vérité *a priori* cachée : un système dont les termes sont les trois classes que je viens d'évoquer, entretenant les rapports que l'on observe dans les faits, et au sein de laquelle circule l'argent, ne peut pas fonctionner de manière stable. Le problème ne réside donc pas dans l'essence même de la monnaie, mais dans une incompatibilité entre son mode de fonctionnement spontané et une société dont la structure sociale est caractérisée par ce que Marx appelle l'« exploitation » : dans le fait que le surplus est généré par les travailleurs, mais qu'ils n'en reçoivent une part qu'après que les deux autres classes, celle des investisseurs, les capitalistes proprement dits, et celle des entrepreneurs, se sont d'abord servies.

XI

Le contrôle de l'argent par la finance

L'intermédiation

Le fait que l'argent ne se trouve pas nécessairement à l'endroit où il rencontrera son meilleur usage comme *capital*, soit comme avances à la production, soit comme bouche-trou des revenus des ménages en vue de la consommation, oblige à ce qu'une fonction de « marieur » soit exercée par celui qui saura les mettre en présence dans un processus qu'on appelle l'*intermédiation*, c'est-à-dire qui opérera le contact entre celui qui dispose de fonds dont il n'a pas l'usage immédiat et celui qui sait comment utiliser ces fonds au mieux, soit dans la production, soit pour satisfaire un besoin de consommation, soit encore – et malheureusement – pour la spéculation.

Celui qui effectue cette intermédiation joue un rôle utile au sein de la structure économique et sa rémunération pour ce service apparaît donc entièrement justifiée. Sa position d'intermédiaire lui confère cependant un privilège dont il peut être tenté de tirer parti – et nul, à ma connaissance, n'a su résister à cette tentation. L'information sur les parties en présence et leur offre ou leur demande en capital est en effet précieuse : elle permet aux intermédiaires que sont les banques de se positionner de manière stratégique sur des opérations menées sur la base de leurs fonds propres – ce qu'elles ne manquent jamais de faire.

À partir de leur position d'intermédiaires entre prêteurs et emprunteurs, les banques sont parvenues à constituer la finance en un empire qui ponctionne une part toujours croissante sur les flux monétaires engendrés par l'économie, faisant de la finance un secteur parasitaire par rapport à celle-ci. Il a cependant suffi que des circonstances particulières soient réunies, telles celles de la crise présente, pour que ce parasitage apparaisse soudain en pleine lumière : la finance ayant perçu sa « livre de chair » de manière anticipée, et les calculs des rendements à venir ayant été dans ce cas-ci exagérément optimistes, l'ampleur du parasitage est apparue crûment sous la forme des pertes faramineuses qui ont été enregistrées.

La spéculation

> *« Les agioteurs, qui concentrent dans leurs coffres-forts et leurs portefeuilles d'immenses quantités de richesses, n'ont eux-mêmes jamais rien produit de leur vie. Leur seul travail intellectuel consiste à tendre insidieusement des pièges et des filets dans lesquels doivent se prendre les millions créés n'importe où et par n'importe qui – où et par qui, de cela, ces messieurs n'en ont cure !! »*
>
> PAUL LAFARGUE,
> « *L'Argent* de Zola », 1891-1892.

Que faire quand on ne dispose pas de l'argent dont on aurait besoin et que l'on sait pertinemment que travailler davantage ne ferait pas une grande différence ? Acheter un billet de loterie, bien sûr. À la fin du XXe siècle, chacun avait abouti à cette conclusion et les expressions « bulle financière » et « croissance » étaient devenues synonymes.

Un personnage de *L'Argent* d'Émile Zola avait déjà abouti à la même conclusion : « Ce fou de Sigismond le disait avec raison : le travail ne peut faire vivre, les misérables et les imbéciles travaillent seuls, pour engraisser les autres. Il n'y avait que le jeu, le jeu qui, du soir au lendemain, donne d'un coup le bien-être, le luxe, la vie large, la vie tout entière[1]. »

Si je me rends au supermarché pour acheter une savonnette, je m'attends à ce que le prix, demain, soit sensiblement le même qu'aujourd'hui. Si j'achète une action en Bourse, je n'ai pas cette même attente : je sais que son prix fluctue de minute en minute lorsque la Bourse est en séance. Pourquoi ? Il n'y a pas de raison *a priori* : la rentabilité de la firme dont l'action représente une fraction de la valeur n'évolue pas, elle, de minute en minute ; la firme revoit sans doute périodiquement sa stratégie mais, en général, rien ne justifie de réviser l'opinion que l'on a de sa rentabilité au cours d'une même journée. La raison, c'est qu'un contexte a été créé d'intention délibérée : un marché où le prix de l'action évoluera de minute en minute.

Pourquoi ces fluctuations ? Parce que chacun, acheteur comme vendeur, évalue en permanence les variations qui ont eu lieu dans les minutes ou les heures qui précèdent, en tire une conclusion quant au fait que le prix va grimper ou baisser, et décide à partir de là d'acheter ou de vendre.

Mais pourquoi avoir délibérément créé un contexte où des prix, qui n'ont aucune raison objective de chan-

1. É. Zola, *L'Argent*, Paris, Gallimard, « Folio Classique », 1980, p. 85.

ger à l'échelle d'une journée, le feront peut-être des milliers de fois ? Parce qu'un tel contexte autorise l'organisation de paris : il permet d'organiser ces marchés comme des casinos. La remarque a été faite avant moi par Keynes : « Les spéculateurs sont inoffensifs tant qu'ils ne sont qu'autant de bulles à la surface du flot régulier de l'esprit d'entreprise. La situation devient cependant sérieuse quand c'est l'esprit d'entreprise qui se transforme en une simple bulle à la surface d'un tourbillon spéculatif. Quand la fructification du capital d'une nation se transforme en sous-produit de l'activité d'un casino, le travail est rarement bien fait[1]. »

Edwin Lefèvre, journaliste des années 1920, raconte comment, dans les *bucket shops*, des officines de paris existant alors aux États-Unis, les joueurs pouvaient miser sur le cours des actions en dehors du contexte boursier, et ce tout aussi bien à la baisse qu'à la hausse, s'épargnant la peine d'une vente à découvert s'ils pariaient à la baisse[2]. Il s'agissait bien sûr, avec les *bucket shops*, d'une activité pour gagne-petit, les joueurs disposant de moyens se livrant aux mêmes activités dans l'enceinte même de la Bourse. Autre différence : les paris des chalands des *bucket shops* n'avaient

1. J. M. Keynes, *op. cit.*, tome II, p. 24.

2. E. Lefèbre, *Reminiscences of a Stock Operator*, New York, John Wiley, 1994.

aucun impact sur l'évolution du prix des actions sur lesquelles ils pariaient, puisqu'ils n'en achetaient ni n'en vendaient, alors que ceux des joueurs en Bourse en ont une, et ce quel que soit le volume de leurs transactions, la vente ou l'achat d'un seul titre suffisant à fixer un prix que d'autres joueurs – ou les mêmes – auront loisir de juger significatif d'une évolution future.

Du coup, la différence est cruciale, comme on l'aura noté, entre un parieur qui parie sur l'occurrence ou non d'un événement « en extériorité » de cet événement, comme le faisaient les clients des *bucket shops*, donc sans avoir d'influence sur ce qui se passera, ou « en intériorité », comme ceux qui se trouvent effectivement dans l'enceinte de la Bourse et qui, eux, du fait qu'ils vendent et achètent effectivement, ont la capacité de faire varier les prix en proposant à la vente ou à l'achat un prix distinct de celui qui prévaut jusque-là, et qui sera accepté par une contrepartie, par un vendeur pour l'acheteur et *vice versa*. Ce prix constituera non seulement le nouveau prix, celui qui fera désormais référence – jusqu'à ce qu'il soit remplacé par un autre –, mais il s'insérera aussi au sein d'une séquence – confirmant ou renversant la tendance existante – qui pourra être lue comme significative par les autres parieurs et qui les incitera, selon le cas, à vendre eux-mêmes ou à acheter.

Ces parieurs pourraient être considérés comme autant de joueurs inoffensifs, susceptibles seulement de gagner ou de perdre aux dépens ou au profit d'autres joueurs tout aussi inoffensifs qu'eux, parce que isolés. Ce serait vrai s'il était question de paris portant sur le résultat de courses hippiques, mais il s'agit ici de paris sur des prix, et ces paris détermineront le niveau auquel ces prix iront se fixer, et les nouvelles cotes feront alors foi : elles engageront tous ceux qui, sans avoir jamais mis, eux, les pieds à la Bourse, voudront acheter ces produits dont le prix est fixé en permanence par des joueurs de casino boursier.

Les marchés boursiers

Mon examen antérieur de la logique des intérêts et de leur genèse a montré qu'ils constituent la part revenant à ceux qui procurent les capitaux dans le partage du surplus créé grâce à la rencontre des avances procurées par ces capitalistes et de l'industrie d'un producteur – ou d'un ensemble de producteurs – travaillant sous la houlette d'un patron-entrepreneur. Le principe des sociétés par actions résulte d'une transposition très simple de ce mécanisme : la société émettant des actions occupe ici la place des producteurs/entrepreneurs et l'actionnaire, l'investisseur, celle du capitaliste. La part de celui-ci, correspondant aux intérêts, est appelée ici « dividendes » : c'est là la différence essentielle.

Il existe cependant une autre différence dont les implications sont majeures et que l'on peut caractériser en termes tout à fait neutres en disant qu'il existe ici un marché secondaire pour ces avances ou, en termes plus imagés et plus polémiques, en disant que le marché secondaire en question a été organisé sur le modèle du casino.

Nous avons déjà vu ce qu'est un marché *secondaire* : c'est celui où l'on revend et rachète, et où la personnalité de l'acheteur et du vendeur initial est indifférente, n'ayant plus aucun impact sur les transactions ultérieures.

On a cessé d'acheter des actions pour les dividendes qu'elles procurent (qui ne sont que la part prosaïque du surplus que la firme a pu dégager grâce à l'investissement de l'actionnaire quand il a acheté des actions), mais pour leur plus-value. Pour que cela devienne possible, il fallait transformer la Bourse en un casino, et la cote de l'action Total ou BP devait se modifier toutes les cinq secondes. Bien entendu, et comme je l'ai déjà fait observer, rien, dans la manière dont Total ou BP mènent leurs affaires, ne justifie que la cote de leurs actions se modifie toutes les cinq secondes – pas davantage que tous les cinq jours, d'ailleurs. Mais la condition est indispensable pour que la Bourse se transforme en un casino où des plus-values colossales seront encaissées. Quand ce beau plan cesse de fonctionner, c'est le krach, que l'on constate en effet à intervalles réguliers.

Les marchés à terme

Les marchés au comptant sont asymétriques. Si l'on s'y trouve en position d'*acheteur*, on peut y rester sur le long terme : une fois le titre acheté, on se trouve exposé aux variations de son prix, et ce jusqu'à ce qu'on le revende. Le *vendeur*, lui, cesse instantanément de se trouver sur le marché une fois qu'il a vendu : la vente s'assimile à une sortie du marché, et plus rien de ce qui s'y passe n'a d'importance en termes de gains ou de pertes éventuels. Les marchés à terme, les marchés de *futures*, comme l'on dit en anglais, sont au contraire symétriques : on peut s'y trouver soit en position « acheteuse » (ou « long »), soit en position « vendeuse » (« *short* », ou « court ») et, dans les deux cas, sur le long terme. Pour sortir du marché, il faut annuler la position qui est la sienne, *acheteuse* ou *vendeuse*, en achetant le même nombre de contrats que ceux dont on dispose déjà dans la position inverse. Si je suis acheteur (*long*) de cent contrats et que j'entends sortir du marché, il faut que j'achète cent contrats *vendeurs* (*short*) pour me dégager (« *go flat* »), et inversement. Si l'on veut renverser sa position pour le même nombre de contrats, il faut bien entendu doubler le nombre de contrats : acheter deux cents contrats *vendeurs*, si l'on était *acheteur* de cents contrats, permet de se retrouver *vendeur* de cents contrats. Tout cela n'est pas très intuitif si l'on pense aux marchés au comptant où, une fois qu'on a vendu, c'est fini…

Le marché à terme des matières premières est l'un de ces marchés. On peut y parier sur l'évolution du prix de bien des choses, des obligations d'État par exemple, de contrats rédigés dans une devise et exprimés en une autre – reflétant ainsi les variations du cours de ces devises l'une par rapport à l'autre, ou au prix d'un panier d'actions représentant un indice boursier, comme le Cac 40 en France, le S&P 500 aux États-Unis, ou le Nikkei au Japon ; on peut aussi y parier sur le prix des matières premières : métaux précieux (or ou argent) ou non (cuivre), coton, denrées telles que sucre, cacao, café, céréales, bétail sur pied ou lard de porc.

Sur un marché à terme, comme l'expression l'indique, on convient aujourd'hui du prix d'une marchandise qui sera livrée ultérieurement. L'avantage, pour ceux qui disposeront de marchandises de ce type ou qui chercheront à en acquérir à une échéance donnée, c'est qu'ils peuvent effectuer la transaction aujourd'hui sans se préoccuper des aléas climatiques ou autres (comme une variation importante du prix *spot*, c'est-à-dire pour livraison immédiate) qui pourraient affecter la livraison à une date ultérieure : ils peuvent conclure le marché aujourd'hui et dormir désormais sur leurs deux oreilles, aucune fluctuation ne pouvant plus les affecter. Ces marchés à terme ont donc – on l'aura compris – une fonction assurantielle très positive pour ceux qui y participent.

Interdire les paris sur les fluctuations de prix

> *« Mme Caroline elle-même s'était remise à rire. Et la conversation continua sur un ton de familière bienveillance.*
>
> *– C'est que j'aime beaucoup mon frère, c'est que je vous aime vous-même plus que vous ne pensez, et cela me ferait un gros chagrin de vous voir vous engager dans des trafics louches, où il n'y a, au bout, que désastre et que tristesse... Ainsi, tenez ! puisque nous en sommes là-dessus, la spéculation, le jeu à la Bourse, eh bien ! j'en ai une terreur folle. J'étais si heureuse, dans le projet de statuts que vous m'avez fait recopier, d'avoir lu, à l'article 8, que la société s'interdisait rigoureusement toute opération à terme. C'était s'interdire le jeu, n'est-ce pas ? Et puis, vous m'avez désenchantée, en vous moquant de moi, en m'expliquant que c'était là un simple article d'apparat, une formule de style que toutes les sociétés tenaient à honneur d'inscrire, et que pas une n'observait... Vous ne savez pas ce que je voudrais, moi ? ce serait qu'à la place de ces actions, ces cinquante mille actions que vous allez lancer, vous n'émettiez que des obligations. Oh ! vous voyez que je suis très forte, depuis que je lis le Code, je n'ignore plus qu'on ne joue pas sur une obligation, qu'un obligataire est un*

simple prêteur qui touche tant pour cent sur son prêt, sans être intéressé dans les bénéfices, tandis que l'actionnaire est un associé courant la chance des bénéfices et des pertes... Dites, pourquoi pas des obligations, ça me rassurerait tant, je serais si heureuse !

Elle outrait plaisamment la supplication de sa requête pour cacher sa réelle inquiétude. Et Saccard répondit sur le même ton, avec un emportement comique :

– Des obligations, des obligations ! mais jamais !... Que voulez-vous fiche avec des obligations ? C'est de la matière morte... Comprenez donc que la spéculation, le jeu est le rouage central, le cœur même, dans une vaste affaire comme la nôtre. Oui ! il appelle le sang, il le prend partout par petits ruisseaux, l'amasse, le renvoie en fleuves dans tous les sens, établit une énorme circulation d'argent, qui est la vie même des grandes affaires. Sans lui, les grands mouvements de capitaux, les grands travaux civilisateurs qui en résultent, sont radicalement impossibles... C'est comme pour les sociétés anonymes, a-t-on assez crié contre elles, a-t-on assez répété qu'elles étaient des tripots et des coupe-gorge ! La vérité est que, sans elles, nous n'aurions ni les chemins de fer, ni aucune des énormes entreprises modernes, qui ont renouvelé le monde ; car pas une fortune n'aurait suffi à les mener à bien, de même que pas un individu, ni même un groupe d'individus, n'aurait voulu en courir les risques. Les risques, tout est là, et la grandeur du but aussi. Il faut un projet vaste, dont l'ampleur saisisse l'imagination ; il faut l'espoir d'un gain considérable, d'un coup de loterie

qui décuple la mise de fonds, quand elle ne l'emporte pas; et alors les passions s'allument, la vie afflue, chacun apporte son argent, vous pouvez repétrir la terre. Quel mal voyez-vous là ? Les risques courus sont volontaires, répartis sur un nombre infini de personnes, inégaux et limités selon la fortune et l'audace de chacun. On perd, mais on gagne, on espère un bon numéro, mais on doit s'attendre toujours à en tirer un mauvais, et l'humanité n'a pas de rêve plus entêté ni plus ardent, tenter le hasard, obtenir tout de son caprice, être roi, être dieu ! »

ÉMILE ZOLA, *L'Argent*.

La spéculation est désormais partout : le « bon père de famille » achète des actions et sa retraite sera assurée par un portefeuille de titres spéculatifs. C'est ce qu'on attend de lui, bon père de famille.

« *Money doesn't grow on trees* », dit-on cependant en anglais : « L'argent ne pousse pas sur les arbres », et ce que l'on veut dire par là, c'est que l'argent résulte du travail. Cela, tout le monde le sait, mais que les intérêts dont le bon père de famille bénéficie soient le produit du travail de quelqu'un d'autre qui en est, lui, spolié, il ne s'en soucie guère.

« Vous exagérez ! » me dira-t-on. Peut-être, mais de quelle manière ? Si l'argent ne pousse pas sur les arbres et s'il n'est pas le résultat du travail de quelqu'un dont on le prive, d'où vient-il ?

« Pourquoi me blâmer, moi ? s'écrie le bon père de famille. Tout le monde le fait. Et, de toute manière, je ne suis qu'un *petit* spéculateur ! »

Petit, sans doute, mais les petits rus font les grandes rivières.

Le risque existe du fait que l'avenir est incertain : il peut pleuvoir ou pas, et ma moisson en sera abondante ou rare. De tels aléas induisent des risques qui ne dépendent pas de moi, mais de la planète où je vis. Je peux cependant m'en protéger en m'assurant : quelqu'un prendra ce risque à ma place si je lui verse une somme d'argent représentant une fraction du coût d'un sinistre éventuel. La vente à terme permet de se protéger contre ce risque, non pas en l'annulant, parce que le risque ne pourra pas disparaître, mais en le transmettant à quelqu'un d'autre pour un prix donné. Le prix est fixé aujourd'hui, même si la livraison aura lieu plus tard. Un risque existait, et il n'a pas disparu, mais ses effets ont été dilués dans une transaction dont les deux parties sont satisfaites.

Je peux aussi créer du risque d'intention délibérée. Je peux parier un million que la sécheresse aura ou n'aura pas lieu. Dans un pari, aucun risque n'existait, mais les parieurs en ont fait apparaître un. Ils se sont mis d'accord que si tel ou tel événement intervenait, dont la nature peut être tout à fait indifférente d'un point de vue économique – un jet de dés, par exemple –, l'un gagnerait et l'autre perdrait. Si vous acceptez mon pari, l'un de nous aura perdu un million à l'échéance. Nous aurons créé de toutes pièces un risque qui n'existait pas jusque-là.

Aucune fonction assurantielle ne s'exerce ici : un risque a été artificiellement créé à partir de rien, et ceci en vue seulement d'un espoir de gain. Mais il ne faut pas être grand clerc pour voir que tous ceux qui perdent leurs paris ne disposent pas de l'argent qu'il leur faudra verser. S'ils le possédaient, nécessairement, la littérature et le cinéma seraient bien moins riches ! Et le même principe s'applique en finance : plus le volume des paris augmente, plus croît en parallèle le risque que l'un des intervenants se révéle incapable, le moment venu, de s'acquitter de sa dette, et il en résulte un risque systémique dans la mesure où sa défaillance peut en entraîner d'autres, déclenchant une réaction en chaîne.

On appelle « couverture » – j'y ai déjà fait allusion – une position prise sur un marché financier dans une fonction d'assurance. Les marchés au comptant ou à terme permettent à ceux qui sont exposés à un risque réel (dû au climat, à l'environnement économique général, etc.) de se couvrir. Celui qui se couvre contribue bien entendu à la stabilité générale et à réduire le risque global. Une position « nue », encore appelée « directionnelle », est au contraire une position où, alors que l'on n'est exposé à aucun risque préexistant, on en crée un, délibérément, en vue d'un gain, mais en risquant bien entendu d'essuyer en réalité une perte. Il s'agit en fait d'un simple pari sur les futures fluctuations d'un prix. Le risque créé par une position *nue* existe désormais pour les deux parties impliquées au pari, ainsi que pour ceux qui dépendent d'elles financièrement. La fonction assurantielle de la finance protège l'économie. Au contraire, les paris la mettent bien entendu en danger.

Si le commerce du blé se trouvait uniquement entre les mains de ceux qui ont du blé à livrer ou qui veulent en prendre livraison, son prix serait déterminé par le rapport de forces entre acheteurs et vendeurs, et il serait partiellement fonction – ce n'est là qu'un des facteurs qui jouent – de la quantité qui en est produite et de celle qui en est requise : ce que l'on appelle communément « loi de l'offre et de la demande ». Le problème, avec la « loi de l'offre et de la demande », c'est qu'elle est désincarnée ; elle élimine, comme dénué de pertinence, tout l'élément humain qui en constitue pourtant le contexte : l'organisation politique et les rapports complexes existant entre les groupes qui constituent les sociétés humaines. Mais, de toute manière, ce n'est pas de cette façon que les choses fonctionnent de nos jours : le prix du blé est déterminé aujourd'hui (la chose est apparue en pleine lumière durant l'été 2008) par les paris que font les grands investisseurs institutionnels américains, au premier rang desquels les fonds de retraite, les fondations universitaires, les autorités locales, les hôpitaux, les musées. On pourrait s'attendre – au sein d'un monde rationnel – à ce qu'ils focalisent toute leur attention sur les pensions à verser aux retraités, sur l'enseignement à dispenser aux étudiants, sur le soin à apporter aux patients ou sur la mise en valeur des œuvres artistiques. Que non ! Ils consacrent toute leur attention à pousser à la hausse ou à la baisse le prix du blé et des autres matières premières, et ce pour protéger leurs avoirs, sans se soucier outre mesure que des individus vivent ou meurent du fait de leur spéculation.

On a donc autorisé, voire encouragé, la présence sur les marchés à terme de matières premières de gens qui n'ont en réalité rien à y faire : des intervenants qui n'ont ni pétrole, ni céréales, ni coton, ni cacao à vendre, pas plus qu'ils n'en ont l'usage. Ces gens achèteront et vendront cependant des contrats portant sur du pétrole, des céréales, du coton, du cacao entre le moment présent et celui prévu pour la livraison. Ils se dégageront cependant, retireront leurs cartes avant que ce moment ne soit venu. Entre-temps, leurs ventes et leurs achats de contrats à terme auront influé sur les prix, engageant ceux qu'on appelle les négociants (en anglais *commercials*) sur ces marchés, à savoir ceux qui ont véritablement quelque chose à y vendre ou qui entendent véritablement y acheter. Les *non-commercials*, eux, portent bien entendu un autre nom : ce sont les « spéculateurs ».

Pourquoi les spéculateurs sont-ils tolérés sur les marchés à terme des matières premières ? La raison que l'on entend répéter est qu'ils seraient utiles à ces marchés : ils y « créeraient de la liquidité », ce qui serait très bénéfique à leurs participants légitimes, les négociants. Or cette justification ne repose sur aucun fondement[1], et la raison pour laquelle les spéculateurs sont présents sur ces marchés est beaucoup plus prosaïque : ils y sont présents parce que ce sont eux qui les ont mis sur pied et, s'ils l'ont fait, ce n'était pas par philanthropie – pour « offrir de la liquidité » dont les acteurs légitimes auraient un besoin pressant –, mais parce qu'ils peuvent y spéculer et que cette spéculation leur rapporte énormément d'argent. Mais le *hic* – parce qu'il y a un *hic* ! – est que pousser à la hausse de manière extravagante le prix du pétrole, du blé ou du riz, n'est pas sans conséquences : les usines arrêtent de tourner, les gens ne peuvent plus conduire leur voiture, ils ne peuvent

1. J'ai eu l'occasion d'expliquer ailleurs (*La Crise, op. cit.*, p. 159-163) pourquoi les spéculateurs, se trouvant toujours dans le camp – acheteur ou vendeur – où est en train de se développer la tendance, ne créent pas de liquidité sur les marchés à terme de matières premières ou, s'ils en créent, en accaparent davantage qu'ils n'en créent, et, pour cette raison, lèsent ces marchés davantage qu'ils ne leur viennent en aide. Autrement dit, les spéculateurs consomment plus de liquidité qu'ils n'en créent, privant les négociants qui en auraient, eux, bien besoin.

plus acheter à manger, et ils meurent de faim. Et pousser ces prix à la baisse de manière extravagante – les spéculateurs pouvant tout aussi bien agir à la baisse (les marchés à terme sont, comme nous l'avons vu, parfaitement *symétriques* de ce point de vue) – n'est pas inoffensif non plus, puisqu'ils peuvent faire ainsi que les producteurs de blé, de riz, de café ou de coton n'y trouvent plus leur compte, leur activité ayant cessé d'être rentable. Les activités d'un casino cessent d'être indifférentes, voire divertissantes, dès que ceux qui s'y livrent ont des morts sur la conscience.

De tels paris ont contribué à fragiliser de manière dramatique le système financier. Tous se sont greffés sur des systèmes qui, comme les marchés à terme, avaient été conçus à l'origine pour remplir une fonction assurantielle. D'une manière générale, les produits financiers appelés « dérivés » se sont prêtés massivement à de tels détournements. Un bon exemple du danger qu'ils peuvent présenter est offert par des instruments financiers appelés *credit-default swaps* (CDS) qui, à l'heure où j'écris, constituent toujours une bombe à retardement susceptible de précipiter encore davantage l'effondrement de la finance dans son ensemble.

Un CDS est un pari portant sur le fait qu'une entité quelconque se révélera incapable de rembourser une dette qu'elle encourt et qu'elle a émise sous la forme d'un instrument de dette, telle une obligation. L'acheteur du CDS paie une prime initiale qui sera complétée par une prime annuelle. En échange, le vendeur du CDS s'est engagé pour sa part à verser à l'acheteur la différence entre la dette contractuelle et sa valeur résiduelle au cas où l'émetteur de la dette ferait défaut. Qu'une valeur résiduelle subsiste découle du fait que, dès lors qu'un émetteur de dette – une firme, par exemple – fait défaut, ceux qui avaient acquis sa dette, ceux qui lui avaient prêté de l'argent, demeurent créanciers et récupéreront une partie de la somme qui leur est due à l'occasion de la liquidation des biens de cette firme en faillite. La somme sera dans la plupart des cas minime et on l'exprimera sous la forme : « tant du dollar » ou « tant de l'euro ». Par exemple, « 25 centimes de l'euro ».

Imaginons que « 25 centimes de l'euro » soit effectivement la valeur d'un instrument de dette après la faillite de celui qui l'a émis, la faillite de celui qui a emprunté l'argent et qui est désormais incapable de rembourser ; le vendeur du CDS devra alors verser à l'acheteur les 75 centimes restants. Au total, l'« assuré » aura récupéré l'entièreté de son placement : les 25 centimes de l'euro qui lui seront versés à l'aboutissement du redressement judiciaire et les 75 centimes restants qu'il recevra de celui qui lui aura vendu le CDS.

La plupart de ceux qui contractent des CDS ne le font cependant pas en raison de la capacité assurantielle de ce produit financier dérivé : ils ne sont en réalité exposés à aucune perte, il ne s'agit pour eux que d'un pari fait sur la mauvaise santé d'une société émettant des instruments de dette. Mais, en contractant un CDS, ils ont créé de toutes pièces un risque qui ne préexistait pas : que leur assureur se révèle incapable de s'acquitter du paiement promis en cas de sinistre. Le cas n'est pas purement théorique : American Insurance Group (AIG), la plus grande compagnie d'assurances au monde, s'est effondrée à la suite de tels paris. Il en coûte déjà au contribuable américain, au moment où j'achève la rédaction de cet ouvrage, 150 milliards de dollars. Lehman Brothers, alors quatrième banque d'affaires de Wall Street, a fait faillite le 15 septembre 2008, sa chute a déstabilisé la finance en raison de l'incapacité d'AIG et des autres firmes qui avaient vendu des CDS portant sur sa dette à faire face à leurs obligations. Les primes avaient été sous-évaluées de plusieurs ordres de grandeur : la fin des « grands » de Wall Street était jusque-là chose tout simplement inimaginable.

La création intentionnelle de risque telle qu'on l'observe par exemple avec les CDS débouche sur ce qu'on appelle un « risque systémique » global sur les marchés financiers. Les États-Unis se sont retrouvés à l'automne 2008 dans une situation intenable : confrontés à la chute, à la suite d'une réaction en chaîne, d'un ensemble d'établissements financiers considérés comme « *too big to fail* » (trop importants pour qu'on puisse même envisager leur faillite). Pourquoi « trop gros pour faillir » ? Précisément en raison de l'« effet domino » qui aurait résulté de leur fin : chacun en entraînant probablement plusieurs autres, sinon tous, à sa suite.

On peut se poser à propos de la crise et des sommes colossales qui ont été dégagées pour tenter de la résoudre la question suivante : « De quels chapeaux sont soudain sortis ces fonds que l'on prétendait inexistants quelques jours auparavant ? »

La réponse à cette question tient précisément dans l'expression « risque systémique ». On se souvient de nombreux débats de société où l'une des parties proposait ce qui semblait une solution raisonnable aux problèmes rencontrés et où le gouvernement ou l'administration répondait que oui, la proposition était intéressante et devrait, en toute bonne logique, être adoptée s'il n'existait un obstacle de taille : l'argent. « De telles sommes ne sont tout simplement pas disponibles, disait-on. De tels budgets sont impensables. »

Or, depuis que la crise a éclaté en 2007, des sommes représentant des milliers de fois, sinon des dizaines de milliers de fois celles évoquées lors de ces discussions sont dégagées par les gouvernements ou leurs administrations sans que cela provoque, semble-t-il, davantage qu'un soupir. Comment expliquer cela ?

L'explication est qu'il s'agit dans les deux cas de choses d'ordres très différents. Dans le premier cas, ce dont il est en général question, ce sont des revendications sociales ou portant sur l'environnement dans une perspective de développement durable. La raison pour laquelle les autorités se montrent alors chiches est qu'il s'agit de questions relevant d'un équilibre de forces à l'intérieur de l'édifice social, et où le fait de dégager les sommes dont il est question n'aurait d'autre enjeu que de modifier légèrement – et sans doute de manière très passagère – un rapport de forces existant. Si le coup de pouce gouvernemental devait cependant être donné, l'intervention de lobbies travaillant pour le compte de ceux qui, du fait de l'intervention des autorités en faveur de ceux qui revendiquaient, auraient perdu à cette occasion un peu de leur pouvoir, rétablirait rapidement le rapport de forces dans ses termes antérieurs. Dit autrement : il s'agit, dans ce premier cas de figure, de questions qui n'apparaissent pas vitales aux yeux des autorités, qu'il s'agisse du gouvernement ou de l'administration.

Dans le second cas, qui est à l'œuvre dans le processus de désintégration du secteur bancaire auquel on assiste à partir de 2007, il s'agit tout au contraire de questions que l'on rassemble sous l'ombrelle *risque systémique* : de questions vitales du point de vue de la survie des sociétés. L'expression « risque systémique » signifie que c'est l'édifice social dans son ensemble qui est menacé. Alors nécessité fait loi, et les fonds dits

« introuvables » sont découverts en un tournemain. Cela ne signifie cependant pas qu'il a été aisé de les débloquer, cela indique simplement que la décision de les dégager a été rapidement prise.

Or, et pour en revenir aux *credit-default swaps*, malgré le *risque systémique* considérable que créent les CDS, leur commerce se poursuit. Les autorités se contentent d'exiger de ce marché « une meilleure transparence » et certaines protections que l'on obtiendrait en créant pour eux un marché organisé, avec une chambre de compensation chargée de superviser les parties impliquées, vendeurs et acheteurs, et exigeant des vendeurs des « marges » croissantes, des provisions de plus en plus importantes en cas de défaillance probable de la firme sur laquelle portent les CDS.

Le problème posé par les produits financiers dérivés générateurs de risque systémique, tels ces *credit-default swaps*, n'est cependant pas insoluble, et des mesures pourraient être prises qui permettraient de leur conserver leur fonction assurantielle tout en neutralisant leur dimension spéculative à la source du risque systémique. Je propose ici une mesure de ce type couvrant un grand pan de l'activité financière « moderne et sophistiquée » et qui permettrait d'opérer un filtrage au sein des produits financiers dérivés entre leurs usages qui resteraient autorisés par cette mesure : ceux qui servent une fonction d'assurance (appelés plus haut de « couverture ») et les autres (appelés plus haut « nus » ou « directionnels »), prohibés, ceux-ci, parce qu'ils ne jouent qu'un rôle purement spéculatif, et donc néfaste. Voici cette mesure :

« Les ventes à terme ainsi que les options d'achat sont autorisées. Elles lient leurs contreparties jusqu'à livraison. En conséquence, il n'existe pas pour elles de marché secondaire. Les paris relatifs à l'évolution d'un prix sont, eux, interdits. »

Cette mesure autorise celui qui dispose d'un produit réel (ce qui explique la mention du mot « livraison ») de se protéger contre les fluctuations de son prix en passant contrat avec une contrepartie qui a, elle, un besoin réel de ce produit. Il n'y a pas de marché secondaire qui permettrait d'échapper à l'engagement de livrer en achetant le contrat pour le revendre plus tard à un tiers et bénéficier ainsi d'une plus-value du simple fait de la variation du prix. Sont exclus enfin tous les petits jeux qui consistent à faire semblant que l'on court un risque et à se faire dédommager grassement si ce risque se matérialisait… en réalité seulement pour quelqu'un d'autre !

En fait, le filtrage qu'opère cette mesure existe déjà : on le trouve, sous une forme beaucoup plus compliquée, dans la norme comptable américaine 133 du Federal Accounting Standards Board (et FASB 149 pour la révision de certains de ses aspects), où il dissocie les deux usages possibles des produits dérivés utilisés soit en « couverture », soit pour la spéculation. Mais il s'agit, dans la norme FASB 133, de décourager et non d'interdire ; le filtrage débouche simplement sur deux types de traitement fiscal : favorable dans le premier cas, défavorable dans le second. D'une manière générale, je souscris bien évidemment à l'idée que le découragement est de loin préférable à l'interdiction, mais les règlements regroupés dans FASB 133 ne renvoient à aucun principe général et se perdent au contraire dans une casuistique dont les failles offrent autant de moyens de les contourner. FASB 133 devrait être mise à jour et transformée en une interdiction pure et simple de la spéculation sur les marchés des matières premières. La mesure que je propose, elle, est simple et, du fait de sa simplicité, prévient son contournement éventuel.

XII

Les multiples aspects du problème

Le capitalisme en péril

Qu'il s'agisse des recommandations du G20 en avril 2009 ou des différents plans proposés par Timothy Geithner, secrétaire au Trésor américain, comme remèdes à la crise, ce qui les caractérise, c'est la conviction qui les sous-tendait que la donne n'avait pas changé de manière essentielle : les systèmes économique et financier se survivraient tels quels, malgré les difficultés, pour retrouver au bout du compte leur forme originelle. Seule concession à la difficulté des temps : on était passé d'une conception où le système oscille de manière rassurante entre vaches grasses et vaches maigres, pour entrer dans une période où il convient encore de lui donner un

« coup de pouce » pour lui faire recouvrer sa bonne santé.

Comme il ne s'agissait pas d'innover, on ne s'interrogea pas sur la façon de se débarrasser des produits dérivés qui avaient transformé un risque limité en *risque systémique* : on visa plutôt à la transparence de leur marché ; on n'interdit pas les *hedge funds*, les fonds d'investissement spéculatifs, qui avaient orchestré une spéculation débridée : on leur vint en aide pour qu'ils puissent acheter des instruments de dette dépréciés ; on ne réfléchit pas à la faute logique qui vicie le principe de la titrisation : on se demanda plutôt comment la relancer ; on ne s'interrogea pas sur la manière d'améliorer la comptabilité des entreprises : on leur permit, par un relâchement des règles comptables, de proposer les chiffres qui leur sembleraient plus « raisonnables » ou « réalistes » que ceux qu'offrait le marché, et on les assura qu'elles seraient couvertes jusqu'au retour à la normale. Las ! Les choses ne s'arrangeaient pas, elles empiraient, au contraire, sans entamer cependant la confiance des autorités en place qui assuraient imperturbablement : « Ce n'est qu'un mauvais moment à passer ! », même si leur anxiété n'arrêtait visiblement pas de grandir et si la fréquence de leurs moments de panique croissait inexorablement.

Afficher la confiance en un prochain retour à la norme présentait, du point de vue desdites autorités, plusieurs avantages : les privilèges étaient préservés et le personnel était maintenu en place. Bien sûr, cela présentait aussi un inconvénient majeur : l'absence de résultats. On passa ainsi insensiblement des « coups de pouce » relativement modestes de 2007, dont le montant se chiffrait en milliards d'euros ou de dollars, aux coups de pouce beaucoup plus considérables du début 2008, puis aux coups de pouce énormes de la fin de la même année, se chiffrant désormais en centaines de milliards. Quant à 2009, ce fut l'année des coups de pouce colossaux, aux montants exprimés cette fois en *trillions* (en français : billions), soit en milliers de milliards d'euros ou de dollars. Malgré l'ambition de plus en plus pharaonique, les résultats probants se faisaient toujours attendre.

Ce qui changea cependant, ce fut le sentiment général qui passa de la perplexité que suscitaient les budgets exprimés en milliards au sentiment de l'absurde que généraient ceux qui se formulaient désormais en « trillions ». En 2008, les mesures prises impressionnaient encore, mais, en 2009, leur ridicule provoquait le fou rire. En 2008, les blogueurs s'interrogeaient par exemple : « Le plan Paulson sera-t-il suivi d'effets ? » ou : « Lehman Brothers peut-il encore être sauvé ? » ; en 2009, ils écrivaient ironiquement des billets du genre : « Quatorze manières de rouler le plan Geithner dans la farine » : ou « *mark-to-market* remplacé par “croix de bois, croix de fer…” », allusion à la licence qui permettait désormais aux chefs d'entreprises d'ignorer dans leurs valorisations les prix auxquels les instruments de dette s'échangeaient réellement, pour proposer à la place des prix théoriques, censés refléter davantage leur *valeur objective*.

Les dirigeants affirmaient que tout pouvait encore s'arranger alors que les peuples, eux, avaient très bien compris que plus rien ne serait comme avant. La situation était devenue en fait inextricable. À supposer même que les autorités en place puissent parvenir, grâce à une série de ces coups de pouce improvisés au coût toujours croissant, à restaurer les systèmes financier et économique dans leur *statu quo ante* de 2006, on se serait de toute manière retrouvé à nouveau face au gigantesque défi qui est le nôtre à échéance de, disons vingt ans, pour avancer un chiffre, à savoir celui d'une humanité confrontée non seulement aux limitations propres à sa planète, mais aussi aux dégâts qu'elle lui a occasionnés, dont certains sont probablement irréversibles (peut-être pas à l'échelle géologique, mais certainement à celle de l'histoire de l'espèce humaine).

On pourrait bien sûr relancer la machine sous sa forme antérieure, en répétant les gestes anciens mais en s'astreignant à les refaire, cette fois, « dans une perspective verte ». Cela est-il même envisageable ? Il faudrait au minimum, pour y arriver, reconfigurer entièrement la manière dont le prix des choses est calculé, pour y intégrer ce qu'on appelle les « externalités » : le coût de la gestion des déchets que nous générons immanquablement quand nous les produisons, le coût de la maintenance et de la remise en état de l'environnement que la production de ces marchandises implique, ainsi que le recyclage des matières premières que nous utilisons mais qui ne sont présentes sur la planète qu'en quantité finie, enfin le coût de l'énergie que nous consommons sous toutes ses formes, coût calculé de façon à inclure sa gestion authentique, l'accent étant mis en particulier sur la nécessité d'une transition des énergies fossiles vers les énergies renouvelables.

À cela s'ajoute la difficulté qu'il y a à intégrer à la donne la solution de deux questions connexes : les « délocalisations » et les paradis fiscaux. La logique dont ils procèdent est essentiellement la même : tous deux sont des illustrations du principe des vases communicants, débouchant en l'occurrence sur un nivellement par le bas aux conséquences funestes. Dans les deux cas, en effet, le mauvais chasse le bon, comme dans la fameuse « loi de Gresham » qui affirme que si deux monnaies du même métal sont en concurrence dans le même environnement, la monnaie de mauvais aloi, celle dont la teneur en métal précieux est la plus faible, chasse l'autre.

Un rappel indispensable d'abord : celui du mécanisme du système capitaliste qui est le nôtre et son évolution récente.

Les stock-options et la fin de l'équilibre capitaliste

« [La] Sociologie économique [de Boisguilbert (1646-1714)], d'esprit presque marxiste, se fonde sur la distinction de deux classes sociales, les riches et les pauvres, dont il explique l'existence d'une façon qui allait devenir tout à fait courante durant le XVIII*e siècle. Par crime et violence [en fr.], les individus les plus forts s'emparent des moyens de production, puis décident de ne plus travailler ; de plus – idée très moderne que le lecteur ne manquera pas d'apprécier –, ces voleurs, devenus riches, tendent à accumuler de l'argent plutôt que des biens (l'argent thésaurisé, le "Moloch du monde" !), contribuant par là à déprécier les richesses véritables et à perturber le courant de la vie économique. »*

JOSEPH A. SCHUMPETER,
Histoire de l'analyse économique.

« À ses yeux [Émile Zola], le capital n'est pas criminel en soi, mais par son ampleur ou par le rythme de son acquisition. Voyez Dejoie : s'il avait eu la sagesse de vendre à temps, il aurait marié honnêtement sa demoiselle ; mais sur la fatigue de quels dockers libanais et de quels mineurs palestiniens, ou sur la ruine de quelle dupe moins avisée de Saccard et de Gundermann, la dot aurait-elle été prélevée ? »

ANDRÉ WURMSER,
préface à *L'Argent* d'Émile Zola, 1972.

Les sociétés modernes d'origine européenne se sont bâties, je l'ai déjà indiqué, sur le schéma d'une structure tripartite où l'on trouve guerriers-pillards, prêtres et gens du commun, paysans le plus souvent. Au moment où la démocratie apparaît, l'appropriation de la terre et des ressources qu'elle contient par les guerriers-pillards est en place de longue date. L'héritage a facilité et renforcé une telle appropriation. Les révolutions bourgeoises du XVIIIe siècle ont complété le pouvoir fondé sur la force par celui fondé sur l'argent. C'est l'argent qui a soutenu à partir de là les rapports de forces que l'épée avait autrefois instaurés. Les prêtres ont été petit à petit marginalisés, les gens du commun se sont dédoublés en entrepreneurs et travailleurs : on a alors eu ceux qui avaient l'argent, d'autres qui manifestaient de l'esprit d'initiative et créaient des entreprises, ceux, enfin, qui effectuaient le travail réel et produisaient les richesses. Au XXe siècle, le colonialisme et, paradoxalement aussi, le communisme ont assuré la mondialisation de cet ordre social et économique d'origine européenne. On évoque aujourd'hui la nécessité d'un « aplanissement du terrain de jeu » (*leveling the playing field*), on ignore hardiment ainsi que, pour ce qui touche à nos sociétés occidentales, le terrain a cessé d'être plan depuis déjà plusieurs millénaires.

En 2006, dans un entretien qui n'est pas passé inaperçu avec Ben Stein, du *New York Times*, le fameux investisseur Warren Buffett a déclaré : « Oui, il y a bien une lutte des classes, mais c'est ma propre classe, celle des riches, qui la mène, et nous sommes en train de l'emporter. » La petite phrase marquait le retour en force d'une expression démodée. Il est vrai qu'avec la montée en puissance de l'École de Chicago, digne successeur de l'École autrichienne en science économique, l'expression « lutte des classes » avait été frappée d'un tabou et les mots « capitalistes », « patrons » et « travailleurs » retirés du vocabulaire économique et remplacés par la notion fourre-tout de « masse monétaire », ceci dans un grand mouvement qui voyait les personnes remplacées dans les explications économiques par des « forces physiques ». Ce qui ne signifiait pas pour autant que la lutte des classes avait cessé, ni surtout qu'elle n'avait jamais eu lieu.

On peut définir le capitalisme contemporain comme un système social caractérisé, on l'a vu, par l'existence de trois classes principales – celle des « capitalistes », détenteurs de capital (aussi « rentiers » ou « investisseurs »), celle des « patrons » (les « entrepreneurs » ou « dirigeants d'entreprises »), celle des « travailleurs » (les « salariés », « employés », « associés », « membres de l'équipe », etc.) – et par la domination au sein de ce système de la classe des « capitalistes » – d'où son nom.

Le rapport de forces entre investisseurs et entrepreneurs détermine le partage entre eux du surplus créé par le *travail* des travailleurs : les rentiers obtiennent les *intérêts* et ce qui reste du surplus revient aux entrepreneurs comme *profit*, à charge pour ces derniers de redistribuer à leur tour ce profit entre eux et les travailleurs dans une proportion que détermine le rapport de forces existant entre ces deux classes.

Le système capitaliste combine donc plusieurs éléments : la perception d'intérêts, qui fait que le détenteur de capital, c'est-à-dire le détenteur des fonds dont d'autres auraient besoin, peut faire « fructifier » son capital, autrement dit le faire grossir en pompant, par le truchement des intérêts, la richesse produite par les travailleurs à qui ce capital fait défaut et qui sont donc obligés de l'emprunter soit pour l'utiliser comme avances dans un processus de production, soit comme prix d'achat d'objets de consommation ; cette dynamique conduit à la concentration du patrimoine aux mains des rentiers, concentration que des politiques fiscales progressives s'efforcent d'endiguer, mais dans un combat sans fin, car perdu d'avance du fait de la capacité des plus riches à battre en brèche ces politiques en faisant peser le poids de leur fortune sur le processus démocratique.

L'offensive finale et la plus décisive de la lutte des classes qu'évoquait Warren Buffett en 2006 a été menée à la fin des années 1970 par le bureau d'études McKinsey qui a mis au point les *stock-options* dont l'objectif visé était que « les intérêts des investisseurs et des dirigeants d'entreprises soient une fois pour toutes alignés ». Les *stock-options* sont, comme leur nom l'indique, des options portant sur des actions de sociétés cotées en Bourse ; elles permettent à leur bénéficiaire d'acheter, pour une période en général indéterminée, un certain nombre d'actions à un prix fixe (en principe la cote atteinte sur le marché boursier le jour où ces options ont été attribuées). Si le prix de l'action monte par rapport à ce prix, le détenteur de *stock-options* peut exercer son droit et empocher la plus-value du titre. Les *stock-options* ont été distribuées par les entreprises à leurs dirigeants en quantité généralement considérables, générant pour eux, en période de « bulle » boursière, une rémunération supplémentaire représentant souvent plusieurs fois le montant de leur salaire.

L'alignement des intérêts des dirigeants d'entreprises et de leurs actionnaires était alors parfaitement réalisé : les uns et les autres profitaient de manière identique de la hausse de la cote des actions de la firme à laquelle les premiers souscrivaient et que les seconds dirigeaient. Cette convergence d'intérêts les a conduits à encourager dans un effort conjoint le développement de bulles financières dont ils bénéficiaient les uns et les autres du fait de la hausse du cours de l'action, soit parce que l'entreprise elle-même était bénéficiaire, soit, plus prosaïquement, parce que la cote des titres profitait de l'engouement général de la Bourse durant les périodes d'euphorie financière.

L'opération *stock-options* a matérialisé les espoirs les plus fous de ses promoteurs : les dirigeants d'entreprises ont basculé du côté des actionnaires, provoquant une authentique rupture dans l'équilibre des forces en présence. Les salariés participaient jusque-là à un tournoi des trois nations : capitalistes, dirigeants d'entreprises et salariés, où chaque équipe jouait pour son propre compte, s'efforçant d'extraire une part de la richesse produite. L'introduction des *stock-options* a mis fin à cette époque : une sainte alliance d'un type nouveau était née, permettant aux deux premiers groupes, liés désormais par un intérêt commun, de s'unir contre les salariés, lesquels se sont retrouvés impuissants face à une coalition dont chacun des deux membres l'emportait déjà en force sur eux avant même que l'alliance ait été conclue. Les salariés ont été bien entendu balayés et leur part du gâteau, dans le partage du surplus, n'a cessé depuis lors de s'amenuiser. Quelque tentative qu'ils aient pu faire pour l'augmenter, elle a été brutalement contrée par les banques centrales soucieuses des *masses monétaires*, faisant grimper les taux d'intérêt – et, du coup, le taux de chômage – chaque fois que les salariés haussaient le ton. Les États qui auraient pu les défendre contre cette sainte alliance ont préféré détourner le regard.

La nécessité de remplacer les salaires insuffisants par un accès facilité au crédit à la consommation a fait que le système capitaliste fonctionne désormais tout entier à l'instar des « bulles » financières dont, comme je l'ai déjà signalé, Robert J. Shiller a fait remarquer qu'elles constituent – dans ses termes – des « machines de Ponzi spontanées[1] ». Cela implique en particulier que le capitalisme requiert, comme celles-ci, un apport constant de nouvelles recrues. Son extension à l'échelle de la planète, dont le colonialisme a constitué l'une des manifestations, peut être interprétée comme résultant de cette nécessité d'inclure sans cesse de nouveaux participants. Bien sûr, une fois la mondialisation accomplie, le processus s'achève : de même que quand la titrisation des crédits immobiliers atteint la strate la plus basse de la population, celle des emprunteurs façon *subprime*, il ne reste plus personne après eux qui puisse être recruté et la machine s'enraye ; de même, quand le processus de mondialisation a englobé l'ensemble des populations humaines, la réserve qui pourrait encore alimenter la « bulle » globale à laquelle le capitalisme s'identifie a été épuisée.

Dans *L'Impérialisme, stade suprême du capitalisme*, petit ouvrage publié en 1917, Lénine décrit l'un des aspects partiels de ce processus : la nécessité, pour le

1. R. J. Shiller, *op. cit.*, p. 64-68.

capitalisme, de s'étendre au-delà de l'Europe où il est né, alors que la pompe qui draine le surplus produit par les travailleurs vers les détenteurs de capital est à la recherche de nouveaux exploités, le surplus qu'ils produisent étant susceptible d'être inclus dans le processus d'accumulation et de concentration du capital.

Le moment vient, nous l'avons vu, où les salaires, même complétés de prêts à la consommation, ne suffisent plus à absorber toute la production, et le processus s'arrête en raison d'une crise de surproduction. Les usines ferment, le chômage se propage, l'économie entre en récession. Une meilleure redistribution de la richesse devient nécessaire. La fiscalité tente de contrer ces disparités. Les banques centrales, de leur côté, baissent artificiellement les taux à court terme pour tenter de faire repartir l'économie, pénalisant provisoirement les investisseurs et facilitant la tâche des chefs d'entreprises. Les taux d'intérêt bas attirent alors les emprunteurs, et le prêt à la consommation redevient plus accessible.

Les capitalistes voudraient-ils même qu'une meilleure redistribution des revenus assure en permanence un équilibre entre les salaires et la production (selon le souhait de Henry Ford qui, comme nous l'avons vu, fit en sorte que le salaire de ses ouvriers soit suffisant pour leur permettre de s'offrir les voitures qu'ils fabriquaient), que la perception d'intérêts n'en continuerait pas moins d'assurer inexorablement le déséquilibre du système, la richesse créée par les pauvres étant constamment drainée vers les plus riches.

Les banques centrales, dirigées dès leur origine par les *rentiers* ou *capitalistes* (officiellement aux États-Unis, officieusement en Europe), ont toujours œuvré conformément à leurs souhaits, et aujourd'hui plus que jamais. Au cours de la seconde moitié du XXe siècle, les nations ont délégué une part sans cesse grandissante de leurs pouvoirs à leurs banques centrales qui sont devenues soit un État dans l'État (comme avec la Federal Reserve aujourd'hui aux États-Unis), soit un État au-dessus des États (comme en Europe).

Capitalistes et entrepreneurs, désormais alliés, ont encouragé la création d'un gouffre de dettes contractées par les entreprises et par les travailleurs. Le processus était condamné à s'interrompre sitôt qu'ils seraient tous devenus insolvables, stade atteint en 2007. Plutôt que d'enrayer la crise de la seule manière possible, c'est-à-dire en redéfinissant la donne entre rentiers, entrepreneurs et travailleurs, les gouvernements ont choisi d'encourager entreprises et travailleurs à s'endetter encore davantage, produisant ainsi de nouveaux intérêts dont bénéficient les rentiers, tandis que les banques centrales se voient parallèlement confier la tâche de créer de toutes pièces la montagne d'argent qui sera déversée dans la fosse de plus en plus profonde de la dette. Captif désormais d'une rétroaction *positive*, autrement dit autorenforçante, le capitalisme est entré dans une phase d'autodestruction.

L'époque présente marque les limites du système capitaliste : d'une part, la planète a été entièrement colonisée, et l'ensemble des populations ayant été convoqué au service de ce système la réserve potentielle de nouvelles recrues s'est épuisée ; d'autre part, la possibilité même d'une croissance constamment soutenue s'est évanouie en raison de l'épuisement des ressources et des carburants fossiles en particulier. La dynamique production-consommation qui caractérisait nos économies depuis la révolution industrielle doit maintenant être revue. Et le temps manque malheureusement pour ce réexamen…

Globalisation et délocalisation

Vu la manière dont le surplus – la richesse créée par le travail – se voit normalement redistribuée au sein du système capitaliste, et si les travailleurs ne protestent pas contre cet état de fait, les salaires auront tendance à s'aligner à un niveau précis (chose que David Ricardo a très bien notée au début du XIXe siècle) : celui de la simple subsistance du travailleur et de sa famille. L'industrialisation européenne, à la fin du XVIIIe et au début du XIXe siècle en particulier, a été une période d'expérimentation sur ce que ce niveau du salaire de subsistance pouvait être très précisément (sans même parler de l'ouvrage de Friedrich Engels consacré à *La Situation de la classe laborieuse en Angleterre* [1845], la littérature nous a aussi fourni les descriptions évocatrices du *David Copperfield* [1850] de Charles Dickens, ou celles des *Misérables* [1862] de Victor Hugo).

Si les travailleurs se défendent collectivement, ils parviendront à faire décoller leur salaire de ce niveau plancher. Si les frontières s'ouvrent et que les capitaux peuvent circuler librement, les salaires à l'échelle du globe tout entier tendent à se réajuster au niveau du salaire de subsistance du travailleur le plus démuni au monde, niveau qui peut bien entendu être très bas, puisqu'il se situe au sein de son contexte économique propre. Comme ce niveau est inacceptable pour celui qui a pu, lui, s'organiser et gagne davantage que le minimum vital, les usines iront à la recherche de la pire victime de l'exploitation et s'installeront dans son pays. Certains n'hésitent cependant pas à dire que « tout le monde y gagne », puisque, d'une part, le prix des produits aura atteint son plus bas niveau possible, et que, d'autre part, comme le salaire du travailleur aura atteint à la baisse un niveau incompressible – puisque, en dessous, sa famille et lui mourraient de faim –, les capitalistes et les entrepreneurs-patrons maximiseront alors la part du surplus créée par les travailleurs qu'ils se partageront entre eux. Ce miracle de l'« allocation optimale des capitaux » peut être à l'évidence considéré inversement comme un simple « nivellement par le bas ».

Deuxième illustration du principe des vases communicants débouchant là aussi sur un nivellement par le bas : les paradis fiscaux. Comme le système capitaliste est organisé de manière telle que capitalistes et entrepreneurs-patrons prélèvent d'abord leur part du surplus créé par les travailleurs avant que ceux-ci n'y aient accès, la richesse se concentre entre leurs mains à un point tel que vient un moment où le système cesse de fonctionner, faute pour la production de trouver une demande équivalente. Pour empêcher qu'on en arrive là, les États instaurent un correctif minimal sous la forme d'un système d'impôt progressif. Comme plus on a d'argent, plus on l'aime, ceux qui en disposent tentent d'échapper à l'impôt et se livrent à la fraude fiscale ou, mieux encore, à l'*évasion* fiscale.

Les paradis fiscaux

Mon argent est le mien, durement gagné à la sueur de mon front. Chacun se rebelle contre toute tentative de lui enlever son argent. Or les États nous en réclament une partie sous la forme de l'impôt, pour couvrir les dépenses consacrées à la promotion du bien commun.

Mais les États sont nombreux et l'argent circule de plus en plus facilement entre eux, sans entraves.

Le principe des vases communicants se manifeste ici, comme dans le cas de la délocalisation, mais sous une seconde forme : la fortune possède une tendance naturelle à s'écouler vers le niveau d'imposition le plus bas – le pays au monde où elle est la moins taxée. Comme il s'agit d'un principe général, de l'ordre d'une loi physique portant sur les fluides, il n'est pas susceptible d'être contenu : c'est une Hydre de Lerne, coupez l'une de ses têtes et il lui en repoussera deux à la place. Il ne resterait que deux pays au monde ayant des systèmes fiscaux différents, que les fortunes du pays où existe la taxation la plus élevée tendraient toujours à couler vers l'autre.

Les petits États ont des budgets à leur échelle, c'est-à-dire étriqués. La tentation, du coup, est forte pour eux de multiplier leurs gains par la quantité : en imposant un faible impôt sur de grandes fortunes en grand nombre. C'est ainsi que sont nés les paradis fiscaux.

Mais ce qui s'applique aux personnes physiques s'applique aussi aux personnes morales que sont les sociétés. Bien mieux que les individus, celles-ci disposent du don d'ubiquité : se retrouver dispersées par morceaux sur de nombreux pays. Quand il s'agit de décider où payer l'impôt, le choix est rapidement fait : là où il en coûte le moins. Mieux encore, le « prix de transfert » permettra par des attributions fantaisistes de prix entre les différentes composantes d'une société éparpillée sur de multiples pays de minimiser l'impact de l'impôt. Les sociétés se débrouillent bien mieux encore que les individus qui sont par définition ici ou ailleurs, mais pas en deux endroits à la fois.

Il y a eu une époque où les opérations de change étaient placées sous la supervision étroite des gouvernements. Cette époque est aujourd'hui révolue et les capitaux circulent désormais librement, pratiquement partout. Il en résulte une situation ouverte à tous les excès où l'argent est apatride et, du coup, citoyen du monde, alors que les individus ne sont, eux, citoyens que d'une seule ou au plus de deux nations. La réglementation du comportement des personnes est désormais pointilleuse, tandis que la réglementation de l'argent est laxiste, et plus les sommes en jeu sont importantes, plus elle l'est.

Les peuples réclament l'instauration d'un ordre au niveau de l'argent aussi. Mais ceux qu'ils élisent aux postes de responsabilités y découvrent aussitôt les avantages de la nature apatride de la fortune, et en tirent parti pour se soustraire à l'impôt ou, en tout cas, pour en minimiser l'impact en ce qui les concerne personnellement.

Deux solutions à ce problème sont envisageables : ramener l'argent au sein des frontières nationales, ou étendre sa supervision au niveau global où il fonctionne *de facto*. La première tâche semble impossible à réaliser au sein du monde moderne. Il ne reste dès lors que la seconde option : effacer les frontières pour accéder au niveau global. Ce que la raison n'a pu obtenir, les implications pratiques du maintien du pouvoir de l'argent dans des limites tolérables l'obtiendront peut-être.

La durée du temps de travail

> *« Tenez ! j'ai aussi indiqué là, par des calculs approximatifs, à combien d'heures la journée de travail pourra être réduite dans vingt ans. Grâce au grand nombre des bras nouveaux, grâce surtout aux machines, on ne travaillera que quatre heures, trois peut-être ; et que de temps on aura pour jouir de la vie ! car ce n'est pas une caserne, c'est une cité de liberté et de gaieté, où chacun reste libre de son plaisir, avec tout le temps de satisfaire ses légitimes appétits, la joie d'aimer, d'être fort, d'être beau, d'être intelligent, de prendre sa part de l'inépuisable nature. »*
>
> ÉMILE ZOLA, *L'Argent.*

Comme on le voit, rien n'est simple en effet. J'ai évoqué la loi tendancielle des salaires à s'aligner sur le plus bas, le salaire de subsistance. Quand les frontières se sont ouvertes, les emplois industriels et les usines où on les trouve se sont donc déplacés là où les salaires étaient les plus faibles. Ceci n'a cependant pas tué les pays où ces emplois existaient : les salariés se sont déplacés vers d'autres activités ; les emplois se sont développés dans ce qu'on appelle le secteur tertiaire, celui des services, et des services financiers en particulier. Ce sont là des emplois où, dans bien des cas, l'informatique a permis des gains de productivité considérables. Nous avons assisté à la disparition des dactylos dans les administrations : avec le traitement de texte, chacun est devenu capable d'écrire son propre courrier. Cette productivité sans cesse croissante fait qu'un travailleur individuel crée de plus en plus de richesse sans pour autant pouvoir l'observer, puisque son salaire est essentiellement resté le même, et ce pour la raison déjà indiquée : parce que le surplus est partagé, avant même qu'il ait voix au chapitre, en intérêts qui vont aux investisseurs et en profit qui va aux entrepreneurs.

Le fait que les travailleurs n'obtiennent leur salaire que comme un reste, une fois que capitalistes et patrons se sont servis, explique pourquoi leur productivité croissante ne débouche ni sur une diminution du nombre de leurs heures de travail, ni sur une diminution du nombre de ceux qui ont à travailler. La seule chose que cette productivité croissante engendre, c'est une accélération du retour des crises de surproduction. Et s'il faut toujours produire davantage, c'est parce que capitalistes et patrons en tirent bénéfice, et ce quel que soit l'état de délabrement dans lequel la planète finit par se retrouver en conséquence.

Voilà qui nous permet de comprendre pourquoi le progrès technologique et l'accroissement global de la richesse des nations qu'il implique condamnent pourtant tout un chacun à travailler sans cesse davantage.

Pourquoi, en effet, ne travaillons-nous pas moins, alors que bien des crises résultent d'une surproduction ? L'explication ici est politique. Seconde question : pourquoi ne permettons-nous pas à certains de ne pas travailler ? La raison, ici, est psychosociologique. La première question pourrait être résolue sans que la seconde le soit, et inversement.

Commençons par le premier aspect : pourquoi ne travaillons-nous pas moins ? La raison est politique : aucune part de surplus ne peut se dégager qui puisse être utilisée à ce que nous travaillions moins, car si elle apparaissait, elle serait immédiatement partagée entre investisseurs et dirigeants d'entreprises. La cause en est déjà connue : c'est parce que le surplus créé se partage entre les intérêts que touche l'investisseur (le capitaliste) et le profit que touche le dirigeant d'entreprise (le patron). Et, nous l'avons vu, c'est le rapport de forces entre eux qui déterminera où se situeront les taux d'intérêt (le « loyer de l'argent ») et par conséquent aussi le profit qui n'est que la différence entre le surplus qu'a permis l'utilisation du capital comme *avances* et les intérêts. C'est alors le dirigeant d'entreprise qui partage ce profit entre lui et ses employés selon le rapport de forces qui prévaut cette fois entre eux.

Il n'y a donc aucun endroit où pourraient se créer les réserves qui permettraient soit que chacun travaille moins, soit que certains n'aient plus même besoin de travailler du tout. Si une réserve de ce type se constituait, elle serait immédiatement partagée entre investisseurs et dirigeants d'entreprises, et l'on pourrait dire que c'est exactement ce que l'on constate, car comment expliquer autrement le fait qu'au cours de ces dernières années les investisseurs se soient toujours enrichis davantage (considérant un rapport annuel de 15 % comme la norme), et les dirigeants d'entreprises également ? Parce que l'organisation de notre société en investisseurs, dirigeants d'entreprises et employés – où les investisseurs s'affrontent aux patrons, et les patrons aux employés, sans qu'il y ait confrontation entre investisseurs et employés –, ne permet pas que se dégagent des réserves qui permettraient à ces derniers de travailler moins, voire pas du tout. Tous ceux qui travaillent en entreprise ont eu l'occasion d'entendre leur patron leur expliquer le mal qu'il a à défendre leurs intérêts contre les exigences des actionnaires. Ces exposés engendrent généralement le scepticisme, voire même des ricanements ; or la chose est vraie : les patrons représentent les intérêts des salariés vis-à-vis des capitalistes, leurs salaires dépendent du profit, c'est-à-dire de la part du surplus que le patron sera parvenu à soustraire aux investisseurs, et toutes réserves qui auraient pu servir à alléger le travail des employés ont préalablement été partagées entre capitalistes et patrons.

La raison pour laquelle nous n'admettons pas que certains ne travaillent pas est que nous sommes prisonniers d'une fuite en avant. Nous inventons de nouvelles choses, et nous voulons les posséder. Nous ne choisissons pas de laisser travailler les plus productifs et de permettre aux moins productifs de ne rien faire. Pour cela, nous devrions les payer à ne rien faire, mais nous y répugnons parce que les milliers d'années au cours desquelles nous avons travaillé nous ont inculqué une éthique du travail qui nous incite à croire que ne pas travailler est un péché : « Tu gagneras ton pain à la sueur de ton front. » Du coup, si nous payions quelqu'un à ne rien faire, nous aurions le sentiment d'encourager le vice et de décourager la vertu.

Il ne s'agit pas simplement ici de religion, et même ceux pour qui leur travail représente un plaisir et qui ne perdraient rien à ce que d'autres ne travaillent pas, ont tendance à penser de cette manière. C'est parce que nous avons intériorisé le travail comme une nécessité à laquelle chacun doit s'astreindre, et, si l'on y réfléchit bien, il vaut mieux pour notre santé mentale qu'il en soit ainsi : s'il en était autrement, le travail serait uniquement vécu comme un long calvaire. Cette intériorisation a si bien fonctionné que, quand nous sommes privés de travail – quand nous sommes au chômage –, nous nous sentons diminués socialement, inutiles, un fardeau pour les autres, et déprimés. Nous percevrions du coup ceux qui seraient payés à ne rien faire et qui en seraient heureux comme des gens s'appliquant à eux-mêmes d'autres règles que celles qui valent pour les gens ordinaires – autrement dit, nous les percevrions comme des pervers.

Voilà pourquoi rien n'est simple ; parce qu'on est toujours ramené au même fait, que l'on parle de délocalisation, de sauvegarde de ce qui peut encore l'être sur notre planète, de paradis fiscaux ou de l'augmentation de la productivité qu'autorise le développement technologique : au fait que les travailleurs, ceux qui produisent la richesse, ne sont conviés à la table du banquet qu'une fois qu'elle a été desservie, et que cela débouche sur une concentration de la richesse qui finit toujours, à terme, par paralyser l'activité économique.

XIII

Le problème et sa solution

« Et la Bourse, grise et morne, se détachait, dans la mélancolie de la catastrophe qui, depuis un mois, la laissait déserte, ouverte aux quatre vents du ciel, pareille à une halle qu'une disette a vidée. C'était l'épidémie fatale, périodique, dont les ravages balaient le marché tous les dix à quinze ans, les vendredis noirs, ainsi qu'on les nomme, semant le sol de décombres. Il faut des années pour que la confiance renaisse, pour que les grandes maisons de banque se reconstruisent, jusqu'au jour où, la passion du jeu ravivée peu à peu, flambant et recommençant l'aventure, amène une nouvelle crise, effondre tout, dans un nouveau désastre. Mais, cette fois, derrière cette fumée rousse de l'horizon, dans les lointains troubles de la ville, il y avait comme un grand craquement sourd, la fin prochaine d'un monde. »

ÉMILE ZOLA, *L'Argent.*

Le problème dans son contexte général

Lorsque le fait que la question de la paix civile demeure irrésolue devint par trop intolérable aux hommes (Jean-Claude Michéa souligne ici à juste titre le rôle joué par les guerres de Religion), ils inventèrent ou réinventèrent la démocratie. Apparemment moins urgente à résoudre, la question de la nature du système économique fut laissée entre parenthèses ou sur le bas-côté. On conserva donc le même, qui ne fit que se complexifier et connut des crises de plus en plus fréquentes et de plus en plus sévères. L'ultime manifestation de ces crises est celle que l'on connaît aujourd'hui, débouchant sur ce qui pourrait bien se révéler être un blocage pur et simple du système financier et du fonctionnement de l'économie. À cette situation il faudra bien entendu trouver une solution, même si nous ignorons aujourd'hui quelles pourraient être les termes d'une alternative au système économique qui est le nôtre.

Antérieurement à l'avènement de la démocratie, les hommes réglaient leurs affaires sur un mode spontané, caractérisant les processus naturels laissés à eux-mêmes. À la suite de la parution de *De l'origine des espèces* (1859), on prit l'habitude de qualifier de « darwinien » ce type de mécanisme, et on le résume en quelques mots comme une concurrence généralisée réglée par la loi du plus fort et débouchant souvent sur l'élimination des plus faibles.

Une des conséquences immédiates du caractère darwinien de notre système économique est la concentration des richesses : le principe de la propriété privée a été universellement adopté même quand il s'applique aux ressources naturelles, ce qui a d'emblée pour effet que l'argent ne soit pas uniformément réparti au sein des populations ; le principe de l'héritage s'y est ajouté pour renforcer la concentration de la fortune au sein des mêmes familles au fil des générations.

La concentration des richesses a un impact immédiat sur la démocratie : ceux qui possèdent l'argent en grande quantité l'utilisent pour favoriser l'accession au pouvoir des politiciens qui défendront leurs intérêts ; ils l'utilisent aussi pour promouvoir les théories économiques dont les thèses favorisent une telle concentration de l'argent et pour priver de publicité les théories concurrentes ou adverses.

L'économie sous sa forme naturelle n'est pas seulement darwinienne, elle reflète aussi la nature propre de l'homme en tant qu'espèce. Elle est – pour utiliser le terme qu'emploient les biologistes pour désigner les populations animales qui manifestent ce type d'attitude – « colonisatrice ». Le comportement « colonisateur » conduit à envahir de manière très efficace un espace et à prendre le contrôle de ses ressources. Il ne connaît malheureusement pas de frein : lorsque cet espace a été complètement envahi, l'environnement se dégrade en raison de sa surexploitation, et l'espèce est forcée d'en trouver un autre qu'elle envahira à son tour, si elle le trouve : nous partirons ainsi inéluctablement à la conquête des étoiles.

Les lemmings, eux, courent en masse droit devant eux, et quand ils atteignent le rebord d'une falaise, ils en tombent et s'écrasent au fond du précipice : nous en sommes là, nous aussi. Nos entreprises commerciales, semblables aux lemmings, ne sont pas équipées de freins : elles savent bien comment grossir et devenir plus fortes, mais ignorent comment se réguler ; elles diminueront éventuellement de taille, mais uniquement sous la contrainte : parce que leurs ressources se seront amenuisées (c'est de cette manière que les banques centrales tentent d'influer sur leur comportement : en renchérissant le loyer de l'argent qu'elles doivent emprunter pour se financer). Les firmes sont organisées en leur sein sous la forme hiérarchique du commandement militaire et n'ont qu'un seul objectif : l'objectif colonisateur d'envahir complètement leur environnement, ce qui s'appelle, dans ce cadre, « accroître ses parts de marché ». Ne connaissant pas de frein, les entreprises produisent toujours davantage, et faute de pouvoir s'arrêter ou de réfréner leur appétit, elles encouragent les consommateurs à acheter leurs produits en quantités toujours croissantes, et ce quelle qu'en soit la quantité qu'elles produisent. Pour soutenir cette croissance qui ne peut être endiguée, elles recourent à la publicité et ont encouragé une philosophie du consommer toujours plus, appelée « consumérisme ».

Une fois l'environnement complètement envahi, il se dégrade d'être exploité sans cesse davantage : la stratégie « colonisatrice » a alors atteint ses limites. L'entreprise sans frein a assumé son rôle, mais celui-ci a cessé d'être adapté à un monde désormais pleinement colonisé. En fait, ce qui motive le comportement colonisateur, c'est son présupposé qui n'apparaît en pleine lumière que lorsque son objectif a été rempli : le fait qu'une colonisation complète ne sera jamais accomplie. Ce que les faits démentent, bien sûr.

Une telle absence d'anticipation des conséquences à long terme caractérise la nature laissée à elle-même dans ses aspects les plus « physiques » (par opposition à *chimiques* ou *biologiques*) : dans les processus purement physiques, en effet, les particules lancées l'une vers l'autre s'entrechoquent sans pouvoir s'éviter. Dans sa dimension « biologique », la nature fait preuve d'anticipation, et ce de plus en plus à mesure que l'on considère des animaux plus avancés. Et c'est ce qui permet de dire que la démocratie que l'homme s'est offerte à lui-même comme une institution inédite relève du *biologique,* alors que l'économie qu'il s'est contenté d'hériter d'un stade antérieur de son organisation relève seulement du *physique*. La démocratie est adaptative, mais le capitalisme qui caractérise son économie n'est pas, lui, adaptatif. Les événements qui se déroulent depuis l'été 2007 le confirment si l'on devait encore en douter.

La répartition inhomogène de l'argent au sein des sociétés, conséquence de la nature « spontanée », non domestiquée, des processus économiques, oblige en permanence à ce que les ressources soient déplacées de là où elles se trouvent concentrées vers les lieux où elles peuvent être utilisées comme « capital », c'est-à-dire comme avances dans un processus productif. L'argent ainsi loué collecte un *loyer de l'argent*, ou intérêt. Ces intérêts reviennent au propriétaire du capital, contribuant sans cesse davantage à la concentration des richesses.

Lorsque la dynamique du crédit tourne à plein régime, elle développe ce qu'on appelle une « rétroaction positive », c'est-à-dire une réaction en chaîne, un processus qui fait boule de neige. Les capitalistes touchent des intérêts plus élevés et collectent donc toujours davantage d'argent à prêter, les entrepreneurs font de plus gros profits – le profit étant la part qui leur revient dans le surplus qui a pu être créé grâce aux avances en capital – et les salariés, trouvant tous un emploi, n'ont pas non plus alors motif à se plaindre. La dynamique entre dans un processus de « bulle financière » qui tend à enfler. Le processus ne s'interrompt, comme dans le cas de la colonisation, que dès l'instant où il a atteint ses limites : quand il a épuisé ses ressources. L'économie atteint un plafond quand tous les travailleurs sont finalement employés. Elle entre en récession quand trop de biens ont été produits. La « bulle » éclate alors : les capitalistes ne retrouvent pas leurs capitaux, parce que les entrepreneurs font faillite et sont incapables de les rembourser. Les entreprises disparaissant, les salariés sont licenciés.

Plus l'argent est concentré entre les mains ou dans la fortune de certains, moins il a de chance de se trouver à l'endroit précis où il pourrait être utilisé comme avances dans un processus productif. Et plus il y aura bien sûr aussi d'intérêts à reverser. De même, plus il y a concentration de l'argent, moins les salariés y ont accès, et plus il leur faudra en emprunter. Et, dans ce cas aussi, plus grande sera la part de leurs salaires qui sera versée en intérêts aux détenteurs du capital. Autre conséquence : plus il y a concentration du capital entre quelques mains seulement, plus le système dans son ensemble devient sensible à la capacité ou non de ceux qui ont reçu les avances de les rembourser à échéance, qu'il s'agisse de prêts à la production aussi bien qu'à la consommation.

Lorsque les « bulles » éclatent, le crédit se tarit et les entreprises ferment : capitalistes et entrepreneurs se retirent. En leur absence, c'est la communauté qui prend traditionnellement le relais : l'État collectivise les pertes, puis, quand les pendules ont été remises à l'heure, la machine financière et économique repart. Du fait que l'État tire la plupart de ses ressources du contribuable, on a caractérisé ce mécanisme de sortie des crises grâce à l'intervention de l'État de « privatisation du profit, collectivisation ou socialisation des pertes ». Or, c'est là l'originalité fondamentale de la crise présente : cette solution traditionnelle de la collectivisation des pertes par le truchement de l'État a cessé d'être envisageable ; la taille des « bulles » financières est devenue à ce point gigantesque que, lorsqu'elles éclatent, la collectivisation des pertes qu'elles supposent dépasse – et de beaucoup – la capacité des États à les éponger. Et l'on ne parle pas seulement ici de la minuscule Islande, engloutie en raison de son secteur bancaire hypertrophié, ni de la Belgique, poids plume financier quand on la compare à sa banque Fortis : il s'agit de la Grande-Bretagne, devenue incapable de porter à bout de bras son secteur financier ; il s'agit des États-Unis, qui reculent devant la tâche de mettre en place une banque de « défaisance » qui mettrait en quarantaine la masse de ses produits de dette les plus dépréciés.

L'originalité de la crise présente est de nous confronter très soudainement aux conséquences trop longtemps négligées de cette mise entre parenthèses de la nature de notre système économique qui a eu lieu lors de l'accession du politique à la solution démocratique. Le processus de colonisation de la planète par l'espèce humaine, que l'on retrouve inscrit dans la logique sans frein des entreprises, a maintenant atteint ses limites. D'une part, les ressources sont en passe d'être épuisées, et l'on s'apprête à découvrir ce que sera un monde où l'eau sera devenue rare et précieuse, et privé de la source d'énergie commode que constituait le pétrole. D'autre part, les pertes causées par les bulles financières, quand elles éclatent, dépassent désormais en taille la capacité d'absorption des États, et l'on découvre les conséquences à long terme de la privatisation des profits, alors que l'issue de secours, si pratique autrefois, de la collectivisation des pertes, a disparu de l'horizon des possibles.

La solution

> *« Ah ! comme je la vois, comme elle se dresse là, nettement, la cité de justice et de bonheur !... Tous y travaillent, d'un travail personnel, obligatoire et libre. La nation n'est qu'une société de coopération immense, les outils deviennent la propriété de tous, les produits sont centralisés dans de vastes entrepôts généraux. On a effectué tant de labeur utile, on a droit à tant de consommation sociale. C'est l'heure*

d'ouvrage qui est la commune mesure, un objet ne vaut que ce qu'il a coûté d'heures, il n'y a plus qu'un échange, entre tous les producteurs, à l'aide des bons de travail, et cela sous la direction de la communauté, sans qu'aucun autre prélèvement soit fait que l'impôt unique pour élever les enfants et nourrir les vieillards, renouveler l'outillage, défrayer les services publics gratuits... Plus d'argent, et dès lors plus de spéculation, plus de vol, plus de trafics abominables, plus de ces crimes que la cupidité exaspère, les filles épousées pour leur dot, les vieux parents étranglés pour leur héritage, les passants assassinés pour leur bourse !... Plus de classes hostiles, de patrons et d'ouvriers, de prolétaires et de bourgeois, et, dès lors, plus de lois restrictives ni de tribunaux, de force armée gardant l'inique accaparement des uns contre la faim enragée des autres !... Plus d'oisifs d'aucune sorte, et dès lors plus de propriétaires nourris par le loyer, de rentiers entretenus comme des filles par la chance, plus de luxe enfin ni de misère !... Ah ! n'est-ce pas l'idéale équité, la souveraine sagesse, pas de privilégiés, pas de misérables, chacun faisant son bonheur par son effort, la moyenne du bonheur humain ! »

ÉMILE ZOLA, *L'Argent.*

L'argent avait fonctionné jusqu'ici de façon suffisamment satisfaisante pour qu'on n'ait pas à se poser trop de questions à son sujet. On comprenait vaguement comment il fonctionnait : une théorie – fausse, d'ailleurs –, le monétarisme, présidait aux décisions des banques centrales. Le résultat était désastreux, mais le fait que le système survivait à ses crises les plus sévères faisait que l'on ne s'inquiétait pas trop.

Bien sûr, nos parents ou nos grands-parents avaient connu la Grande Crise des années 1930…

On sait d'où l'on vient, on ne sait où l'on va. On ignore aussi si la voie qui s'ouvre est toute tracée ou reste encore entièrement à défricher. L'histoire nous montre ces deux options comme également possibles : elle nous révèle la puissance des grands mouvements irrésistibles, mais celle aussi qui découle parfois des accidents les plus minuscules – l'« effet papillon » propre à la dynamique des systèmes complexes.

La première époque de l'histoire humaine fut celle où régna la force pure, la deuxième, celle où l'argent se substitua partiellement à la force en raison, là aussi, du pouvoir de « commandement » qu'il exerce : sa capacité à subordonner l'effort et le temps d'autrui pour qui le possède. Le moment est venu de se retourner vers l'histoire qu'a générée le pouvoir de l'argent, de la voir comme une période qui touche à sa fin, pour se tourner ensuite vers l'avenir et imaginer quelle voie s'ouvre maintenant à nous. Si l'on souhaite que l'espèce survive, il lui faudra enfin apprendre à dominer son agressivité naturelle. De grands hommes nous parlent de la compassion depuis plus de deux mille ans : le Bouddha, Socrate, Jésus-Christ, et nous ne leur avons encore prêté aucune attention sérieuse. Si nous voulons éviter l'extinction – parce que c'est maintenant de cela qu'il s'agit –, il faut que notre autre disposition naturelle, celle de la solidarité, prenne sans tarder le dessus. Chaque minute compte, hélas.

XIV

L'Argent avant *L'Argent, mode d'emploi*

En appelant cet ouvrage *L'Argent, mode d'emploi*, je n'ignorais pas que le titre *L'Argent* avait déjà servi. Il existe un livre de John Kenneth Galbraith, l'économiste keynésien américain, publié en 1975, intitulé en français : *L'Argent*. Son titre original en anglais est *Money. Whence It Came, Where it Went*, « L'Argent : d'où il est venu, où il s'en est allé ». Cet ouvrage, que j'ai eu l'occasion de citer à plusieurs reprises, est intelligent et instructif, comme tous ceux du même auteur ; il n'a cependant qu'un rapport lointain avec le mien, puisqu'il est essentiellement consacré au phénomène de l'inflation dans l'histoire de la devise américaine, le dollar, question tout spécialement d'actualité à l'époque où l'économiste rédigeait son livre. De ce qui m'a intéressé ici, à savoir le phénomène même de l'argent et ce qu'il représente pour nous, ses utilisateurs, Galbraith ne dit que très peu, et le titre de son ouvrage aurait dû à mon sens être traduit en français par « La Monnaie » plutôt que « L'Argent ».

L'Argent *d'Émile Zola*

Mon propre livre a un bien plus formidable prédécesseur dont le spectre hante ses pages : *L'Argent* d'Émile Zola, publié il y a plus de cent ans, en 1891, et je n'ai pas pu résister, comme vous avez pu le constater, au plaisir d'en citer des passages, parfois assez longs, lorsqu'ils pouvaient illustrer mon propos. Le moment est cependant venu d'en dire davantage sur l'ouvrage de Zola.

Pour ceux qui ne l'ont pas lu, *L'Argent* décrit l'ascension et la chute de la Banque universelle dont le nom pompeux est emprunté à l'Exposition universelle de Paris en 1867, époque à laquelle se déroule l'action du roman. À la tête de la banque, Aristide Saccard, frère d'Eugène Rougon, des *Rougon-Macquart*, le titre de la série en vingt volumes au sein de laquelle celui-ci s'inscrit. Une multitude de personnages sont mis en scène, appartenant à toutes les strates de la société, attirés à la spéculation par l'ascension de l'Universelle, certains ne détenant que quelques actions de la banque, d'autres s'y retrouvant investis à hauteur de plusieurs millions de francs de l'époque.

Le point culminant du livre est le moment où, tous ayant tout perdu (non seulement les gains espérés, mais aussi les fonds placés), chacun se confie à Mme Caroline, le principal personnage féminin du roman, pour lui expliquer où il se retrouve, alors que sa tragique expérience spéculative a tourné au désastre. Le message de Zola, dans ce passage, est on ne peut plus clair : l'argent est une drogue, la plus puissante qui soit, sans doute, et qui ne fait que des victimes ; avec lui, ni rémissions ni échappatoires possibles : « Ça vous monte à la tête, on est comme si l'on avait bu, quand on gagne[1] », dit Dejoie, l'ancien garçon de bureau. Paul Jordan, le journaliste, note quant à lui qu'« il y a, dans la passion du jeu, un ferment désorganisateur que j'ai observé souvent, qui ronge et pourrit tout, qui fait de la créature de race la mieux élevée et la plus fière une loque humaine, le déchet balayé au ruisseau[2]… ». Quant à la femme du journaliste, Marcelle, elle explique, à propos de sa propre mère : « Vous ne vous imaginez pas ce qu'était devenue maman ! Elle, si prudente, si économe, la terreur de ses bonnes, toujours sur leurs talons à éplucher leurs

1. É. Zola, *op. cit.*, p. 433.
2. *Ibid.*, p. 440.

comptes, elle ne parlait plus que par centaines de mille francs, elle poussait papa, oh ! lui, beaucoup moins brave, au fond, tout prêt à écouter l'oncle Chave, si elle ne l'avait pas rendu fou avec son rêve de décrocher le gros lot, le million… D'abord, ça les avait pris en lisant les journaux financiers ; et papa s'était passionné le premier, si bien qu'il se cachait, dans les commencements ; puis, lorsque maman s'y est mise, après avoir longtemps professé contre le jeu une haine de bonne ménagère, tout a flambé, ça n'a pas été long. Est-il possible que la rage du gain change à ce point de braves gens[1] ! »

Différence essentielle, donc, selon Zola, entre l'argent comme drogue et les autres : à celle-là nul ne semble capable de résister. À une exception près, cependant : Paul Jordan, le journaliste qui « venait d'avoir une chance. Après tant d'années de travail ingrat, son premier roman, publié d'abord dans un journal, lancé ensuite par un éditeur, avait pris brusquement l'allure d'un gros succès ; et il se trouvait riche de quelques milliers de francs, toutes les portes ouvertes devant lui désormais, brûlant de se remettre au travail, certain de la fortune et de la gloire[2] ». Vous l'avez compris : il s'agit là, avec Paul Jordan, de Zola lui-même, c'est son histoire à lui qu'il nous conte. Pour être

1. *Ibid.*, p. 436-437.
2. *Ibid.*, p. 438.

l'une de ces rares exceptions qui ne succomberont pas à la fièvre de l'or, il faut donc avoir trouvé une autre voie d'accès à la reconnaissance, chance qui n'est malheureusement pas offerte à tous.

Ah ! encore une remarque : ce nom, « Paul Jordan », ne m'est pas étranger, je l'ai vu écrit des dizaines de fois – c'est la manière dont on écrivait spontanément mon nom, en Amérique, quand on me demandait comment je m'appelais et que je répondais : « Paul Jorion ».

Comme vous avez pu le constater au fil des citations dont j'ai émaillé mon texte, et si le roman ne vous était pas déjà familier, Zola adopte une attitude relativement neutre vis-à-vis de l'argent, reproduisant à son propos aussi bien les opinions les plus favorables, généralement exprimées par Saccard, le patron de la Banque universelle, que les plus négatives, alors sorties de la bouche de Sigismond, le frère idéaliste de celui que nous connaissons essentiellement sous son patronyme de Busch, le charognard qui rachète pour une fraction de leur prix des dettes pourries et poursuit ensuite inlassablement ceux qui faillirent à les rembourser, expérience qui sera celle de Zola lui-même que « certains créanciers relanceront [...] vingt ans plus tard, lorsqu'il aura atteint la célébrité[1]. »

1. H. Mitterand, « Vie d'Émile Zola », dans É. Zola, *L'Argent*, *op. cit.*, p. 501-514.

L'opinion de Zola sur l'argent est celle, modérée, que l'on trouve dans la bouche de Mme Caroline, l'héroïne du roman, le porte-parole de l'écrivain – « C'est moi[1] », dit-il en effet à son propos – « qui ne voit dans l'argent ni malédiction ni bénédiction : [... l'argent] était le fumier dans lequel poussait l'humanité de demain ; l'argent, empoisonneur et destructeur, devenait le ferment de toute végétation sociale, le terreau nécessaire aux grands travaux qui facilitaient l'existence. [...] Pourquoi donc faire porter à l'argent la peine des saletés et des crimes dont il est la cause[2] ? ».

Le mot « fumier » associe la notion de fange à celle de fertilité ; « terreau », au contraire, évoque seulement la fécondité. Selon les préférences personnelles, Zola fut ou bien l'homme du juste milieu, ou celui de la contradiction. Il fut en tout cas – la chose est avérée – un ennemi de la Commune. Des propos comme : « Le bain de sang que le peuple de Paris vient de prendre était peut-être une horrible nécessité pour calmer certaines de ses fièvres. Vous le verrez maintenant grandir en sagesse et splendeur », en justifiant ce qu'il qualifie lui-même d'horreur, ne laissent planer aucun doute à ce sujet.

Il serait difficile aussi d'évoquer ce roman sans mentionner les stéréotypes outranciers de l'ouvrage relatifs

1. A. Wurmser, préface à É. Zola, *L'Argent, op. cit.*, p. 15.
2. É. Zola, *op. cit.*, p. 497.

au rapport des juifs à l'argent. Même si l'on se contente de voir en lui le reflet d'une époque exprimé par la bouche de ses personnages, il est impossible d'ignorer les notes que rédigea l'auteur au moment où il en préparait la rédaction : « Ne pas oublier que la question juive va se trouver au fond de mon sujet ; car je ne puis pas toucher à l'argent sans évoquer tout le rôle des juifs autrefois et aujourd'hui[1]. » – et ailleurs : « Cette question des juifs rapetisse tout[2]. » Mais cette tâche consistant à rappeler le rapport des juifs à l'argent lui fut-elle agréable ? Ce n'est pas ce qu'il en dit, puisqu'il confia à un journaliste : « Il est des œuvres que j'ai produites seulement parce que ma conscience d'écrivain m'y obligeait, parce qu'elles rentraient dans le cycle du monde à l'étude duquel je m'étais voué, mais dont l'élaboration ne m'a causé aucune jouissance : par exemple *L'Argent*[3]. »

Il serait lassant de compter le nombre de fois où l'expression « sales juifs » est mise dans la bouche de Saccard et ponctue la progression du récit. Si l'on s'en tient cependant à l'interprétation du rôle joué dans le roman par Mme Caroline, à savoir d'être la voix de Zola lui-même, on retiendra le constat historique d'une

1. H. Mitterand, *op. cit.*, p. 519.
2. *Ibid.*
3. A. Wurmser, *op. cit.*, p. 20.

froide simplicité qu'elle énonce : « Pour moi, les juifs, ce sont des hommes comme les autres. S'ils sont à part, c'est qu'on les y a mis[1]. »

Le dossier de Zola dans la représentation des juifs n'en demeurerait pas moins accablant s'il n'y avait eu le « J'accuse ! » qui contribua de façon décisive à la révision du procès de Dreyfus, entraînant un revirement – partiel, bien entendu, mais néanmoins significatif – de l'opinion publique française vis-à-vis des juifs. Que dire encore à partir de là sur Zola et les juifs, puisque l'éditorial de *L'Aurore* chamboula d'une manière théâtrale mais irrécusable tout dossier que l'on voudrait instruire sur Zola et l'antisémitisme ? Un engagement comme celui du romancier est exceptionnel à tous points de vue : de l'ordre de ce que l'on espère de la part de l'intellectuel, mais sans imaginer jamais qu'il parviendra à atteindre les hauteurs d'une telle exigence. Le « J'accuse » entraîna le propre procès de l'écrivain, sa condamnation à une peine de prison, sa fuite et son exil. Il existe peu de preuves aussi convaincantes, à l'appui de la thèse de la raison en marche, que cette conversion de Zola qui le conduisit du préjugé à l'état brut à un consentement au sacrifice de son confort personnel, sous la menace d'une privation de liberté, à devenir aussi objet d'opprobre et à être séparé des siens : ce que

1. É. Zola, *op. cit.*, p. 481.

l'on appelle héroïsme dans la vie comme dans les romans.

Wall Street *(1987)*

Je m'en voudrais de ne pas mentionner une autre œuvre défendant, à l'instar de *L'Argent* de Zola, la thèse de l'argent comme drogue – et qui la complète par la thèse de l'argent comme fléau social. Il s'agit du film *Wall Street*, d'Oliver Stone, sur un scénario d'Oliver Stone et Stanley Weiser, qui marqua les esprits à sa sortie sur les écrans en 1987.

Quiconque a vu ce film se souvient des mots prononcés par son antihéros, Gordon Gekko, un aigrefin de Wall Street : « *Greed is good !* » – la cupidité est bonne. Le personnage de Gekko est magistralement interprété par Michael Douglas, et le rôle lui a valu cette année-là l'Oscar du meilleur acteur. Le discours de Gekko devant les actionnaires de la compagnie Teldar Paper s'est inspiré de deux sources : les propos d'Ivan Boesky, un financier véreux, condamné comme le héros du film à une peine de prison pour délit d'initié, et d'autres prononcés en diverses occasions par l'homme d'affaires américain Carl Icahn, spécialiste – comme Gekko – des raids sur les compagnies affaiblies. Voici, sans commentaires, le passage-clé de *Wall Street* (la traduction est la mienne) : Gordon Gekko, le « raider », s'adresse aux actionnaires de Teldar Paper :

> « Eh bien, je vous remercie de l'occasion que vous m'offrez, M. Cromwell… je veux dire, en tant qu'actionnaire principal de Teldar Paper, en quelque sorte.
>
> Nous ne sommes pas ici pour parler d'un monde imaginaire, mais de la réalité politique et économique. L'Amérique… l'Amérique est devenue une puissance de second ordre. Son déficit commercial et son déficit budgétaire ont atteint des niveaux terrifiants. À l'époque où les marchés avaient été libérés, à l'époque où notre nation était encore une puissance industrielle de premier plan, il existait une chose qui avait pour nom : “responsabilité envers l'actionnaire”. Les Carnegie, les Mellon, les hommes qui bâtirent cet immense empire avaient fait en sorte qu'il en soit ainsi… parce que c'était leur propre argent qui était en jeu. Mais, au jour d'aujourd'hui, les dirigeants n'ont plus aucun engagement vis-à-vis de leur entreprise ! Ces dirigeants que vous voyez assis ici possèdent tous ensemble moins de 3 % de la compagnie ! Et M. Cromwell, que fait-il de son salaire d'un million de dollars ? Il ne le place en tout cas pas dans des titres de Teldar : il en possède moins de 1 % ! C'est vous qui possédez la compagnie. Oui, c'est bien vous : les actionnaires ! Et vous vous faites tous royalement entuber par ces bureaucrates… avec leurs déjeuners à tournedos, leurs journées de pêche à la mouche, leurs jets privés et leurs parachutes dorés !
>
> M. Cromwell, Teldar Paper compte trente-trois vice-présidents… chacun d'eux gagnant plus de 200 000 dollars par an. Il se fait que j'ai consacré les deux derniers

mois à analyser ce que font tous ces gaillards. Et figurez-vous que je n'ai toujours pas compris.

Mais il y a une chose dont je suis certain : c'est que notre compagnie a perdu 110 millions, l'année dernière. Et je suis prêt à parier que la moitié de cette somme a été dépensée en paperasserie échangée par tous ces vice-présidents ! La nouvelle version de la théorie de l'évolution en Amérique semble être… la survie du moins apte !

Selon ma théorie à moi, ou bien vous faites le boulot correctement, ou c'est la porte. Dans les sept opérations les plus récentes auxquelles j'ai participé, deux millions et demi d'actionnaires étaient impliqués… qui ont engrangé un profit de douze milliards avant impôt. Merci !

Je ne détruis pas les compagnies, je les libère ! Le fait est, mesdames et messieurs, que la cupidité, faute d'un meilleur mot… est une bonne chose.

La cupidité est ce dont nous avons besoin. La cupidité, ça marche !

La cupidité met en évidence, va à l'essentiel, résume l'essence même de la théorie de l'évolution. La cupidité sous toutes ses formes : l'avidité pour la vie, pour l'argent, pour l'amour, pour la connaissance… a marqué la marche en avant de l'humanité.

Et la cupidité, prenez bonne note de ce que je m'apprête à vous dire, ne va pas seulement sauver Teldar Paper…, mais également une autre très grande compagnie qui a cessé de fonctionner correctement, je veux parler des États-Unis d'Amérique !

Merci de votre attention. »

XV

L'approche utilisée ici et la science économique

J'ai procédé dans la rédaction de cet ouvrage selon une méthode déjà utilisée en d'autres occasions : je me suis penché sur le problème de l'argent, comme s'il n'avait jamais été abordé par personne avant moi. Une fois parvenu à mes propres conclusions, je suis allé consulter la littérature sur le sujet pour voir ce que les auteurs en avaient dit et comparer leurs conclusions aux miennes.

La justification de cette méthode qu'on pourra juger inattendue est de tirer le meilleur parti de ce qui m'a été signalé à plusieurs reprises comme une qualité de mes écrits : le vent frais qu'apporte le regard de l'anthropologue sur des questions traitées jusqu'ici par des spécialistes d'autres disciplines débattant uniquement entre eux.

Bien entendu, et mises à part mes formations d'anthropologue et de sociologue, je n'ai pas abordé vierge la question de l'argent et cela pour deux raisons. La première est que, comme tout un chacun, j'ai eu l'occasion de penser à l'argent au cours de ma vie parce que j'essayais d'en gagner et que j'en dépensais, comme tout le monde, toujours plus que prévu ! Certaines de mes réflexions dans ce livre ne procèdent de rien d'autre. La seconde est ma formation d'ingénieur financier, acquise sur le tas durant dix-huit années passées dans des établissements bancaires, dont les dix dernières au sein d'organismes spécialisés dans le crédit à la consommation et tout particulièrement dans le crédit immobilier.

Un commentateur m'a interpellé sur mon blog : « Comment pouvez-vous être aussi sûr de vous sur toutes ces questions monétaires alors qu'il y a un an vous disiez qu'elles ne vous étaient pas familières ? » Une partie de la réponse tient déjà dans la question : un an, c'est considérable quand on s'y consacre quasiment à temps plein. Un autre élément de la réponse, c'est que je n'ai pas travaillé seul : la recherche a pratiquement constitué un plein temps également pour certains commentateurs de mon blog et en particulier pour Julien Alexandre, Nadine et Christophe Blagny et Samuel Bouclet. Un troisième élément de la réponse est que je suis parti à la recherche d'économistes qui auraient déjà réfléchi à ces questions : il me paraissait en effet tout à fait invraisemblable qu'il n'en existe aucun. Quand je dis « économistes réfléchissant à ces questions », je ne pense pas bien évidemment à ceux d'entre eux qui se sont contentés de recopier consciencieusement de génération en génération la manière dont les règles comptables recommandent d'enregistrer ces opérations, manière d'exprimer les choses suggérant que les banques commerciales sont capables de faire ce que rien d'autre au monde ne peut faire, à savoir le miracle de la création de monnaie à partir de rien : *ex nihilo*.

Les économistes qui ont réfléchi à la question existent : ils représentent le courant dit « structuraliste » de la « science économique monétariste » – je mets tout cela entre guillemets par prudence. Ils ne me semblent pas nombreux, sont essentiellement britanniques et ne représentent en tout cas pas un courant dominant de la science économique.

Les « structuralistes » s'opposent essentiellement aux « horizontalistes » (je sais, ces distinguos évoquent à coup sûr les *gros-boutistes* et les *petits-boutistes* dont le différend sur la manière d'entamer son œuf à la coque sont rapportés par Jonathan Swift dans *Les Voyages de Gulliver*), en leur reprochant de ne s'intéresser pour la création monétaire qu'à la demande de crédit et aux taux d'intérêt à court terme, alors qu'eux veulent tenir compte d'un grand nombre d'autres facteurs. Nous sommes ici en terrain connu mais, avant d'aller plus avant, je précise que, par « création monétaire », ils entendent simplement parler de « la manière dont la structure bancaire permet d'utiliser les dépôts comme monnaie (*money*)[1] ». Ils insistent – et cela est en soi très intéressant – sur le fait que le système bancaire n'aurait pu exister sans un double assentiment du public : celui des déposants qui versent de l'argent sur leurs comptes courants tout en sachant qu'il sera très probablement prêté à d'autres, et celui des emprunteurs qui acceptent cet argent, tout en sachant qu'il s'agit d'argent dû par la banque à ses déposants (bien sûr, ceux-ci n'ont en général pas vraiment le choix !).

Parmi les facteurs essentiels aux yeux des *structuralistes* et sur lesquels je n'ai pas personnellement jugé essentiel de m'appesantir : l'option offerte aux banques d'emprunter sur le marché interbancaire leurs réserves obligatoires ainsi que celles qu'elles constituent dans un but de « relations publiques », voire même de les emprunter à leur banque centrale dans son rôle de prêteur de dernier recours. Essentiels aussi à leurs yeux, le rôle de la titrisation dans la réduction du montant des réserves en fonds propres, ainsi que le fait que la ques-

---

1. S. C. Dow, « Endogenous Money : Structuralist » dans P. Arestis et M. Sawyer, *A Handbook of Alternative Monetary Economics*, Cheltenham, Edward Elgar, 2006, p. 3.

tion des réserves s'est essentiellement déplacée du domaine des réserves obligatoires « fractionnaires » à celui des réserves en fonds propres. Autre élément : la capacité des banques à transformer grâce à l'innovation financière un nombre croissant d'« avoirs » en « avoirs monétaires » (*monetary assets*), c'est-à-dire de donner à des marchandises quelconques (« tout ce qui a un prix ») une certaine « liquidité », autrement dit la capacité à être échangés pour de l'argent « liquide » – après manipulations plus ou moins compliquées, chacune impliquant bien entendu un certain risque qui interviendra dans le calcul de leur prix.

Principal grief des *structuralistes* envers les économistes appartenant à d'autres courants : l'usage fait par ces derniers de l'expression « monnaie-crédit », suggérant que les deux pourraient être confondus. Si l'on fait cela, soulignent les structuralistes, on en vient nécessairement à penser que toute injection de monnaie centrale en excès sera utilisée par les emprunteurs pour rembourser leurs emprunts. « Si l'on confond *monnaie* et crédit, on confond ceux qui possèdent de l'argent (*money*) avec ceux qui ont obtenu du crédit[1]. » Autrement dit, et dans les termes que j'ai ordinairement utilisés ici, si l'on confond *argent* et *reconnaissance de dette*, on évacue entièrement la question de

1. *Ibid.*, p. 44.

la concentration des richesses. Et on considère en particulier comme indifférent le fait que ce soient les banquiers en détresse ou les consommateurs en détresse qui reçoivent de l'argent du gouvernement.

La quête est-elle terminée ? Loin de là : malgré l'affirmation du contraire par certains économistes, notre compréhension de la manière dont l'argent fonctionne au sein de nos sociétés n'est encore que dans sa toute petite enfance et je n'ai personnellement fait qu'en effleurer la surface.

APPENDICE

Un outil analytique pour la monnaie

Comme vous l'aurez compris, pour mieux parler de la monnaie, il convient de mettre au point un nouvel outil analytique, parce que ni les théories des économistes orthodoxes ni celles des différents contestataires hétérodoxes ne nous offrent ce dont nous avons besoin. Nous n'avons donc d'autre issue que de créer notre boîte à outils à neuf, à partir de rien.

Pour établir un parallèle, et bien que celui-ci ne me soit venu à l'esprit qu'une fois l'entreprise pratiquement achevée, ce que je vais tenter d'accomplir pour la monnaie est du même ordre que ce que Freud a réalisé pour la psychologie.

Avant Freud – et aujourd'hui encore pour cette partie de la psychologie qui ignore l'apport de la psychanalyse –, on s'autorisait sans états d'âme à se pencher sur la psyché humaine en utilisant, pour décrire son fonctionnement, les mots qu'elle a spontanément inventés pour en parler : le vocabulaire de la langue de tous les jours. On peut ainsi parler çà et là de « croyance » ou d'« intention », et considérer qu'elles constituent les causes réelles de nos comportements. Freud jugeait que des mots comme ceux-là relevaient d'une « psychologie populaire » et étaient inutilisables pour son projet de « métapsychologie » : sans aucun doute pratiques dans le contexte d'une conversation ordinaire, mais impuissants à nous faire comprendre le fonctionnement réel des mécanismes à l'œuvre. Qu'est-ce qu'une croyance ? s'interrogeait-il. Une disposition à agir de telle ou telle manière dans certaines circonstances. Qu'est-ce qu'une intention ? Une représentation, au moment T_i, d'un résultat qui s'obtiendra au moment T_{i+n}. Et ainsi de suite. Bien sûr, il ne s'agit pas là d'un simple changement de vocabulaire, parce qu'une fois l'analyse achevée, c'est un tout autre modèle de la psyché humaine qui aura émergé des redéfinitions opérées.

Mon approche est behaviouriste[1] : elle repose uniquement sur des faits observables, faisant l'impasse sur les représentations que les acteurs se font des processus où ils

1. On s'interroge toujours sur la sympathie apparemment contre nature des psychanalystes pour le behaviourisme et des behaviouristes pour la psychanalyse, le behaviourisme ne s'intéressant

sont impliqués. Elle ignore par conséquent, comme vous avez pu le constater, des notions comme « confiance » ou « promesse ».

Mon outil analytique, dont je vous présente ici les premiers balbutiements, ignore entièrement la langue comptable qui confond tout ce que j'entends distinguer d'un point de vue analytique et qui distingue tout ce que j'entends confondre. On peut d'ailleurs voir mon approche comme un moyen de libération par rapport à la pensée comptable. Bien sûr, il faudra écrire après les règles transformationnelles qui permettront de traduire

---

qu'aux comportements strictement observables, excluant du coup le domaine des représentations, alors que la psychanalyse obtient toute son information sur la psyché humaine de la vie intérieure telle que celle-ci trouve à s'exprimer par le moyen de la parole. Leurs sources ne pourraient donc être plus diamétralement opposées, ni d'ailleurs leurs points de vue méthodologiques, le behaviourisme se fondant sur un *objectivisme* strict et la psychanalyse sur un *subjectivisme* à première vue radical. La raison de leur rencontre, c'est qu'ils ont l'un et l'autre en commun un souci jusqu'au-boutiste de l'analycité. Je ne crois pas trop m'aventurer en prévoyant qu'ils se rejoindront un jour au sein d'un grand « pavlovisme généralisé », leurs approches se révélant avoir simplement abordé la question du fonctionnement de l'esprit humain par ses deux bouts (j'ai déjà esquissé cette thèse dans *Principes des systèmes intelligents*, Paris, Masson, 1990, et dans Jorion, « Le secret de la chambre chinoise », *L'Homme*, 150, 1999, p. 177-202).

de l'un dans l'autre (une correspondance entre les entités que l'un et l'autre reconnaissent, et les opérations qu'ils permettent).

Ce que je tente d'accomplir ici pour la monnaie est donc bien du même ordre que ce que Freud a accompli avec sa théorie de l'esprit humain : la « métapsychologie ».

La dimensionnalité de la monnaie

J'ai connu l'« apologue de la Dame de Condé » comme faisant partie d'un commentaire au billet diffusé sur mon blog sous le titre « La monnaie, c'est de la sueur (et du soleil) condensés », commentaire posté par A.-J. Holbecq le 16 juin 2008. Le même conte circule sous des formes multiples : Helmut Creutz, par exemple, dans son ouvrage *Le Syndrome de la monnaie*[1], le rapporte comme l'histoire d'un clown dans un cirque. Je le reprends, car j'y vois une excellente introduction à un nouvel éclairage qui me semble essentiel quand il s'agit de la monnaie : ce qu'essaie de capter maladroitement la notion d'*agrégat monétaire* M_0, M_1, M_2, M_3. Je commence donc par rappeler cet apologue en citant ce qu'A.-J. Holbecq nous en dit, y compris son commentaire sur la morale de l'histoire :

1. H. Creutz, *Le Syndrome de la monnaie*, Paris, Economica, 2008, p. 37-38.

« Nous sommes à Condé-sur-Gartempe. Son hôtel de la Gare est réputé pour ses ortolans et sa discrétion!... Un vendredi après-midi débarque une jeune femme d'apparence convenable, bien qu'un peu trop fardée. Elle réserve une chambre pour la nuit et, comme elle n'a pas de bagage, elle laisse en acompte un billet de 100 euros, tout neuf. Puis elle s'en va visiter la vieille ville. Le pâtissier, qui a vu la scène, dit au patron : "Ça fait six semaines que vous me devez 100 euros pour la pièce montée que j'ai livrée à l'occasion de la communion de votre fille." Le patron lui donne le billet de bonne grâce. Comme cette scène a été vue par d'autres, elle se reproduit cinq nouvelles fois, car le pâtissier devait aussi 100 euros au minotier... qui en devait autant au garagiste... lui-même débiteur de cette somme au boucher... qui avait à régler 100 euros au représentant de la maison Erlida... lequel devait à son tour acquitter sa chambre à l'hôtel de la Gare pour 100 euros. Il redonne donc le billet au patron de l'hôtel. Notre Dame revient de promenade. Elle annonce qu'ayant fait une rencontre elle annule sa réservation. Ce qui arrange bien l'hôtelier qui, entre-temps, a eu une demande d'un de ses vieux clients. L'hôtelier lui rend donc son billet, qu'elle brûle aussitôt. "Il était faux", dit-elle en souriant.

Moralité de cette histoire :

– Le PIB du village a augmenté puisque les commerçants, ayant été payés, ont pu inclure leurs ventes dans leur comptabilité ;

– Ce faux billet a été capable de catalyser autant d'échanges parce qu'un billet est de la monnaie fiduciaire (du latin *fiducia* : confiance). C'est exclusivement une "valeur de confiance" entre les membres d'une communauté. Dans un autre pays, il n'aurait pas été accepté. Un billet faux perd "sa valeur" seulement au moment où il se révèle faux et n'est plus accepté par celui qui le reçoit. C'est celui qui le détient en dernier qui assume la perte. Dans cette histoire, il n'y a pas eu de perte, sauf pour la Dame de Condé mais qui savait de toute façon qu'il était faux.

– La Dame de Condé, en réservant sa chambre, a accru de 100 euros la masse monétaire du village, ce qui a permis à six personnes d'éteindre réciproquement leur dette pour un montant total de 600 euros. La "qualité" de la monnaie utilisée, bonne ou mauvaise, est indifférente, mais la quantité de monnaie en circulation dans une zone est importante. »

Dans son commentaire, A.-J. Holbecq écrit à juste titre que « la "qualité" de la monnaie utilisée, bonne ou mauvaise, est indifférente » pour la morale de l'histoire, ce qui est vrai et fait aussi qu'on se demande pourquoi celui qui l'a inventée a tenu à ajouter ce détail sans réelle pertinence. Il a dû se dire, je suppose, que la bizarrerie de l'effacement, en moins de temps qu'il n'en faut pour le dire, d'un montant aussi élevé de dettes au sein d'une petite communauté, à l'aide d'un seul billet de 100 €, apparaîtrait encore plus étonnant si ce billet se révélait *a posteriori* avoir été faux, et donc n'ayant en réalité rien valu du tout. Il y a là un raccourci certainement excusable, mais inacceptable : un faux billet cesse de valoir quoi que ce soit sitôt qu'il a été reconnu comme tel, ce qui interrompt sa circulation, mais, tant que sa « dénonciation » n'a pas eu lieu, rien ne le distingue d'un vrai billet, et il lui est strictement équivalent. Quand la Dame de Condé révèle que le billet de 100 € était contrefait et le brûle pour convaincre un public, sans doute encore incrédule, qu'elle ne ment pas, l'affaire est en fait déjà réglée : il lui a permis de réserver une chambre d'hôtel pour se dédire ensuite – usage on ne peut plus utile d'un billet de banque ! On pourrait dès lors s'interroger : pourquoi n'a-t-elle pas continué à l'investir dans des activités encore plus rentables ?

Ce qui intrigue, dans cette histoire, ce n'est donc pas qu'une petite communauté ait pu prendre un faux billet pour un vrai, ce qui en soi est banal et ne permet de tirer aucune leçon, mais c'est qu'un unique billet (vrai ou faux) ait pu avoir un tel effet : transformer un village criblé de dettes en un autre libéré de toutes obligations d'un citoyen envers un autre.

Essayons d'analyser l'apologue. Puisqu'il existe un hôtel et que l'hôtelier accepte les 100 € de la Dame, on peut supposer que la petite communauté a dépassé le stade du troc et que de la monnaie y existe sous la forme de billets et de pièces. Le montant exact de cette monnaie fiduciaire préalable à l'incident ne nous importe pas – appelons-le A. Au moment où la dame offre son billet à l'hôtelier, l'argent disponible dans le village passe donc de *A* à *A* + 100 €. C'est là le montant de la masse monétaire fiduciaire qui y est présente à partir du moment où la dame paie ses arrhes jusqu'au moment où elle annule sa réservation et où la masse retombe à *A*. La fausseté du billet, comme je l'ai dit, n'était connue que d'elle, et était du coup sans impact : il n'est pas permis d'affirmer que la masse d'argent liquide n'a jamais été « en réalité » que de *A* : en effet on ne parle pas ici d'un produit tel que l'uranium, dont le fait qu'il soit faux empêche son action postulée, la fission, d'avoir lieu dans le réacteur ; il s'agit de monnaie supposée vraie tant qu'il n'a pas été prouvé qu'elle est fausse, et qui remplit jusque-là fidèlement sa fonction.

Alors, que s'est-il passé ? On nous dit que le billet de 100 € déposé comme arrhes à l'hôtel de la Gare a permis en quelques heures d'éteindre des dettes pour un montant de 600 €, et le mécanisme nous en est connu : il existait une chaîne de dettes partant de l'hôtelier et lui revenant en fin de circuit, et le billet de 100 € a permis de proche en proche l'annulation de toutes les dettes existantes. Ce que j'essaie d'extraire de l'apologue est indépendant du fait de savoir si la situation qu'il décrit a la moindre chance de se rencontrer dans la réalité : la réponse est non, mais cela n'a aucune importance – il s'agit clairement d'une *expérience mentale*, et de rien de plus.

Pour ce qui est de l'argent, nous avons compris le circuit qu'il accomplit : le billet de 100 € est passé de créancier remboursé en créancier remboursé jusqu'à avoir opéré le circuit complet. Il est demeuré intact et sa valeur est restée stable. Il en va de même pour la masse *A* telle qu'elle existait avant que la Dame ne franchisse le seuil de l'hôtel de la Gare. C'est ce que j'ai appelé précédemment le « principe de conservation des quantités » : en matière de finances, rien ne se crée (si ce n'est à l'initiative des banques centrales), rien ne se perd. Si ce principe n'était pas universellement respecté, la finance n'aurait jamais pu exister. Il existe sans doute des individus qui enfreignent ce principe, mais leur comportement est pris très au sérieux par la société, qui le traite sévèrement : pris, ils risquent la prison. Le « principe de conservation des quantités » en matière de finances n'est donc pas une norme que je postule à des fins théoriques ; il s'agit d'une règle ayant valeur légale.

J'ai expliqué plus haut quelle est la meilleure manière de conceptualiser une reconnaissance de dette. J'ai dit qu'il s'agit de la trace de deux transactions : l'une, passée, étant intervenue au moment T_i, impliquant le transfert de la somme S_i de la personne X à la personne Y, l'autre, à venir, censée intervenir au moment T_{i+n}, impliquant le transfert en retour de la même somme S_i, cette fois de Y vers X, accompagné du transfert de Y vers X d'un « cadeau » en argent proportionnel à la durée $T_{i+n} - T_i$, appelé « intérêts ». Une reconnaissance de dette est donc essentiellement l'annonce de transactions à venir dont la justification se trouve dans une transaction passée. La « transaction passée » en question, comme son nom l'indique, a eu lieu, c'est-à-dire qu'il s'agit d'un donné irréversible. Les transactions à venir, elles, n'ont pas encore eu lieu et sont donc contingentes : il existe un risque qu'elles n'aient jamais lieu, autrement dit, la chance qu'elles se réalisent n'est pas absolument de 100 %, mais de 100 % *ou moins*. Ce qui ne veut pas dire pour autant que les sommes qui ne seraient pas remboursées se sont évanouies dans la nature, contredisant le « principe de conservation des quantités » ; elles auront seulement trouvé leur voie vers d'autres poches que celle stipulée par la reconnaissance de dette.

Donc, lorsqu'on dit qu'il existait dans le village des reconnaissances de dette pour un montant total de 600 €, ce que l'on exprime de cette manière, c'est qu'il existait des annonces de transactions à venir pour un montant total de 600 €, et celles-ci, se situant dans le futur, mais sans nécessité aucune, sont ce qu'on appelle « contingentes » : elles auront lieu ou pas sans que l'issue puisse être jugée à l'instant présent. Le billet ayant circulé, la seconde transaction mentionnée par chacune des reconnaissances de dette existantes, celle qui restait à venir, a eu lieu dans chacun des cas. L'annonce implicite s'est réalisée, et la reconnaissance de dette s'est éteinte. Le montant des reconnaissances de dette est passé de 600 € à 0 €, ce qui est bien entendu une autre manière de dire qu'elles ont été effacées.

Il s'est donc bien passé quelque chose de significatif dans le village, que les sommes d'argent disponibles à chaque instant ne révèlent pas : l'argent disponible se montait en effet à *A* avant que la Dame de Condé ne franchisse la porte de l'hôtel de la Gare, et il est retombé à ce niveau lorsqu'elle a repassé le seuil dans l'autre direction.

Certains – dont je ne suis pas, on l'a vu – considèrent une reconnaissance de dette comme l'une des manifestations possibles de la monnaie. Pour eux, la monnaie présente dans le village avant la venue de la dame se montait à *A* + 600 € et s'est réduite à *A* à son départ, en raison de l'action « catalytique » du billet de 100 € de la Dame sur l'économie du village, qui a permis une « précipitation » : les dettes se montaient à 600 €, et les voilà soudain réduites à zéro par simple *passage* du billet.

Du point de vue du « principe de conservation des quantités », rien ne s'est sans doute passé, mais il faut néanmoins reconnaître que, comme l'affirment ceux qui assimilent reconnaissance de dette à monnaie, il s'est bien passé quelque chose. Comment en rendre compte de manière à la fois pertinente et rigoureuse ?

La réponse que je vais apporter consiste à introduire le concept de *dimensionnalité* de la monnaie, notion qui éclairera, comme on le verra, la question des agrégats monétaires, les fameux M_0, M_1, M_2, et ce qu'ils représentent en réalité.

Il existe en mathématiques une mesure que l'on appelle la « dimension de Hausdorff ». Sa définition formelle est celle-ci : « La *dimension de Hausdorff* est un nombre réel positif, éventuellement l'infini, associé à tout espace métrique, c'est-à-dire un ensemble au sein duquel une notion de distance entre les éléments de l'ensemble est définie. »

Ignorons cette définition formelle pour retenir qu'au cœur de la conception qui sous-tend cette mesure se trouve la notion de *distance*. Je me contenterai de présenter cette notion de manière très intuitive, sans me préoccuper ici de rigueur mathématique.

Disons que je détermine sur une feuille de papier deux points A et B. La distance la plus courte entre ces deux points est, la chose est bien connue, la droite :

Quelle serait la distance la plus longue que l'on puisse imaginer entre ces deux points A et B ? La réponse, là aussi, est simple : il me suffit de les joindre en faisant un détour par l'infini. Disons que, partant de A, il faudrait que je parte vers l'infini, vers le haut de la feuille, et qu'une fois parvenu là (!) je revienne en direction de B. La distance entre A et B serait alors de deux fois l'infini.

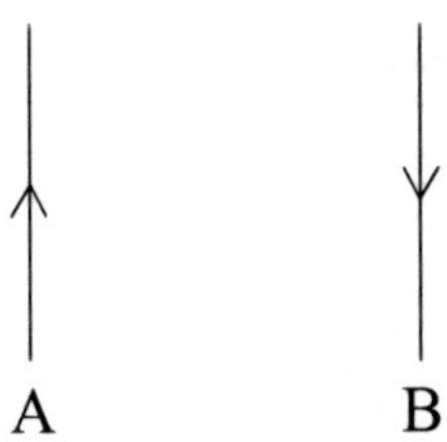

Bien entendu, deux fois l'infini, c'est toujours l'infini, mais Georg Cantor, en introduisant les nombres « transfinis » à la fin du XIXe siècle, nous a familiarisés avec l'idée d'additionner, voire de multiplier des infinis.

J'ai donc d'abord déterminé la distance la plus courte entre A et B : la droite, et ensuite la distance la plus longue possible entre ces deux points : deux infinis, l'un à l'aller, l'autre au retour (ou un grand !).

Essayons d'imaginer maintenant un procédé qui nous permettra, partant de la distance la plus courte possible entre A et B – la droite qui les joint –, de l'augmenter progressivement.

Voici un moyen possible : je divise la droite entre A et B en trois segments et je construis, sur la base du tiers central, un triangle équilatéral. Je désigne par C, D, E les trois nouveaux points d'inflexion sur la ligne brisée qui joint désormais A à B, et je remplace la droite entre C et E par la droite brisée CDE.

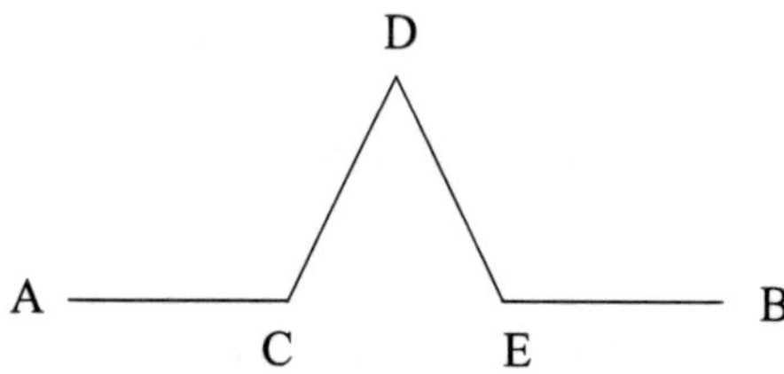

Quelle est maintenant la distance entre A et B ? Définissons la distance la plus courte entre eux comme représentant l'unité. La droite brisée CDE, construite comme une « excroissance » sur la droite originale AB, est constituée de deux côtés d'un triangle équilatéral. Ceci implique que CD et DE sont tous deux égaux à CE. Or CE est par construction égal à un tiers de la distance AB – c'est le principe qui l'a guidée. La distance parcourue sur la ligne brisée représente alors quatre tiers de la droite qui joignait originellement A et B. Or nous avions défini celle-ci comme représentant l'unité. Le nouvel AB a donc pour mesure 4/3, soit 1,3333… fois l'unité. La distance entre A et B est à présent de 1,3333…

Répétons maintenant l'opération : construisons un triangle équilatéral sur chacun des nouveaux segments AC, CD, DE et EB.

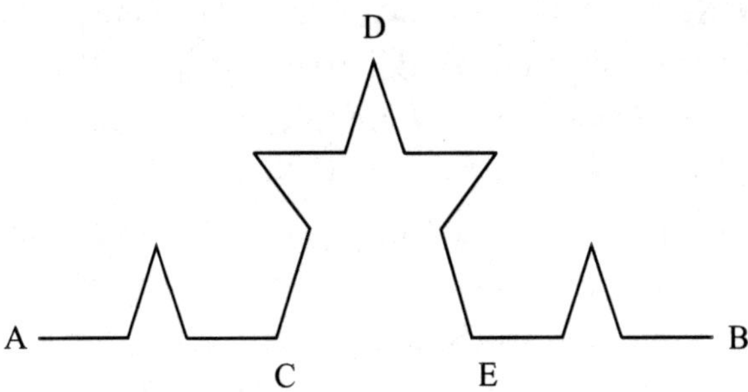

Qu'est devenue la distance entre A et B ? AC représente cette fois quatre tiers de l'ancien AC qui était lui-même un tiers de 1 ; de même pour le nouveau CD, le nouveau DE et le nouveau EB. On a donc désormais, entre A et B, quatre fois 1,3333… fois un tiers de 1, autrement dit : 4 x (1,3333… x 0,3333), c'est-à-dire : 1,7777… (ou 16/9).

Nous avons donc, à l'aide de nos constructions successives, augmenté la distance entre A et B. En répétant la même opération, nous multiplierons à chaque fois la distance déjà obtenue par 1,3333… La distance entre A et B à partir d'une ligne brisée construite de cette manière continuera d'augmenter inexorablement (par un facteur de 4 en numérateur et par un facteur de 3 en dénominateur) si l'unité reste définie comme la distance que représente la droite que l'on peut tracer entre A et B.

Le concept de « dimension de Hausdorff » est apparenté à la mesure que je viens de définir. Différence essentielle : la dimension de Hausdorff d'une ligne, aussi compliquée soit-elle, ne dépassera jamais 2, qui est la mesure correspondant au « remplissage » total d'une surface, alors que le concept de distance que je viens d'introduire permettrait, lui, d'atteindre une dimension infinie, puisque chaque nouvelle « complexification » conduit à une multiplication par un facteur de 1,3333... La raison exacte pour laquelle ces deux dimensions diffèrent n'a pas d'importance ; ce que j'entendais faire, c'était offrir une compréhension intuitive de la notion de « dimensionnalité ».

La dimension créancière

Dans le cas de l'apologue de la Dame de Condé, nous comprenons intuitivement qu'il existe une différence significative entre une situation où aucun des habitants du village n'a contracté de dette envers un autre, et celle où un réseau complexe de reconnaissances de dette les relie entre eux. La « complexité » de la structure de crédit entre les habitants du village exprime aussi la fragilité de la communauté sur le plan financier, car le défaut de l'un dans le remboursement de sa dette risquerait de précipiter le défaut d'un autre, déclenchant ainsi une réaction en chaîne.

Définissons maintenant les éléments dont nous aurons besoin pour mesurer la « dimensionnalité » du crédit au sein d'une communauté. La somme de monnaie fiduciaire – l'argent disponible – sera l'étalon, la valeur dont on part : l'équivalent, sur le plan monétaire, de la « distance la plus courte » dans l'illustration que j'ai proposée. La somme des reconnaissances de dette au sein de la communauté mesurera, elle, la « distance de la dette ».

La complexité minimale sera celle d'une situation où nul ne doit d'argent à qui que ce soit, et la complexité maximale correspondra à celle où chacun doit tout l'argent qu'il a à d'autres villageois.

Nous allons additionner la monnaie fiduciaire disponible aux reconnaissances de dette, mais pas dans une optique où il s'agirait de deux manifestations de la même chose, autrement dit où les deux constitueraient « de la monnaie » sous une forme ou une autre ; non : nous les additionnons dans une perspective selon laquelle il s'agit de choses bien différentes et où l'une, l'argent, la monnaie fiduciaire, est un moyen neutre de faciliter les échanges (dans ce contexte, en tout cas !), tandis que la dette, constituant, elle, un facteur de risque, est essentiellement dangereuse. Pour obtenir une jauge du degré de péril et donc de la fragilité d'un environnement financier, nous allons créer un indice selon le même principe que la dimension de Hausdorff : nous allons comparer la valeur de la dette à celle de l'argent disponible. Pour obtenir une mesure qui, comme dans le cas de la dimension de Hausdorff, peut prendre des valeurs qui varient entre 1 et 2, il nous suffit de diviser la somme de la dette d et de l'argent disponible a par l'argent disponible. *Dimension créancière* : $(d + a) / a$.

Soit x la somme de l'argent disponible. Si personne n'a de dette envers personne, la *dimension créancière* est de :

$$(0 + x) / x = x / x = 1$$

Si, au contraire, tout le monde doit tout l'argent qu'il a (à une ou à plusieurs personnes), la dette vaudra x, tout comme l'argent disponible, et la dimension créancière sera de :

$$(x + x) / x = 2x / x = 2$$

Dans le cas de l'apologue de la Dame de Condé qui nous a servi de point de départ, la somme des dettes dues par l'ensemble des commerçants connectés entre eux par un réseau de reconnaissances de dette, préalablement à la visite de la Dame, est de 600 €. La dette sera tombée à zéro après son départ. La valeur de la *dimension créancière* à Condé après le départ de la Dame est de 1, puisqu'on a :

$$(0 + x) / x = x / x = 1$$

et ce quelle que soit la valeur de x, l'argent disponible dans le village. Mais la valeur de la *dimension créancière* à Condé avant la venue de la Dame ne peut pas, elle, être déterminée *a priori*, puisqu'elle dépend aussi de la valeur de x : elle dépend de ce que ces 600 € représentent par rapport à l'argent disponible à Condé. Il pourra s'agir en effet, selon les cas, d'un montant considérable par rapport à l'argent détenu par les habitants du village ou, au contraire, d'une somme minime pour eux. Prenons deux exemples : dans le premier, la fortune totale de la communauté est de 1 200 €. Dans ce cas, la *dimension créancière* est de :

(600 € + 1 200 €) / 1 200 € = 1 800 € / 1 200 € = 1,5.

Dans le second exemple, la fortune totale est de 5 400 €. Dans ce cas, la *dimension créancière* est de :

(600 € + 5 400 €) / 5 400 € = 6 000 € / 5 400 € = 1,111…

Mais nous n'avons encore affaire, avec notre outil, qu'à un simple taux ; il faut aller plus loin, vers une réelle « dimension ». Ce qu'il convient d'intégrer maintenant, ce sont bien sûr les intérêts et la variable temps.

Le taux dette + argent sur argent [$(d + a) / a$], la définition originale de ma *dimension créancière*, atteint une valeur de 2 quand tout l'argent sert à rembourser la dette. Mais c'est compter sans les intérêts. S'il y a des intérêts à verser, ce qui sera généralement le cas, 2 (le seuil d'insolvabilité) est atteint alors que la somme d'argent est pourtant supérieure au niveau de la dette. Si a est l'argent, d, la dette, et i représente le taux d'intérêt, alors, dans le cas simple d'une année, 2 – le seuil d'insolvabilité de la *dimension créancière* – correspond à la valeur suivante pour a :

$$a = d \times (1 + i)$$

Si, par exemple, le taux est de 5 % et la dette de 100 €, l'insolvabilité est atteinte dès que la somme d'argent disponible est inférieure à 105 €. Si l'emprunteur ne possède pas 105 €, il ne pourra pas, au bout de l'année, faire face à ses engagements.

Quand on passe à deux ans, la valeur de a correspondant au seuil d'insolvabilité 2 est :

$$a = d \times (1 + i)^2$$

et ainsi de suite, l'exposant de la parenthèse représentant la maturité du prêt.

On pourra ainsi, en fonction du montant de la dette et de l'argent disponible, calculer les combinaisons de taux maxima et de maturité maxima qui continuent de garantir la solvabilité.

On risque d'avoir des surprises, car on s'apercevra à quel point les intérêts correspondant à une dette particulière « mangent » l'argent. J'ai constaté aux États-Unis que, dans le cas du prêt immobilier typique avec amortissement sur trente ans, la plupart des gens étaient effarés d'apprendre que les intérêts versés sur une période de cette durée représentaient en général une somme équivalente à celle du montant du prêt lui-même (pour un prêt sur trente ans, un taux de 5,3 % fait que la somme qui sera versée au total – intérêts et principal – sera le double de la somme empruntée ; pour un taux plus élevé, les intérêts dépasseront le montant du principal).

Quelle est la portée de la mesure qu'introduit une *dimension créancière* comparable à la *dimension de Hausdorff* ? Raffinée, elle offrira un outil de rechange à ce que tentent maladroitement de mesurer les différentes définitions de la masse monétaire M_1, M_2, M_3 qui reflètent de manière très indirecte le double emploi, voire le triple emploi, etc., qu'opèrent les reconnaissances de dette par rapport à l'argent.

On l'a vu, il y a, implicite aux définitions de ces masses monétaires M_1, M_2, M_3, une représentation supposant que les reconnaissances de dette constituent « de la monnaie », et ceci du fait qu'une fois *endossées* elles sont effectivement des marchandises et ont à ce titre une valeur, ce qui les rend partiellement substituables à de l'argent. Cette assimilation des reconnaissances de dette à de l'argent, je l'ai, on l'a vu, rejetée, parce qu'elle suppose, pour être valide, un contexte économique idéal. Dans le cas d'une crise du système économique comme celle que nous traversons en ce moment, la valeur de ces reconnaissances de dette s'écarte de manière dramatique de leur valeur nominale, pouvant même tomber à zéro.

Il serait cependant faux d'ignorer les reconnaissances de dette dans une évaluation globale de la situation financière ; il faut les évaluer, comme je l'ai montré précédemment, de manière conditionnelle : en les affectant d'un coefficient mesurant la disposition effective de ces sommes à être recouvrées. Mais il faut aussi et, en réalité, surtout mesurer leur impact du fait de leur capacité – au contraire de l'argent, c'est-à-dire des pièces se trouvant au fond de nos poches et des billets glissés dans nos portefeuilles – d'engendrer de l'intérêt, c'est-à-dire d'exiger, en paiement, des sommes qui devront être trouvées ailleurs. Et c'est ici qu'intervient de manière cruciale la distinction, sur laquelle je me suis appesanti, entre *prêts à la production* qui, servant d'avances et générant de nouvelles richesses, prennent soin des intérêts qui devront être versés à celui qui a avancé le capital, et *prêts à la consommation* qui doivent, eux, puiser les sommes nécessaires au versement des intérêts dans une richesse créée dans un contexte tout différent : essentiellement comme salaires.

Références bibliographiques

ALLAIS, Maurice, « Le concept de monnaie, la création de monnaie et de pouvoir d'achat par le mécanisme du crédit et ses applications », dans *Essais en l'honneur de Jean Marchal*, tome 2 : *La Monnaie*, Paris, Éditions Cujas, 1975, p. 106-145.

ARISTOTE, *Éthique à Nicomaque*, trad. et notes Jules Tricot, Paris, Vrin, « Bibliothèque des textes philosophiques », 2007.

ARISTOTE, *La Politique*, trad. et notes Jules Tricot, Paris, Vrin, « Bibliothèque des textes philosophiques », 1967.

AUSTIN, John, *How to Do Things with Words* [1955], Oxford, Oxford University Press, 1962.

BATAILLE, Georges, *La Part maudite* [1949], Paris, Éditions de Minuit, 1967.

BESSON, Jean-Louis, *Monnaie et finance* [http://webu2.upmf-grenoble.fr/curei/mofi/0809_jlb2ch1.htm].

CREUTZ, Helmut, *Le Syndrome de la monnaie* [1993], Paris, Economica, 2008.

DARIEN, Georges, *Le Voleur* [1897], Paris, Gallimard, « Folio », n° 1798, 1987.

DOW, Sheila C., « Endogenous Money : Structuralist », dans P. Arestis et M. Sawyer, *A Handbook of Alternative Monetary Economics*, Cheltenham, Edward Elgar, 2006, p. 35-51.

ENGELS, Friedrich, *La Situation de la classe laborieuse en Angleterre* [1845], Paris, Mille et une nuits, 2009.

FABOZZI, Frank J. et MODIGLIANI, Franco, *Mortgage and Mortgage-backed Securities Markets*, Boston (Mass.), Harvard Business School Press, 1992.

FISHER, Irving, *Stamp Scrip*, 1933 [http://userpage.fu-berlin.de/~roehrigw/fisher/stamp4.html].

GALBRAITH, John Kenneth, *Money. Whence It Came, Where It Went*, New York, Bantam Books, 1975.

GESELL, Silvio, *L'Ordre économique naturel* [1911], trad. Félix Swinne, Paris, Issautier, 1948.

GRECO, Thomas H., *Comment on the Wörgl Experiment with Community Currency and Demurrage*, 2002 [http://circ2.home.mindspring.com/TGWoerglCommentDistributed.htm].

GRUA, François, dans *Recueil Dalloz*, Paris, Dalloz, 1998.

HEGEL, G. W. F., *La Phénoménologie de l'esprit* [1807], trad. Jean Hyppolite, Paris, Aubier, 1941, 2 vol.

JORION, Paul, *Principes des systèmes intelligents*, Paris, Masson, 1990.

–, « Le prix comme proportion chez Aristote », *La Revue du MAUSS*, n. s., 15-16, 1992, p. 100-110.

–, « Statut, rareté et risque », *Recherches sociologiques*, vol XXVI, 3, 1995, p. 61-76.

–, « Le secret de la chambre chinoise », *L'Homme*, 150, 1999, p. 177-202.

–, « Adam Smith's "Invisible Hand" Revisited », *Proceedings of the 1st World Conference on Simulation of Social Systems*, Kyoto, vol. I, Berlin, Springer Verlag, 2006, p. 247-254.

–, *Vers la crise du capitalisme américain ?*, Paris, La Découverte, 2007 ; réédité comme *La Crise du capitalisme américain*, Bellecombe-en-Bauges, Éditions du Croquant, 2009.

–, *L'Implosion : La finance contre l'économie. Ce que révèle et annonce la crise des subprimes*, Paris, Fayard, 2008.

–, *La Crise. Des subprimes au séisme financier planétaire*, Paris, Fayard, 2008.

KEYNES, John Maynard, *Théorie générale de l'emploi, de l'intérêt et de la monnaie* [1936], trad. Jean de Largentaye, Paris, Éditions Payot, 1942.

KOJÈVE, Alexandre, *Introduction à la lecture de Hegel*, Paris, Gallimard, 1947.

LACAN, Jacques, *Écrits*, Paris, Le Seuil, 1966.

LAFARGUE, Paul, « *L'Argent* de Zola », dans *Die Neue Zeit*, 1891-1892, retraduit de l'allemand [http://www.marxists.org/francais/lafargue/works/1891/00/pl18910000.htm].

LEFÈVRE, Edwin, *Reminiscences of a Stock Operator* [1923], New York, John Wiley, 1994.

LÉNINE, V. I., *L'Impérialisme, stade suprême du capitalisme* [1917], Paris, La Dispute, 1976.

MARX, Karl, *Le Capital* [1867], in *Œuvres I*, Paris, Gallimard, « La Pléiade », 1965.

MITTERAND, Henri, *Vie d'Émile Zola*, dans Zola, Émile, *L'Argent*, [1891], Paris, Gallimard, « Folio classique », 1980, p. 501-514.

OCRANT, Michael, *Madoff Tops Charts ; Skeptics Ask How*, MAR/Hedge (RIP), n° 89, mai 2001.

RANIERI, Lewis S., « The Origins of Securitization, Sources of Its Growth, and Its Future Potential », dans Leon T. Kendall et Michael J. Fishman (dir.), *A primer on Securitization*, Cambridge (Mass.), MIT Press, 1996, p. 31-43.

SAMUELSON, Alain, *Les Grands Courants de la pensée économique*, Grenoble, PUG, 1985.

SCHUMPETER, Joseph A., *Histoire de l'analyse économique* [1954], tomes I et II, trad. Jean-Claude Casanova, Paris, Gallimard, 1983.

SHILLER, Robert J., *Irrational Exuberance*, Princeton, Princeton University Press, 2000.

SMITH, Adam, *An Inquiry into the Nature and Causes of the Wealth of Nations* [1776], Oxford, Oxford University Press, 1976, 2 vol.

STEGMÜLLER, Wolfgang, *The Structure and Dynamics of Theories*, trad. de l'allemand par W. Wohlhueter, New York, Springer-Verlag, 1976.

STONE, Oliver et WEISER, Stanley, *Wall Street*, 1987.

WURMSER, André, préface à Émile Zola, *L'Argent* (*Cf.* Zola).

ZOLA, Émile, *L'Argent* [1891], Paris, Gallimard, « Folio classique », 1980.

Table

Photocomposition Nord Compo
Villeneuve-d'Ascq

Pour l'éditeur, le principe est d'utiliser des papiers composés de fibres naturelles, renouvelables, recyclables et fabriquées à partir de bois issus de forêts qui adoptent un système d'aménagement durable.
En outre, l'éditeur attend de ses fournisseurs de papier qu'ils s'inscrivent dans une démarche de certification environnementale reconnue.

Achevé d'imprimer en France
par Dupli-Print à Domont (95)
www.dupli-print.fr
N° d'impression : **157822**

Dépôt légal : **septembre** 2010
35-57-4989-6/04